Datenbearbeitung und -visualisierung mit R

Marc Scheufen • Armin Mertens

Datenbearbeitung und -visualisierung mit R

Mit einer Einführung in die simulationsbasierte Inferenz und Machine Learning

Marc Scheufen
Institut der deutschen Wirtschaft
Köln, Deutschland

Armin Mertens
Institut der deutschen Wirtschaft
Köln, Deutschland

ISBN 978-3-658-48014-1   ISBN 978-3-658-48015-8 (eBook)
https://doi.org/10.1007/978-3-658-48015-8

Die Deutsche Nationalbibliothek verzeichnet diese Publikation in der Deutschen Nationalbibliografie; detaillierte bibliografische Daten sind im Internet über https://portal.dnb.de abrufbar.

© Der/die Herausgeber bzw. der/die Autor(en), exklusiv lizenziert an Springer Fachmedien Wiesbaden GmbH, ein Teil von Springer Nature 2025

Das Werk einschließlich aller seiner Teile ist urheberrechtlich geschützt. Jede Verwertung, die nicht ausdrücklich vom Urheberrechtsgesetz zugelassen ist, bedarf der vorherigen Zustimmung des Verlags. Das gilt insbesondere für Vervielfältigungen, Bearbeitungen, Übersetzungen, Mikroverfilmungen und die Einspeicherung und Verarbeitung in elektronischen Systemen.
Die Wiedergabe von allgemein beschreibenden Bezeichnungen, Marken, Unternehmensnamen etc. in diesem Werk bedeutet nicht, dass diese frei durch jede Person benutzt werden dürfen. Die Berechtigung zur Benutzung unterliegt, auch ohne gesonderten Hinweis hierzu, den Regeln des Markenrechts. Die Rechte des/der jeweiligen Zeicheninhaber*in sind zu beachten.
Der Verlag, die Autor*innen und die Herausgeber*innen gehen davon aus, dass die Angaben und Informationen in diesem Werk zum Zeitpunkt der Veröffentlichung vollständig und korrekt sind. Weder der Verlag noch die Autor*innen oder die Herausgeber*innen übernehmen, ausdrücklich oder implizit, Gewähr für den Inhalt des Werkes, etwaige Fehler oder Äußerungen. Der Verlag bleibt im Hinblick auf geografische Zuordnungen und Gebietsbezeichnungen in veröffentlichten Karten und Institutionsadressen neutral.

Planung/Lektorat: Isabella Hanser
Springer Gabler ist ein Imprint der eingetragenen Gesellschaft Springer Fachmedien Wiesbaden GmbH und ist ein Teil von Springer Nature.
Die Anschrift der Gesellschaft ist: Abraham-Lincoln-Str. 46, 65189 Wiesbaden, Germany

Wenn Sie dieses Produkt entsorgen, geben Sie das Papier bitte zum Recycling.

Vorwort

Dieses Lehrbuch ist in erster Linie aus Aufzeichnungen zu eigenen Lehrveranstaltungen im Bereich der „Programmierung und Datenanalyse" an verschiedenen Hochschulen und Universitäten entstanden. Das Buch ist sowohl für Studierende (vor allem in den Wirtschafts- und Sozialwissenschaften) als auch für Praktikerinnen und Praktiker geeignet, die sich mit der Bearbeitung, Strukturierung, Visualisierung und Analyse von Daten mithilfe von R beschäftigen. Sensibilisiert für die Statistik als besondere Pflicht-Herausforderung des Studiums, sollen die mit viel Statistikliebe verfassten Beispiele Orientierungshilfe und Sympathieträger gleichermaßen sein. Bewusst ist das Lehrbuch hierzu als „Mitmach"-Buch gestaltet, das die Leserinnen und Leser zum aktiven Teilnehmen, Einüben und kritischen Reflektieren einlädt. Hierzu können die Datensätze und einige Skripte von der Webseite des Verlages unter https://link.springer.com heruntergeladen werden. Übungsaufgaben mit Lösungsskizzen im Anhang erlauben eine stetige Lernzielkontrolle. Ein Glossar der R-Befehle und ein Glossar der Begrifflichkeiten zum Lehrbuch können als Nachschlagewerke verwendet werden.

Letztendlich ist einer Vielzahl von Personen zu danken, die bei der Entstehung dieses Lehrbuchs auf unterschiedliche Art und Weise mitgewirkt haben. In erster Linie denken wir an die Studierenden, die uns durch gezielte Fragestellungen, Denkanstöße und kritische Diskussionsbeiträge für die besonderen Schwierigkeiten beim statistischen Programmieren sensibilisierten. Ein besonderer Dank gilt hier Caro Weidler und Maike Lang für ihr Feedback und ihre Hinweise zu Unklarheiten, Wiederholungen oder Wortneuschöpfungen. Schließlich gilt der Dank unseren Familien, die die ein oder andere Stunde auf die Papas und Ehemänner verzichten mussten – das Tribut, das man zollt, wenn man ein Lehrbuch in seiner Freizeit schreibt. Danke für das Verständnis und den Zuspruch.

Selfkant, Deutschland	Marc Scheufen
Köln, Deutschland	Armin Mertens
Januar 2025	

Inhaltsverzeichnis

1	**Einführung**		1
	1.1 Zum Lehrbuch		1
		1.1.1 Ziel und didaktisches Konzept	1
		1.1.2 Der Datensatz	3
	1.2 R kennenlernen		6
		1.2.1 Installation von R und RStudio	6
		1.2.2 Die Benutzeroberfläche von RStudio und Einstellungen	7
		1.2.3 Pakete in R	9
		1.2.4 R-Script und speichern in R	10
		1.2.5 Rechnen mit R	11
		1.2.6 Daten importieren	13
	1.3 R-Projekt und R-Markdown		14
		1.3.1 R-Projekt	14
		1.3.2 R-Markdown	15
	1.4 Crashkurs Statistik		16
		1.4.1 Explorative Statistik	16
		1.4.2 Inferenzstatistik	29
	1.5 Übungsaufgaben zu Kap. 1		45
	Literatur		47
2	**Daten bearbeiten und strukturieren mit tidyverse**		49
	2.1 Daten bearbeiten		49
		2.1.1 Die Pipe in R	49
		2.1.2 Selektieren von Daten	51
		2.1.3 Filtern von Daten	53
		2.1.4 Bilden neuer Variablen	57
	2.2 Daten strukturieren		62
		2.2.1 Gruppieren von Daten	62
		2.2.2 Zusammenfassen von Daten	63
		2.2.3 Zusammenfügen von Datensätzen	65
		2.2.4 Transformieren von Daten	69

		2.3	Unseren Datensatz erzeugen	71
		2.4	Übungsaufgaben zu Kap. 2	74
	Literatur			75

3 Daten visualisieren mit ggplot ... 77
- 3.1 Die „Grammar of Graphics" für ggplot-Visualisierungen ... 77
- 3.2 Verteilungen visualisieren ... 78
  - 3.2.1 Balkendiagramm und Histogramm ... 79
  - 3.2.2 Boxplots und gruppierte Boxplots ... 85
  - 3.2.3 Violinplots und weitere geoms ... 88
- 3.3 Zusammenhänge visualisieren ... 90
  - 3.3.1 Streudiagramme für einfache Zusammenhänge ... 90
  - 3.3.2 Streudiagramme für mehrdimensionale Zusammenhänge ... 94
- 3.4 Übungsaufgaben zu Kap. 3 ... 98
- Literatur ... 100

4 Weiterführende Visualisierungen mit ggplot, gganimate und stargazer ... 101
- 4.1 Weiterführende Visualisierungen mit ggplot ... 102
  - 4.1.1 Die Nutzung von facet_wrap() ... 102
  - 4.1.2 Die Nutzung von geom_text ... 105
- 4.2 Animation von Graphiken mit gganimate ... 110
  - 4.2.1 Einfache Animationen für geom_col() und geom_point() ... 110
  - 4.2.2 Weiterführende Animationen und Einstellungen ... 115
- 4.3 Visualisierungen von Tabellen mit stargazer ... 118
  - 4.3.1 Einfache explorative Tabellen ... 118
  - 4.3.2 Einfache inferenzstatistische Tabellen ... 121
- 4.4 Das Arbeiten und Visualisieren mit Geodaten ... 124
  - 4.4.1 Einführung ... 124
  - 4.4.2 Kartenvisualisierungen (Bundesland- und Kreisebene) ... 124
  - 4.4.3 Weiterführende Analysen mit Geodaten ... 132
- 4.5 Übungsaufgaben zu Kap. 4 ... 135
- Literatur ... 137

5 Einführung in die simulationsbasierte Inferenzstatistik und „Machine Learning" mit R ... 139
- 5.1 Simulationsbasierte Inferenzstatistik ... 139
  - 5.1.1 Bootstrap (für diffmean und lm) ... 140
  - 5.1.2 Permutation (für diffmean und lm) ... 146
- 5.2 Machine Learning mit R ... 151
  - 5.2.1 Regression ... 152
  - 5.2.2 Klassifikation ... 157
- 5.3 Übungsaufgaben zu Kap. 5 ... 162
- Literatur ... 164

6 Dokumentation und Zusammenfassung 167
6.1 Dokumentation der Datenanalyse 167
6.1.1 Bedeutung der Dokumentation und Replizierbarkeit 167
6.1.2 Dokumentation in R 168
6.2 Zusammenfassung 171
6.2.1 Zentrale Learnings 171
6.2.2 Ausblick 172
Literatur 173

7 Anhang 175
7.1 Lösungen zu den Übungsaufgaben 175
7.1.1 Lösungen zu den Übungsaufgaben aus Kap. 1 175
7.1.2 Lösungen zu den Übungsaufgaben aus Kap. 2 186
7.1.3 Lösungen zu den Übungsaufgaben aus Kap. 3 192
7.1.4 Lösungen zu den Übungsaufgaben aus Kap. 4 207
7.1.5 Lösungen zu den Übungsaufgaben aus Kap. 5 230
7.2 Glossar der R-Befehle 246
7.3 Glossar der Begrifflichkeiten 255

Über die Autoren

Marc Scheufen Senior Economist im Cluster „Digitalisierung und Klimawandel" am Institut der deutschen Wirtschaft. Herr Scheufen lehrt u.a. Business Analytics an der Rheinischen Hochschule, Köln. Kontakt: scheufen@iwkoeln.de

Armin Mertens Leiter des Clusters „Big Data Analytics" am Institut der deutschen Wirtschaft, Köln. Kontakt: armin.mertens@iwkoeln.de

Einführung 1

Dieses Lehrbuch führt in die statistische Verwendung der Software R und der Entwicklungsumgebung RStudio ein. In erster Linie sollen in diesem Lehrbuch weniger die statistischen Methoden, sondern wichtige Kompetenzen für das Datenhandling stehen: Daten bearbeiten, strukturieren, visualisieren und analysieren. Das Lehrbuch gliedert sich in 6 Kapitel.

In diesem einführenden Kap. 1 wollen wir uns zunächst zwei wichtigen Aspekten und Grundvoraussetzungen widmen. Auf der einen Seite lernen wir die Programmiersprache kennen und üben die ersten gemeinsamen Gehversuche ein (Abschn. 1.2 + 1.3). Auf der anderen Seite soll ein kurzer Crashkurs in die wichtigsten statistischen Grundlagen der explorativen bzw. deskriptiven Statistik (Abschn. 1.4.1) sowie der inferenzstatistischen bzw. induktiven (schließenden) Statistik (Abschn. 1.4.2) einführen.

1.1 Zum Lehrbuch

1.1.1 Ziel und didaktisches Konzept

Ziel des Lehrbuchs ist vor allem das Einüben und Umsetzen wichtiger Kompetenzen beim Datenhandling. So bestehen die ersten Schritte einer jeden empirischen Studie darin, die Daten für die eigene Analyse vorzubereiten. Das Bearbeiten (filtern, selektieren und er-

Ergänzende Information Die elektronische Version dieses Kapitels enthält Zusatzmaterial, auf das über folgenden Link zugegriffen werden kann [https://doi.org/10.1007/978-3-658-48015-8_1].

gänzen von Variablen) und das Strukturieren (gruppieren, zusammenfassen, zusammenfügen und bereinigen von Variablen und Datensätzen) der Daten legen dabei die fundamentale Grundlage jeder Empirie.

Aus didaktischer Sicht ist dieses Lehrbuch ein „Mitmach"-Buch. Die Leserinnen und Leser des Lehrbuchs können hierzu die verschiedenen Datensätze und Skripte von der Webseite des Verlages herunterladen und lernen von Beginn an und Schritt für Schritt, wie wir die Daten bearbeiten, strukturieren, visualisieren und analysieren. Übungsaufgaben zu jedem Kapitel erlauben das weitere Einüben und kritische Reflektieren der kennengelernten Methoden. Lösungsskizzen zu den Übungsaufgaben (Anhang 7.1) bieten die Möglichkeit zur eigenen Lernzielkontrolle. Ein Glossar der R-Befehle (Anhang 7.2) des Lehrbuchs und ein Glossar der Begrifflichkeiten (Anhang 7.3) unterstützen beim Lernen als Nachschlagewerke zum Lehrbuchinhalt.

Kap. 1 legt zunächst die Grundlage, um vom „Sitzen" ins „Stehen" zu kommen. Anschließend werden die Leserinnen und Leser im „Gehen" Schritt für Schritt mitgenommen. Kap. 2 schafft aus den verschiedenen noch unbearbeiteten und unstrukturierten Datensätzen den für das Lehrbuch relevanten Datensatz. Zunächst werden hierzu die Instrumente zum Bearbeiten (Abschn. 2.1) und Strukturieren (Abschn. 2.2) von Daten vorgestellt. Abschn. 2.3 fasst dann alle Schritte zur Bearbeitung und Strukturierung unseres Datensatzes zusammen und schließt mit dem fertig generierten Datensatz zum Lehrbuch ab.

Kap. 3 und 4 stellen unterschiedliche Formen der Datenvisualisierung vor. Zu Beginn des Kap. 3 wird hierzu mit der „Grammar of Graphics" der Grundstein für das Visualisieren mithilfe des „ggplot2"-Pakets gelegt. Anschließend werden verschiedene Formen der Datenvisualisierung Schritt für Schritt erlernt, wobei die „5 Schritte" der „Grammar of Graphics" immer Leitlinie und Gehhilfe bieten. Neben den grundlegenden Formen der Datenvisualisierung in Kap. 3 erlaubt Kap. 4 schließlich weiterführende Optionen der Visualisierung – einschließlich dem Arbeiten mit und Visualisieren von Geodaten.

Kap. 5 bietet abschließend einen Einblick in die simulationsbasierte Inferenzstatistik (Abschn. 5.1) und Machine Learning (Abschn. 5.2) – zwei in den letzten Jahren immer wichtiger werdenden Methoden der modernen Datenanalyse. Kap. 6 schließt mit einer Zusammenfassung und einem Ausblick für die Dokumentation der eigenen Datenanalyse.

Spätestens seit der Veröffentlichung von ChatGPT durch OpenAI im November 2022 stellt sich natürlich die Frage, ob sich das Lernen von statistischen Konzepten und von Programmierung noch lohnt. Die einfache Antwort ist: ja! Auch wenn generative künstliche Intelligenz (KI) Code schreiben und damit enorm hilfreich bei der Programmierung sein kann, ist es unabdingbar, dass man die Ausgaben eines Chatbots vollständig versteht. Vor allem wenn eigene Daten verwendet werden, mangelt es generativer KI an einem tieferen Verständnis über die dahinterliegenden Prozesse. Dadurch können sehr leicht Fehler entstehen. Die Leserinnen und Leser des Lehrbuchs sind deshalb dazu angehalten, generative KI für die Bearbeitung des Lehrbuches zu nutzen, aber die Ausgaben immer kritisch zu überprüfen und mit dem eigenen Wissen abzugleichen. Für geübte Programmierinnen und Programmierer führt generative KI (wie etwa GitHub Copilot) zu enormem Produktivitätszuwachs. Nützliche Anwendungsfälle sind etwa:

- Das Erstellen von Code-Ausschnitten
- Die Erklärung von Code
- Die Suche nach Funktionen

1.1.2 Der Datensatz

Der Datensatz des Lehrbuchs betrachtet Studierendenzahlen in Deutschland sowie regionale Preise und Kaufkraftzahlen auf der Ebene der Kreise und kreisfreien Städte. Im Wesentlichen setzt sich der Datensatz damit aus drei zentralen Quellen zusammen:

(1) Studierende nach Geschlecht, Nationalität und Fächergruppen
Die Studierendenzahlen nach Geschlecht, Nationalität und Fächergruppen sind Daten der Statistischen Ämter des Bundes und der Länder (2022a). Der Datensatz beinhaltet aggregierte Zahlen und Informationen zu den Variablen Kreis/kreisfreie Städte, Fächergruppe, insgesamt, Ausländer/innen, Deutsche, männlich und weiblich.

(2) Regionaler Preisindex für Deutschland
Der regionale Preisindex für Deutschland geht auf Goecke et al. (2023) zurück und beinhaltet die Variablen regionaler Preisindex, Preisindex für Wohnkosten sowie Preisindex ohne Wohnkosten.

(3) Einkommensverteilung
Die Einkommensverteilung betrachtet das verfügbare Einkommen der privaten Haushalte einschließlich der privaten Organisationen ohne Erwerbszweck und sind Daten aus Statistische Ämter des Bundes und der Länder (2022b).

Der finale Datensatz setzt sich aus 4000 Beobachtungen für 20 verschiedene Variablen zusammen. Neben den vier kategorialen Merkmalen Region, Fachgebiet, Kreisname und Bundesland zählt der Datensatz 16 quantitative Merkmale. Tab. 1.1 gibt einen Überblick über die wichtigsten Lage- und Streuungsmaße der quantitativen Merkmale des Datensatzes.

Die 4000 Beobachtungen des Datensatzes ergeben sich daraus, dass bei insgesamt 400 Kreisen und kreisfreien Städte 10 Fachgebiete (Geisteswissenschaften, Sport, Rechts-, Wirtschafts- und Sozialwissenschaften, Mathematik/Naturwissenschaften, Humanmedizin/Gesundheitswissenschaften, Agrar-, Forst- und Ernährungswissenschaften mit Veterinär, Ingenieurwissenschaften, Kunst und Kunstwissenschaft, außerhalb der Studienbereichsgliederung und insgesamt) betrachtet werden. Damit zählt der Datensatz die doppelte Menge an Studierenden, zumal diese nach Fachgebieten unterteilt und nochmal im Fachgebiet insgesamt enthalten sind. Im Lehrbuch unterscheiden wir deshalb 2 Datensätze: (1) In der Regel verwenden wir den Datensatz „studenten",

Tab. 1.1 Die quantitativen Merkmale des Datensatzes

Statistic	N	Mean	St. Dev.	Min	Max
ags	4000	8286,6	3742,8	1001	16.077
gesamt	4000	1471,0	6986,8	0	203.869
ausland_gesamt	4000	220,3	1235,6	0	46.144
deutsch_gesamt	4000	1250,7	5843,5	0	157.725
männlich_gesamt	4000	733,1	3458,2	0	98.868
männlich_ausland	4000	117,5	662,2	0	22.929
männlich_deusch	4000	615,6	2846,6	0	75.939
weiblich_gesamt	4000	737,8	3654,5	0	105.001
weiblich_ausland	4000	102,8	597,9	0	23.215
weiblich_deutsch	4000	635,0	3100,0	0	81.786
regionaler_preisindex_2022	4000	98,2	5,2	90,5	125,1
preisindex_fur_wohnkosten_2022	4000	94,1	16,7	68,0	180,9
preisindex_ohne_wohnkosten_2022	4000	99,9	0,7	98,3	104,2
preisbereinigtes_einkommen	4000	24.615,3	1856,5	18.886	32.831
preisniveau	4000	98,2	5,2	90,5	125,1
nominales_einkommen	4000	24.175,6	2343,2	17.923,7	37.514,7

der den Datensatz auf „insgesamt" filtert und damit nicht nochmal zwischen den Fachgebieten differenziert und (2) den Datensatz „fachgebiete", der den Datensatz auf ohne „insgesamt" filtert und damit eine Differenzierung zwischen den Fachgebieten erlaubt.[1] Zur Definition und besserem Verständnis betrachten wir die quantitativen Merkmale des Datensatzes im Detail:

- *ags* = Amtlicher Gemeindeschlüssel. Diese Variable beinhaltet eine Zahlenfolge zur Identifikation der 400 Kreise und kreisfreien Städte. Eine Betrachtung der Verteilung dieser Variable ist nicht sinnvoll.
- *gesamt* = Gesamtzahl der Studierenden (Ausland und Deutsche) in dem jeweiligen Kreis bzw. der kreisfreien Stadt für die einzelnen Fachgebiete oder insgesamt. Es wird deutlich, dass viele Kreise keine Studierenden zählen, weil diese keine Hochschule aufweisen. Im Maximum zählen wir 203.869 Studierende für die Gesamtstudierendenzahl in Berlin, gefolgt von Hamburg (119.110) und München (106.911).
- *ausland_gesamt* = Gesamtzahl der ausländischen Studierenden in dem jeweiligen Kreis bzw. der kreisfreien Stadt für die einzelnen Fachgebiete oder insgesamt. Im Maximum zählen wir 46.144 ausländische Studierende in Berlin, gefolgt von München (23.077) und Hamburg (15.833).

---

[1] Da wir erst in Kap. 2 das Filtern lernen, bilden die Übungsaufgaben zum Kap. 1 die einzige Ausnahme. Hierzu greifen wir auf den Datensatz „datensatz_übung" zurück, der 400 Beobachtungen enthält und damit für alle 400 Kreise und kreisfreien Städte das Fachgebiet „insgesamt" betrachtet. Damit entspricht der „datensatz_übung" dem in (1) beschriebenen Datensatz „studenten".

- *deutsch_gesamt* = Gesamtzahl der deutschen Studierenden in dem jeweiligen Kreis bzw. der kreisfreien Stadt für die einzelnen Fachgebiete oder insgesamt. Im Maximum zählen wir 157.725 deutsche Studierende in Berlin, gefolgt von Hamburg (103.277) und Köln (91.520).
- *männlich_gesamt* = Gesamtzahl männlicher Studierender in dem jeweiligen Kreis bzw. der kreisfreien Stadt für die einzelnen Fachgebiete oder insgesamt. Im Maximum zählen wir 98.868 männliche Studierende in Berlin, gefolgt von Hamburg (56.302) und München (50.227).
- *männlich_ausland* = Gesamtzahl ausländischer männlicher Studierender in dem jeweiligen Kreis bzw. der kreisfreien Stadt für die einzelnen Fachgebiete oder insgesamt. Im Maximum zählen wir 22.929 ausländische männliche Studierende in Berlin, gefolgt von München (11.145) und der Städteregion Aachen (10.580).
- *männlich_deutsch* = Gesamtzahl deutscher männlicher Studierender in dem jeweiligen Kreis bzw. der kreisfreien Stadt für die einzelnen Fachgebiete oder insgesamt. Im Maximum zählen wir 75.939 deutsche männliche Studierende in Berlin, gefolgt von Hamburg (48.568) und Köln (42.606).
- *weiblich_gesamt* = Gesamtzahl weiblicher Studierender in dem jeweiligen Kreis bzw. der kreisfreien Stadt für die einzelnen Fachgebiete oder insgesamt. Im Maximum zählen wir 105.001 weibliche Studierende in Berlin, gefolgt von Hamburg (62.808) und München (56.684).
- *weiblich_ausland* = Gesamtzahl ausländischer weiblicher Studierender in dem jeweiligen Kreis bzw. der kreisfreien Stadt für die einzelnen Fachgebiete oder insgesamt. Im Maximum zählen wir 23.215 ausländische weibliche Studierende in Berlin, gefolgt von München (11.932) und Hamburg (8099).
- *weiblich_deutsch* = Gesamtzahl deutscher weiblicher Studierender in dem jeweiligen Kreis bzw. kreisfreien Stadt für die einzelnen Fachgebiete oder insgesamt. Im Maximum zählen wir 81786 deutsche weibliche Studierende in Berlin, gefolgt von Hamburg (54.709) und Köln (48.914).
- *regionaler_preisindex_2022* = Preisindex basierend auf den Wohn- und sonstigen Lebenshaltungskosten in dem jeweiligen Kreis bzw. der kreisfreien Stadt – einwohnergewichtet. Im Maximum beobachten wir einen Preisindex von 125,1 in München, gefolgt von Frankfurt (116,7) und Stuttgart (115,85). Am niedrigsten ist der Preisindex mit 90,5 Indexpunkten im Vogtlandkreis. Der einwohnergewichtete Preisindex bemisst dabei die Preise in Relation zum Bundesdurchschnitt, wobei ein Wert unter 100 ein unterdurchschnittliches und ein Wert über 100 ein überdurchschnittliches Preisniveau beschreibt.
- *preisindex_fur_wohnkosten_2022* = Preisindex basierend auf den Wohnkosten in dem jeweiligen Kreis bzw. der kreisfreien Stadt – einwohnergewichtet. Im Maximum beobachten wir einen Preisindex von 180,9 in der Stadt München, gefolgt vom Kreis München (154,6) und Frankfurt (152,74). Am niedrigsten ist der Preisindex mit 68,0 Indexpunkten im Vogtlandkreis. Der einwohnergewichtete Preisindex bemisst dabei die Preise für Wohnkosten in Relation zum Bundesdurchschnitt, wobei ein Wert unter 100 ein unterdurchschnittliches und ein Wert über 100 ein überdurchschnittliches Preisniveau beschreibt.

- **preisindex_ohne_wohnkosten_2022** = Preisindex basierend auf den sonstigen Lebenshaltungskosten in dem jeweiligen Kreis bzw. der kreisfreien Stadt – nicht einwohnergewichtet. Im Maximum beobachten wir einen Preisindex von 104,2 in Stuttgart, gefolgt von München (102,1) und Aschaffenburg (101,8). Am niedrigsten ist der Preisindex mit 99,3 Indexpunkten im Kreis Leer. Der einwohnergewichtete Preisindex bemisst dabei die Preise für sonstige Lebenshaltungskosten in Relation zum Bundesdurchschnitt, wobei ein Wert unter 100 ein unterdurchschnittliches und ein Wert über 100 ein überdurchschnittliches Preisniveau beschreibt.
- *preisbereinigtes_einkommen* = Pro-Kopf Einkommen eines durchschnittlichen Haushalts in dem jeweiligen Kreis bzw. kreisfreien Stadt ohne den Einfluss der Preisentwicklung. Im Maximum beobachten wir mit 32.831 € ein preisbereinigtes Einkommen im Kreis Starnberg, gefolgt vom Hochtaunuskreis (30.983) und der Stadt Baden-Baden (30.839). Am niedrigsten ist das preisbereinigte Einkommen mit 18.886 € in der Stadt Gelsenkirchen.
- *preisniveau* = Preisniveau in dem jeweiligen Kreis bzw. kreisfreien Stadt auf Grundlage eines einheitlichen Warenkorbs. Entspricht dem regionalen Preisindex.
- *nominales_einkommen* = Pro-Kopf Kaufkraft in dem jeweiligen Kreis bzw. der kreisfreien Stadt, d. h. regionales Einkommen bereinigt um die präzisen Lebenshaltungskosten aus dem regionalen Preisindex. Hierzu rechnen wir: nominales Einkommen = preisbereinigtes_einkommen * (100/preisniveau). Die Variable geht zurück auf Schröder/Wendt (2023). Im Maximum beobachten wir ein nominales Einkommen von 37.514,73 € in Starnberg, gefolgt von 34.035,52 € im Kreis München und 33.719,42 € in München Stadt. Am niedrigsten ist das nominale Einkommen mit 17.923,71 € in der Stadt Gelsenkirchen.

1.2 R kennenlernen

1.2.1 Installation von R und RStudio

Zunächst installieren wir R und RStudio. Die aktuelle Version von R kann unter folgendem Link heruntergeladen und installiert werden: https://cran.r-project.org. Hier kann man zwischen Versionen von R für Windows, macOS und Linux wählen. Nach der Installation kann R über die Konsole genutzt werden, generell bietet sich aber vor allem für Einsteiger eine integrierte Entwicklungsumgebung (IDE) für die Datenanalyse mit R an. Eine IDE bietet eine graphische Benutzeroberfläche zum Programmieren und einige Komfortfunktionen, wie etwa die Möglichkeit der Organisation von Analysen in Projekten oder die interaktive Betrachtung von Datensätzen und -visualisierungen. RStudio ist eine der beliebtesten IDEs für R und kann hier heruntergeladen werden: https://posit.co/download/rstudio-desktop/. Wie auch bei R gibt es verschiedene Installationsmöglichkeiten, je nachdem welches Betriebssystem genutzt wird.

1.2.2 Die Benutzeroberfläche von RStudio und Einstellungen

Öffnen wir nun RStudio, so ergibt sich das nachfolgende Bild aus Abb. 1.1. Die Benutzeroberfläche kann in vier Quadranten unterteilt werden. Die Größe der vier Fenster kann manuell durch einfachen Mausklick und Verschieben nach Belieben angepasst werden. Wir starten im unteren linken Quadranten (I) und gehen dann im Uhrzeigersinn weiter zu den Quadranten II, III und IV.

Im Quadrant I (vgl. Abb. 1.1) befindet sich die so genannte Konsole (engl. Console) von R. In der Konsole werden die Befehle in R ausgeführt und die Ergebnisse wiedergegeben. Die Eingaben der Konsole werden dabei typischerweise in lila dargestellt, während alle Ergebnisse bzw. Ausgaben von R in weiß dargestellt werden. Die Darstellungsweise der Benutzeroberfläche lässt sich allerdings auch benutzerdefiniert anpassen und verändern. R ist dabei so konzipiert, dass man über die Konsole schnell und einfach Datenanalysen durchführen kann. Unter dem hervorgehobenen Punkt 1 im Quadranten I wird darüber hinaus deutlich, dass wir zwischen der Konsole und dem so genannten Terminal navigieren können. Das Terminal ist dabei eher für fortgeschrittene R-Nutzer und Programmierer nützlich. So erlaubt das Terminal beispielsweise, dass umfangreichere Programmierungen in RStudio gestartet werden können und die üblichen Funktionen von RStudio trotzdem weiterverwendet werden können. Darüber hinaus erlaubt das Terminal die Integration von Programmierungen in Python oder andere Programmiersprachen. Ein Terminal lässt sich dabei über das Dropdown-Feld „Terminal 1" öffnen. Dabei ist jede sog. „Terminal Session" unabhängig, sodass auch mehrere „Terminal Sessions" gleichzeitig geöffnet und gestartet werden können. Ferner können weitere Registerkarten neben Kon-

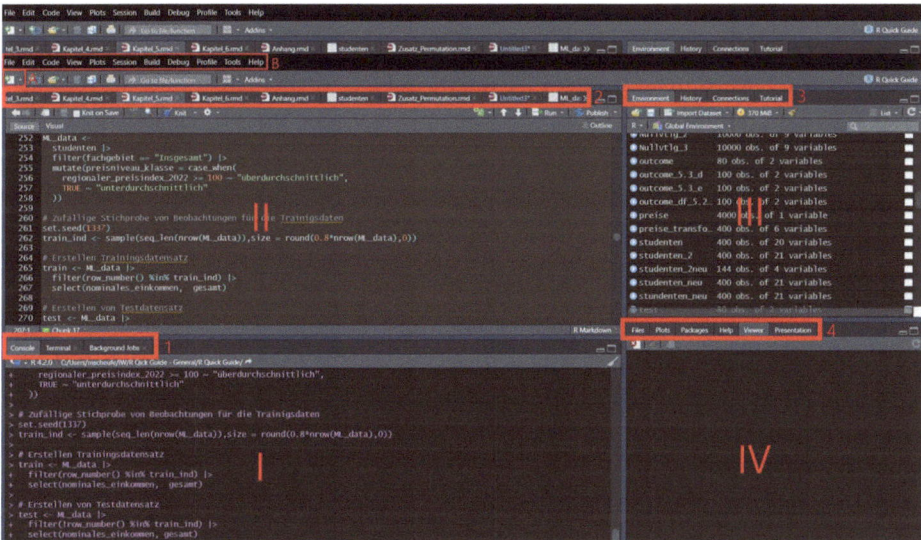

Abb. 1.1 Die Benutzeroberfläche von RStudio

sole und Terminal erscheinen, wenn beispielsweise zusätzliche Werkzeuge, wie R-Markdown-Anwendungen (wie in Abb. 1.1 dargestellt), verwendet werden. In diesem Fall wird dann auch hier der Codeverlauf sichtbar.

Im Quadrant II (vgl. Abb. 1.1) werden sämtliche geöffneten Anwendungen in R sichtbar. Über die Symbolleiste unter Punkt 2 kann hier schnell und einfach zwischen den verschiedenen geöffneten Anwendungen hin und her navigiert werden. Darunter zählen u. a. R-Skripte, in denen sich die verschiedenen Befehle dokumentieren lassen. Durch das Ausführen der Befehle werden diese sowie die Ergebnisse in der Konsole (siehe Quadrant I in Abb. 1.1) sichtbar. Weitere Anwendungen, die hier sichtbar werden, sind die Datensätze in Tabellenform sowie R-Markdown-Anwendungen.

Im Quadrant III (vgl. Abb. 1.1) wird der R-Arbeitsbereich hervorgehoben. Unter Punkt 3 in der Abb. 1.1 wird ersichtlich, dass wir hier zwischen den Registerkarten „Environment", „History" und „Connections" navigieren. Im sog. „Environment" werden sämtliche während einer R-Sitzung geladenen Objekte (Datensätze und Werte) ersichtlich. Importieren wir beispielsweise einen neuen Datensatz in R, so wird dieser unmittelbar im „Environment" unter dem Speichernamen ersichtlich. Neben dem Speichernamen werden üblicherweise die Anzahl der Beobachtungen (obs.) und die Anzahl der Variablen (variables) aufgelistet. Durch Klick auf die Detailansicht neben dem Datensatz werden alle einzelnen Variablen aufgelistet und näher beschrieben – beispielsweise, um welche Art von Variable es sich handelt („factor", „integer" oder „numeric") und welche Ausprägungen die Variable annimmt.

Im Quadrant IV (vgl. Abb. 1.1) sehen wir, dass wir zwischen fünf Registerkarten (vgl. Punkt 4 in Abb. 1.1) wählen können: „Files", „Plots", „Packages", „Help" und „Viewer". Unter der Registerkarte „Files" befindet sich im Wesentlichen ein Dateimanager. Hier werden die Inhalte des aktuellen Arbeitsverzeichnisses angezeigt. Unter der Registerkarte „Plots" werden generierte Abbildungen (wie z. B. Boxplots, Histogramme usw.) angezeigt. Über das Symbol „Export" lassen sich die Abbildungen auch schnell und einfach als Bilddatei („Save as Image") oder PDF („Save as PDF") exportieren. Über die Registerkarte „Packages" können verwendete Zusatzpakete in R jederzeit betrachtet und aktiviert werden. Über „Install" können markierte Pakete jederzeit installiert oder über „Update" jederzeit aktualisiert werden. Die Registerkarte „Help" bietet vielfältige Möglichkeiten Hilfe in R in Anspruch zu nehmen. Über den sog. „Viewer" kann man sich schließlich lokale Webinhalte anzeigen lassen, wie etwa Webgrafiken, die mit den Paketen rCharts oder htmlwidgets generiert wurden, oder mit Shiny oder Rook erstellte lokale Webanwendungen.

RStudio ermöglicht eine ganz individuelle Einstellung des Erscheinungsbilds (engl. Appearance) sowie weiterer Aspekte (z. B. Code, Spelling, uvm.). So lassen sich beispielsweise die Anzeige und Reihenfolge der unterschiedlichen Quadranten (vgl. Abb. 1.1) ändern oder auch die Farbgebung. Für häufige Arbeiten in R bietet es sich beispielsweise an, einen dunklen Hintergrund (z. B. Tomorrow Night) zu wählen, wie in Abb. 1.1 dargestellt, weil dieser für die Augen auf Dauer deutlich angenehmer und weniger anstrengend ist. Die meisten Einstellungsmöglichkeiten sind über die Symbolleiste B (vgl. Abb. 1.1) über „Tools" und „Global Options" möglich.

1.2.3 Pakete in R

Die Funktionen, die wir zur Datenanalyse in R verwenden, befinden sich in so genannten Paketen. Neben den Standard- oder Basispaketen, die sich grundsätzlich mit der Installation von R in R befinden, lassen sich viele nützliche Zusatzpakete laden. Da es sich bei R um eine Open-Source-Software handelt und gewissermaßen jeder mitentwickeln kann, gibt es für alle möglichen Anwendungen zusätzliche Pakete. Gerade hierin ist auch einer der großen Vorteile von R zu sehen: Das Mitwirken der Schwarmintelligenz erlaubt die Entwicklung neuster und sehr individueller Pakete.

Eine einfache Analogie hilft uns bei dem grundlegenden Verständnis über die Vorgehensweise und Funktionsweise der Nutzung der Pakete: Die Pakete sind dabei wie Bücher in einer Bibliothek zu verstehen. Damit die Bücher in unsere Bibliothek kommen, müssen diese zunächst erworben werden. Entsprechend sind die gewünschten Pakete in R einmalig zu installieren. Wollen wir eines der Bücher nutzen, so müssen wir dieses aus dem Regal nehmen. Analog sind die Pakete in R vor jeder Nutzung zu laden.

Das Installieren und Laden von Paketen in R ist über zwei Wege möglich. Auf der einen Seite können wir über die Benutzeroberfläche in R Pakete installieren und laden. Hier können wir entweder über die Symbolleisten (oben links) über „Tools" die Option „Install Packages" wählen, oder im vierten Quadranten (vgl. Abb. 1.1) über die Registerkarte „Packages" auf „Install" klicken. Auf der anderen Seite ist das Installieren aber auch über den „install.packages()"-Befehl möglich. Für unsere Anwendungen in diesem Lehrbuch benötigen wir fünf wesentliche Pakete:

1. tidyverse: Das „tidyverse"-Paket ist eine Sammlung vieler verschiedener Pakete, die unter anderem zum Bearbeiten („dplyr"), Strukturieren („tidyr"), Importieren („readr") und Visualisieren („ggplot2") von Daten geeignet sind. Vor diesem Hintergrund spielt das „tidyverse"-Paket auch die wichtigste Rolle in diesem Lehrbuch.
2. gganimate: Das „gganimate"-Paket erlaubt die Animation von ggplot-Visualisierungen.
3. sf: Das „sf"-Paket ermöglicht das Arbeiten mit so genannten „shapefiles". Hierunter verstehen wir Geodaten, die sich mithilfe von Längen- und Breitengrad eines Ortes über Karten visualisieren lassen.
4. stargazer: Das „stargazer"-Paket erlaubt das einfache Erstellen von explorativen und inferenzstatistischen Tabellen, die sich in verschiedenen Formaten (txt, html, LaTeX) exportieren lassen.
5. mosaic: Das „mosaic"-Paket nutzen wir für den Statistik-Crashkurs in diesem Kapitel. Das „mosaic"-Paket ist vor allem für Anfänger besonders geeignet, weil es mit kurzen und einfachen Befehlen Daten analysieren und visualisieren kann.[2]

Wir installieren unsere fünf Pakete zunächst mithilfe des „install.packages()"-Befehl. Hierzu ist eine stabile Internetverbindung sicherzustellen, weil R die Pakete von der

---
[2] Horton et al. (2018).

"CRAN"-Webseite herunterlädt. CRAN steht dabei für "The Comprehensive R Archive Network", von der sowohl die Software selbst als auch alle anerkannten Pakete heruntergeladen werden können.

```
install.packages("tidyverse")
install.packages("gganimate")
install.packages("sf")
install.packages("stargazer")
install.packages("mosaic")
```

Auch eine Installation aller Pakete gleichzeitig über einen Befehl ist möglich, indem wir die Vektorschreibweise mit dem „c()"-Befehl in R verwenden.

```
install.packages(c("tidyverse", "gganimate", "sf", "stargazer", "mosaic"))
```

Das Installieren mit „install.packages()" ist dabei nur einmalig durchzuführen, anschließend befindet sich das Paket in unserer Bibliothek (engl. library). Zur Verwendung der verschiedenen Instrumente aus unseren Paketen sind die Pakete vor jeder Verwendung aus der Bibliothek zu laden. Das Laden der Pakete erfolgt über den „library()"-Befehl.

```
library(tidyverse)
library(gganimate)
library(sf)
library(stargazer)
library(mosaic)
```

Die Software und die Pakete werden regelmäßig aktualisiert, sodass es je nach Nutzungsgrad sinnvoll sein kann, Updates von beidem durchzuführen. Beim Update von R und RStudio ist zu beachten, dass anschließend alle zusätzlich installierten Pakete wieder neu installiert werden müssen, weil mit dem Update der Software ein Leeren der Bibliothek verbunden ist. Ein Update der Pakete ist mithilfe des „update.packages()"-Befehl möglich. Wir zeigen das beispielhaft für das „sf"-Paket.

```
update.packages("sf")
```

Eine Übersicht darüber, welche Pakete wir in welcher Version installiert haben, erhalten wir über den „installed.packages()"-Befehl.

1.2.4 R-Script und speichern in R

Das Ausführen und die Ergebnisse der R-Befehle erfolgt über die Konsole im Quadranten I (vgl. Abb. 1.1). Zur Replizierbarkeit der Datenanalyse muss diese allerdings in einem

Dokument abgespeichert werden, weil die Konsole nach jedem Neustart einer Session geleert wird. Das Abspeichern erfolgt typischerweise über ein R-Skript.

Das Öffnen eines neuen R-Skripts ist einfach über das Dropdown-Menü oben links (vgl. Abb. 1.1, Punkt A) oder durch Auswählen von „File" (vgl. Abb. 1.1, Punkt B), „New File" und „R Script" möglich. Auch durch Shortcuts (Windows: „Strg + Shift + N" oder Mac: „Cmd + Shift + N") lässt sich ein neues R-Script schnell und einfach erstellen. Abgespeichert werden R-Scripte mit der Endung „.R".

Ein R-Skript besteht dabei ausschließlich aus ausführbarem Code. Ein Ausführen des Codes – was in der Konsole erfolgt – ist durch Markierung des auszuführenden Codes und „Strg + Enter" möglich. Typischerweise nutzen wir in einem Skript zur Dokumentation Überschriften sowie erläuternden Text, um die eigene Datenanalyse nachvollziehbar zu machen. Damit R diese Dokumentation nicht als Code versucht auszuführen, sollten wir diesen Text durch „#" auskommentieren. Ein fehlendes Auskommentieren von Dokumentation wird uns R sehr schnell durch eine Fehlermeldung widerspiegeln.

Gerade bei sehr langen Skripten kann es sinnvoll sein, Überschriften als solche zu formatieren. Das ist durch die Endung „----" hinter einer Überschrift möglich. Hierdurch entsteht am unteren Rand des Skripts ein Dropdown-Menü, das schnell und einfach durch das Skript navigieren lässt. Vor allem bei längeren Skripten ist das eine gute Hilfestellung für die eigene Navigation.

1.2.5 Rechnen mit R

Um ein erstes Gefühl für das Arbeiten mit R zu bekommen wollen wir mit R zunächst rechnen. Einfache und komplexere Rechnungen sind in R durch einfache Eingabe möglich. So rechnen wir zum Beispiel

```
2+3
[1] 5
```

und stellen fest, das R uns als Ergebnis 5 wiedergibt. Auch die „Punkt vor Strich"-Regel beherrscht R:

```
5*2+3
[1] 13
```

Üblicherweise arbeitet R dabei mit Variablen in der Datenanalyse. Hierzu definieren wir die Variablen x, y und z, indem wir den Variablen beliebige Werte zuordnen.

```
x=2
y=3
z=5
```

Nun werden die angelegten Variablen als Werte (engl. values) über die Registerkarte „Environment" im Quadranten III ersichtlich. Replizieren wir nun obige Rechnung unter Verwendung der Variablen, rechnen wir

```
z*x+y
[1] 13
```

Das eine Variable allerdings nur einen Wert annimmt ist in einer Datenanalyse unüblich. Schließlich betrachten wir in der Regel zahlreiche Beobachtungen. Typischerweise sollte eine Datenanalyse mindestens 1000 Beobachtungen aufweisen, um aussagekräftige Ergebnisse zu generieren – eine wichtige Daumenregel für unsere Überlegungen zur Repräsentativität einer Stichprobe und das Schließen auf die Grundgesamtheit in unserem späteren Crashkurs zur induktiven Statistik (Abschn. 1.4.2).

Auch manuell können wir einer Variable mehrere Beobachtungen zuordnen, indem wir die Vektorschreibweise in R verwenden. Ein Vektor kann in R mithilfe von „c()" erstellt werden. Wir generieren hierzu einen Vektor „v", indem wir der Variable v mehrere Beobachtungen (hier 10) als Vektor zuordnen. Die Zuordnung erfolgt dabei mithilfe des so genannten Zuführungspfeils „<-". Zur Vereinfachung nutzen wir ein Beispiel: Wir betrachten eine Kitagruppe mit 10 Kindern und sind an dem Merkmal Geschlecht interessiert. Wir halten das Geschlecht in der Urliste – eine Liste der Merkmalsausprägungen vom 1. bis zum 10. Kind – fest und ordnen den verschiedenen Ausprägungen zunächst Zahlen zu, indem wir 0 = männlich, 1 = weiblich und 2 = divers festhalten. Hierzu definieren wir den Vektor v, indem wir unsere Beobachtungen aus der Urliste einzeln auflisten:

```
v <- c(0,1,0,1,0,1,0,1,1,2)
```

Wir können das Merkmal auch mit Buchstabenabkürzungen (m,w,d) festhalten, indem wir die Buchstaben in Anführungszeichen setzen, d. h. „m", „w" und „d". Wir speichern hierzu einen Vektor v_2 ab.

```
v_2 <- c("m", "w", "m", "w", "m", "w", "m", "w", "w", "d")
```

Bei mehreren Beobachtungen wird die Betrachtung aller einzelnen Ausprägungen schnell unübersichtlich. Die Statistik aggregiert hierzu üblicherweise die Beobachtungen durch Betrachtung der Häufigkeitsverteilung, d. h. wie häufig wir männliche, weibliche und diverse Kitakinder beobachten. Eine schnelle und einfache Aggregation und Betrachtung der (absoluten) Häufigkeiten ist durch den „table()"-Befehl möglich. Wir lassen uns die Häufigkeiten für beide Vektoren wiedergeben:

```
table(v)
v
0 1 2
4 5 1
```

```
table(v_2)
v_2
d m w
1 4 5
```

Beide Tableaus der absoluten Häufigkeiten zeigen, dass wir vier männliche, fünf weibliche und ein diverses Kitakind in unserem Beispielfall beobachten.

Nun wird in den Ergebnissen immer wieder deutlich, dass vor dem Ergebnis eine 1 in eckigen Klammern steht. Diese Zahl in eckigen Klammern ist nur dann zu berücksichtigen, wenn eine Zahlenfolge beispielsweise über mehrere Zeilen in der Konsole geht. Dann zeigt die Zahl in den eckigen Klammern nach welcher Beobachtung ein Zeilenumbruch erfolgt. Schnell nachvollziehen kann man diesen Sachverhalt, indem wir die Zahlenfolge von 1 bis 49 (in R kurz 1:49) betrachten. Wir speichern diese Zahlenfolge als Beobachtung oder kurz obs (engl. observation), indem wir wieder den kennengelernten Zuführungspfeil „<-" nutzen.

```
obs <- 1:49
```

Über die Registerkarte „Environment" im Quadranten III (vgl. Abb. 1.1) wird unsere Zahlenfolge nun als Wert (engl. value) deutlich. Zudem zeigt uns R, dass es sich um eine „integer"-Variable handelt. Lassen wir uns nun die Zahlenfolge in der Konsole wiedergeben, so wird die Relevanz der Zahlen in den eckigen Klammern deutlich:

```
obs
 [1] 1  2  3  4  5  6  7  8  9 10 11 12 13 14 15 16 17 18 19 20 21 22 23 24 25
[26]26 27 28 29 30 31 32 33 34 35 36 37 38 39 40 41 42 43 44 45 46 47 48 49
```

Hier wird nun ersichtlich, dass an der Stelle 26 – d. h. nach der Zahl 25 – ein Zeilenumbruch erfolgt. Das wird von R durch „[26]" entsprechend kenntlich gemacht.

Abschließend zeigen obige einfache Rechnungen in R bereits eine zentrale Regel in R. Wenn wir mit R arbeiten, sollten wir unsere Variablen und Ausprägungen möglichst immer einheitlich klein oder groß schreiben, zumal R sensibel auf Groß- und Kleinschreibung reagiert („case sensitive").

1.2.6 Daten importieren

Ein zentraler Aspekt für jede Datenanalyse sind die Daten selbst. Je nach Dateiformat stehen dabei unterschiedliche Wege und Pakete zur Verfügung. In der professionellen Datenanalyse werden Daten üblicherweise im csv- oder txt-Dateiformat abgespeichert. Ein Laden dieser Daten ist über das „readr"-Paket möglich, dass durch das Laden des „tidyverse"-Pakets automatisch mitgeladen wird (siehe Abschn. 1.2.2). Wir nutzen unsere R-Projektumgebung (siehe Abschn. 1.3.1), um unsere Daten „studenten" zu laden, die im csv-Format vorliegen. Wir nutzen den „read_csv()"-Befehl, um unsere Daten zu laden. Den Dateipfad finden wir schnell und einfach, indem wir in den Klammern die Anführungszeichen setzen und mithilfe der Tabulatortaste zu dem entsprechenden Ordner navigieren, wo wir die Daten abgelegt haben.

```
studenten <- read_csv("../Daten/datensatz_final.csv")
```

Über die Registerkarte „Environment" im Quadranten III (vgl. Abb. 1.1) wird der Datensatz unter „Data" ersichtlich, mit 4000 Beobachtungen (obs.) und 20 Variablen.

Gerade im Hochschulkontext werden Daten aber auch häufig im Excel-Format zur Verfügung gestellt. Excel-Dateien lassen sich mithilfe des „readxl"-Pakets laden. Analog zu unseren Standardpaketen des Lehrbuchs (siehe Abschn. 1.2.2) muss das Paket zunächst einmalig mithilfe des „install.packages()"-Befehl installiert werden. Dabei benötigen wir den „read_excel()"-Befehl zum Importieren einer Exceldatei allerdings nur einmalig für unsere Datenanalyse. In solchen Fällen, in denen nur ein einziger Befehl aus einem Paket benötigt wird, kann es sinnvoll sein, dass wir nicht das gesamte Paket laden, sondern nur die eine Funktion aus dem Paket herausnehmen. Dann bleibt das Paket in der Bibliothek. Vor diesem Hintergrund nehmen wir hier aus dem „readxl"-Paket mit „readxl::" nur den „read_excel()"-Befehl und laden unseren Datensatz entsprechend.

```
studenten <- readxl::read_excel("../Daten/Kaufkraft.xlsx")
```

Da der Datensatz Kaufkraft im Excel-Format (xlsx) zur Verfügung steht, lässt sich dieser auf diese Weise schnell und einfach importieren. Auch hier erscheint der Datensatz nun im „Environment" im Quadranten III (vgl. Abb. 1.1).

1.3 R-Projekt und R-Markdown

1.3.1 R-Projekt

Häufiges Arbeiten in R in verschiedensten Projekten erfordert in der Regel eine einheitliche und auf die individuellen Bedürfnisse abgestimmte Speicherumgebung. Eine solche Umgebung ist über ein sog. R-Projekt möglich. Ein neues R-Projekt kann über die Symbolleiste B (vgl. Abb. 1.1) über „File" und „New Project" einfach und schnell angelegt werden. Wenn wir nun der Menüführung folgen, können wir unser R-Projekt individuell gestalten und Speicherort und Namen auswählen.

Der Vorteil eines R-Projekts besteht darin, dass das Arbeitsverzeichnis immer dort angelegt wird, wo auch das Projekt liegt. Das heißt, dort wo die Datei mit der Endung „Rproj" liegt, ist auch das Arbeitsverzeichnis. Bewegt man sich außerhalb der R-Projektstruktur, muss das Arbeitsverzeichnis manuell festgelegt werden (etwa mit der Funktion „setwd()") und es handelt sich um absolute Dateipfade. Wenn man den Ordner verschiebt oder ein Projekt teilen möchte, müssen alle Dateipfade angepasst werden, damit die Daten korrekt eingelesen werden. Innerhalb eines R-Projekts sind die Dateipfade relativ und gelten damit immer. Wird das Projekt geteilt, funktionieren alle Skripte weiterhin.

Auch für unser Lehrbuch legen wir ein R-Projekt an, um auf die eigenen Arbeiten schnell und einfach zugreifen zu können. Hierzu legen wir über Auswahl von „File" und „New Project" über die Symbolleiste ein R-Projekt an. Gehen wir nun über den Dateien-Explorer zum Speicherort unseres R-Projekts, so können wir die Dateienstruktur direkt individuell anpassen. Alternativ kann die Dateienstruktur aber auch durch die Symbolleiste der Registerkarte „Files" im Quadranten IV (vgl. Abb. 1.1) angepasst werden. Drei Ordner fügen wir unserem Projekt – wichtig ist dabei, dass diese auf der gleichen Speicherungsebene wie das R-Projekt liegen – hinzu: (1) Einen Ordner „Daten", wo wir unsere Daten des Lehrbuchs ablegen, um hierauf schnell und einfach zugreifen zu können, (2) einen Ordner „Skripte", wo wir unsere R-Skripte und damit unsere Arbeiten der Datenanalyse ablegen und (3) einen Ordner „Output", wo wir Outputs (z. B. Tabellen) aus R abspeichern. In (2) bietet es sich beispielsweise an, für jedes Kapitel ein eigenes R-Skript zu dokumentieren.

1.3.2 R-Markdown

Eine besonders nützliche Dokumentart in RStudio ist R-Markdown. R-Markdown ermöglicht die einfache Kombination von Textdokument und Analysetool, sodass ganze Bachelor- oder Masterarbeiten in R-Markdown verfasst werden können. Auch dieses Lehrbuch ist in R-Markdown verfasst. Die Datenanalyse wird dann direkt zwischen den Textteilen in Form eines so genannten „Code-Chunks" eingebettet. Ein R-Markdownskript lässt sich abschließend in ein HTML-, PDF- oder sogar in ein Worddokument umwandeln – man spricht in diesem Zusammenhang von „knitten". Ein R-Markdownskript lässt sich schnell und einfach über das Dropdownmenü oben links (vgl. Abb. 1.1, Punkt A) oder über die Symbolleiste (vgl. Abb. 1.1, Punkt B) durch „File", „New File" und „R Markdown" laden. Ein R-Markdownskript wird mit der Endung „.Rmd" abgespeichert.

Text wird in einem R-Markdownskript durch besondere Textmarkierungen formatiert. So lässt sich durch ein einfaches Hashtagzeichen „#" eine Überschrift erstellen. Auch unterschiedliche Gliederungsebenen lassen sich so durch mehrere Hashtags setzen, sodass „#" die erste, „##" die zweite, „###" die dritte usw. Gliederungsebene bilden. Weitere übliche Textmarkierungen lassen sich durch einfaches oder doppeltes Asterixzeichen „*" anpassen. Text eingebettet durch einfaches Asterixzeichen wird *kursiv*, mit doppeltem Asterixzeichen **fett** formatiert. Code im Textteil wird hingegen mit rückwärtsgewandten Anführungszeichen „`" kenntlich gemacht. Ein „Code Chunk" beginnt und endet mit einem dreifachen rückwärtsgewandten Anführungszeichen „```".

Ein neuer „Code-Chunk", um die Daten zu analysieren oder zu visualisieren lässt sich entweder über die Symbolleiste des Markdownskripts oben rechts „Insert a new code chunk" oder durch den Shortcut „Strg + Alt + I" einfügen. Über den „Play"-Button oben rechts eines „Code-Chunk" lässt sich jeder „Code-Chunk" einzeln ausführen. Die Ergebnisse werden direkt unterhalb des „Code-Chunks" angezeigt. Soll das Dokument in HTML, PDF oder Word umgewandelt werden, so dient hierzu der „Knit"-Button oben links im Markdown-Skript. Über das Diskettenzeichen oben links oder über den Shortcut „Strg + S" lässt sich ein Markdownskript jederzeit speichern.[3]

1.4 Crashkurs Statistik

Zu jeder Datenbearbeitung und -visualisierung sollte immer eine konkrete Zielvorstellung Grundlage und Motivation der eigenen Auseinandersetzung mit einem Datensatz sein. Wer ist die Zielgruppe meiner Datenvisualisierung? Was möchte ich mit der Datenvisualisierung erreichen? Zum Hintergrundwissen gehören dabei unabdingbar Kenntnisse in der Statistik. Zu unterscheiden sind zwei grundlegende Welten der Statistik: (1) die explorative oder deskriptive Statistik, die dazu dient, die Daten mithilfe von geeigneten Maßzahlen oder Abbildungen zu beschreiben (engl. to describe) sowie (2) die Inferenzstatistik oder induktive (schließende, engl. to infer) Statistik, die dazu dient, Vermutungen oder Hypothesen auf der Basis der vorliegenden Stichprobe für eine größere Gruppe – der so genannten Grundgesamtheit – zu prüfen.

Beide Welten der Statistik sollen vor diesem Hintergrund in einem kurzen Crashkurs die Basis für dieses Lehrbuch schaffen. Gleichzeitig ermöglicht uns der kleine Exkurs eine vertiefte Auseinandersetzung mit unserem Datensatz des Lehrbuchs und erleichtert dadurch das Verständnis für die nachfolgenden Kapitel.

1.4.1 Explorative Statistik

Die explorative oder deskriptive Statistik dient dazu unseren Datensatz mithilfe geeigneter Maßzahlen und Abbildungen zu beschreiben. Dabei unterscheiden wir zwischen einer univariaten und einer bi-/multivariaten Betrachtung. Während es bei der univariaten Betrachtung um die einzelnen Merkmale und deren Verteilung geht, behandelt die bi- oder multivariate Betrachtung zwei oder mehrere Merkmale in Relation zueinander – beispielsweise um Zusammenhänge zu analysieren.

Skalierung
In einer univariaten Betrachtung wollen wir uns zunächst mit den einzelnen Merkmalen unseres Datensatzes beschäftigen. Hierzu laden wir unseren Datensatz und nutzen den inspect()-Befehl aus dem Paket „mosaic", um uns einen Überblick zu verschaffen.

---

[3] Siehe weiterführend in 6.1.2.

1.4 Crashkurs Statistik

```
studenten <- read_csv("../Daten/datensatz_übung.csv")
inspect(studenten)


categorical variables:
         name     class levels   n missing
1      region character    400 400       0
2  fachgebiet character      1 400       0
3   kreisname character    400 400       0
4  bundesland character     16 400       0
                              distribution
1 Ahrweiler, Landkreis (0.2%) ...
2 Insgesamt (100%)
3 Ahrweiler (0.2%) ...
4 Bayern (24%) ...

quantitative variables:
                           name   class         min          Q1      median
1                           ags numeric  1001.00000  5761.00000  8233.00000
2                        gesamt numeric     0.00000     0.00000   668.00000
3                 ausland_gesamt numeric     0.00000     0.00000    20.50000
4                deutsch_gesamt numeric     0.00000     0.00000   594.50000
5                männlich_gesamt numeric     0.00000     0.00000   326.50000
6               männlich_ausland numeric     0.00000     0.00000     9.50000
7                männlich_deusch numeric     0.00000     0.00000   271.00000
8                weiblich_gesamt numeric     0.00000     0.00000   285.00000
9               weiblich_ausland numeric     0.00000     0.00000    10.00000
10              weiblich_deutsch numeric     0.00000     0.00000   223.50000
11    regionaler_preisindex_2022 numeric    90.49597    94.43541    97.21766
12 preisindex_fur_wohnkosten_2022 numeric   68.01564    81.96723    90.70046
13 preisindex_ohne_wohnkosten_2022 numeric  98.30536    99.36216    99.84344
14       preisbereinigtes_einkommen numeric 18886.00000 23417.00000 24895.50000
15                    preisniveau numeric    90.49597    94.43541    97.21766
16             nominales_einkommen numeric 17923.70617 22580.82083 24021.06547
          Q3        max        mean           sd   n missing
1   9675.2500  16077.0000  8286.57250  3746.9958486 400       0
2   4809.5000 203869.0000  7354.78750 18530.8513755 400       0
3    747.0000  46144.0000  1101.41000  3314.7711469 400       0
4   4023.7500 157725.0000  6253.37750 15432.5069019 400       0
5   2670.5000  98868.0000  3665.70500  9029.2788249 400       0
6    424.0000  22929.0000   587.56500  1713.0733570 400       0
7   2270.7500  75939.0000  3078.14000  7433.1146492 400       0
8   2064.0000 105001.0000  3689.08250  9662.0097922 400       0
9    317.2500  23215.0000   513.84500  1634.4371042 400       0
10  1723.0000  81786.0000  3175.23750  8133.8787913 400       0
11   101.1653    125.0892    98.18648     5.1867176 400       0
12   103.6403    180.9372    94.13830    16.6816296 400       0
13   100.2732    104.2175    99.85273     0.7070181 400       0
14 25707.7500  32831.0000 24615.31500  1858.5580610 400       0
15   101.1653    125.0892    98.18648     5.1867176 400       0
16 25581.2257  37514.7322 24175.57837  2345.8113774 400       0
```

Wir werden erst in Kap. 4 lernen, wie man Tabellen in R sauber und übersichtlich formatiert (Abschn. 4.3), nichtsdestotrotz erhalten wir einen ersten Überblick zu unserem Datensatz. Es wird deutlich, dass die Merkmale unseres Datensatzes in kategoriale und quantitative Merkmale gegliedert werden. Zur späteren Datenanalyse und Berechnung von Maßzahlen müssen wir die Skalierung von Merkmalen bestimmen können. Die

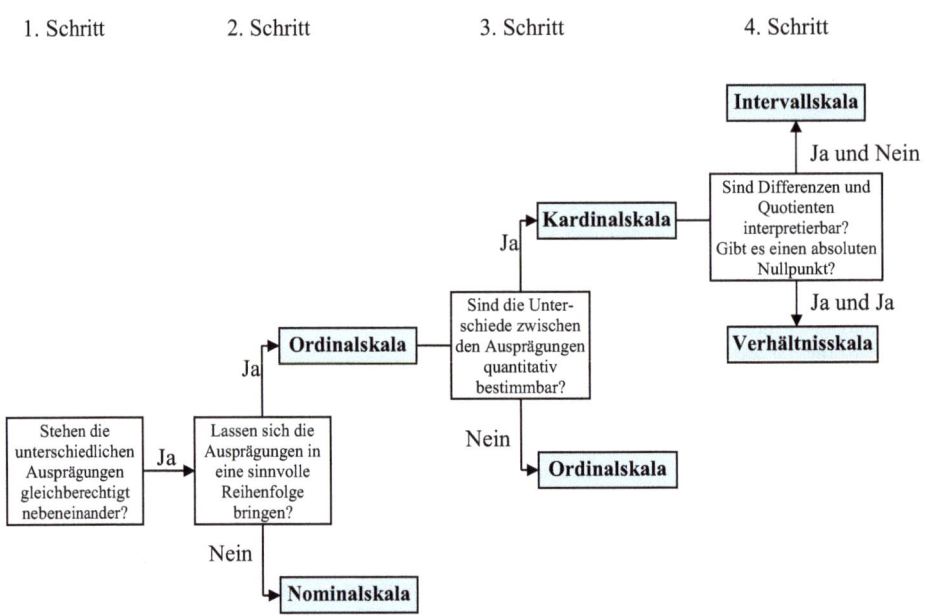

Abb. 1.2 Bestimmung der Skalierung eines Merkmals

Unterscheidung zwischen kategorial und quantitativ gibt uns hierzu bereits einen ersten Hinweis. Die Abb. 1.2 gibt uns einen Überblick zur Bestimmung der Skalierung eines Merkmals.

Bei der Skalierung eines Merkmals unterscheiden wir zwischen Nominalskala, Ordinalskala, Intervallskala sowie Verhältnisskala – bei denen die beiden letzteren häufig zur Kardinalskala zusammengefasst werden. Stehen die verschiedenen Merkmalsausprägungen dabei gleichberechtigt nebeneinander, d. h. diese unterscheiden sich lediglich durch unterschiedliche Namen, die sich nicht in eine sinnvolle Reihenfolge (besser vs. schlechter) bringen lassen, so sprechen wir von einem nominalskalierten Merkmal. Der Abb. 1.2 folgend können wir die erste Frage folglich mit „Ja" und die zweite mit „Nein" beantworten. Das ist etwa der Fall für unsere kategorialen Merkmale unseres Datensatzes. Beispielsweise betrachten wir bei dem Merkmal „bundesland" die 16 (siehe „levels") deutschen Bundesländer. Hier stehen die verschiedenen Bundesländernamen alle gleichberechtigt nebeneinander, ohne dass eine sinnvolle Reihenfolge möglich ist.

Von einem ordinalskalierten Merkmal sprechen wir hingegen, wenn sich die unterschiedlichen Merkmalsausprägungen auch in eine sinnvolle Reihenfolge bringen lassen. Das kann bei kategorialen Merkmalen ebenfalls der Fall sein, wenn wir beispielsweise das Merkmal Schulnote betrachten und zwischen den Merkmalsausprägungen „sehr gut", „gut", „befriedigend", „ausreichend", „mangelhaft" und „ungenügend" unterscheiden. Hier unterscheiden sich die Schulnoten durch verschiedene Namen, die sich aber zudem von gut zu schlecht sortieren lassen. In unserem Datensatz betrachten wir allerdings kein ordinalskaliertes Merkmal.

Kardinalskalierte Merkmale liegen dann vor, wenn sich die Merkmalsausprägungen nicht nur in eine sinnvolle Reihenfolge bringen lassen, sondern zudem Differenzen und/oder Quotienten interpretierbar sind. Damit sind die einzelnen Merkmalsausprägungen quantitativ bestimmbar. Lassen sich nur Differenzen, aber keine Quotienten interpretieren, so spricht man von einem intervallskalierten Merkmal. Ein Beispiel für ein intervallskaliertes Merkmal ist die Temperatur. Da Null Grad Celsius nicht der absolute Nullpunkt ist, lassen sich für unterschiedliche Temperaturen nur Differenzen (z. B. 10 Grad mehr oder weniger), aber keine Quotienten (z. B. halb so warm) interpretieren. Können wir hingegen zusätzlich Quotienten interpretieren, so betrachten wir eine Verhältnisskala.

In unserem Datensatz handelt es sich bei allen quantitativen Merkmalen um verhältnisskalierte Größen, weil sich Differenzen sowie Quotienten interpretieren lassen. So kann man beispielsweise für die Variable „regionaler_preisindex_2022", welche die durchschnittlichen Lebenshaltungskosten (d. h. Wohnkosten und sonstige Lebenshaltungskosten) des Jahres 2022 im Vergleich zum Bundesdurchschnitt betrachtet, interpretieren, dass das Leben im günstigsten Landkreis, Vogtlandkreis in Sachsen mit einem Indexwert von 90, insgesamt 100 − 90 = 10 % günstiger ist als im Bundesdurchschnitt, oder dass das Leben in der Stadt München (Indexwert = 125) fast 1,4 mal so hoch ist wie im Vogtlandkreis.[4]

Lagemaße

Mit dem Hintergrundwissen zur Bestimmung der Skalierung von Merkmalen können wir schließlich Lage- und Streuungsmaße bestimmen, um unsere Verteilung der Variablen besser beschreiben zu können. Die Lagemaße ermöglichen dabei eine Aussage über zentrale Tendenzen sowie Extremwerte einer Stichprobe, d. h. Bereiche der Verteilung, in der sich ein großer Teil der Stichprobe befindet oder Bereiche, die eher unüblich sind. Die nachfolgende Abbildung gibt einen kurzen Überblick über die möglichen deskriptiven Maßzahlen in Abhängigkeit vom Skalenniveau.

Wie Abb. 1.3 zeigt, lässt sich für ein nominalskaliertes Merkmal, und damit für die kategorialen Variablen in unserem Datensatz, lediglich der Modus als Maßzahl zur Beschreibung der Verteilung heranziehen. Unter dem Modus verstehen wir die Merkmalsausprägung, die wir am häufigsten beobachten. Lässt sich nur ein Modus ausmachen, so sprechen wir von einer unimodalen Verteilung. Bei zwei oder mehr Modi von einer bi- oder multimodalen Verteilung. Für unser Merkmal „bundesland" wird beispielsweise unmittelbar aus der Übersicht deutlich, dass die meisten unserer Beobachtungen aus dem Bundesland Bayern stammen. Vor diesem Hintergrund ist Bayern mit etwa 24 % unserer Beobachtungen der Modus.

Für unsere quantitativen Merkmale im Datensatz können wir neben dem arithmetischen Mittel zudem unterschiedlichste Quantile bestimmen. Die Quantile können eine

---

[4] Für eine Übersicht zur Definition der einzelnen Variablen des Datensatzes, siehe Tab. 1.1 sowie die Erläuterungen im Abschn. 1.1.2. Für weitere Ausführungen zum regionalen Preisindex 2022 siehe Goecke et al. (2023).

Skalenniveau	Lagemaßzahl	Definition
Nominalskala	Modus	Der Modus gibt den größten Wert der Merkmalsausprägungen wieder.
Ordinalskala	Median Quantile (z.B. Percentile, Quartile)	Der Median gibt den sog. Zentralwert einer Merkmalsausprägung wieder.
Kardinalskala	Mittelwert (z.B. arithmetisches, harmonisches und geometrisches Mittel)	Der Mittelwert gibt den durchschnittlichen Wert einer Merkmalsausprägung wieder.

Abb. 1.3 Lagemaße nach Skalenniveau

Verteilung dabei in eine beliebige Anzahl von Einheiten aufteilen. Besondere Quantile sind in diesem Zusammenhang das erste Quartil (Q1), dritte Quartil (Q3) sowie der Median (median). Beim ersten Quartil oder 25-%-Quantil teilen wir unsere Merkmalsausprägungen in 25 % und 75 % auf. Beim dritten Quartil oder 75-%-Quantil analog in 75 % und 25 %. Der Median als Zentralwert betrachtet schließlich das 50-%-Quantil und teilt die Merkmalsausprägungen in gleich große Einheiten mit 50 % und 50 % auf.

Für unseren Datensatz betrachten wir als quantitatives Merkmal wieder die Variable „regionaler_Preisindex_2022", welche die durchschnittlichen Lebenshaltungskosten (d. h. Wohnkosten und sonstige Lebenshaltungskosten) des Jahres 2022 im Vergleich zum Bundesdurchschnitt betrachtet. Hier liegt das erste Quartil (Q1) bei einem Indexwert von 94, sodass die Lebenshaltungskosten für 25 % der Einwohner höchstens (100-94) sechs Prozent unter dem Bundesdurchschnitt liegen und 75 % mindestens sechs Prozent unter dem Bundesdurchschnitt. Der Median liegt bei 97, sodass 50 % der deutschen Einwohner höchstens drei Prozent unter dem Bundesdurchschnitt liegen und 50 % mindestens drei Prozent unter dem Bundesdurchschnitt. Das dritte Quartil beträgt 101, d. h. 75 % der Einwohner liegen höchstens ein Prozent über dem Bundesdurchschnitt, während 25 % der Einwohner mindestens ein Prozent über dem Bundesdurchschnitt liegen.

Das arithmetische Mittel (engl. mean) berechnet schließlich die durchschnittliche Beobachtung, in dem die einzelnen Merkmalsausprägungen aufsummiert und anschließend durch die Anzahl der Beobachtungen geteilt wird. Da dieser Mittelwert sämtliche Merkmalsausprägungen im Zähler berücksichtigt, ist dieser besonders für Ausreißer anfällig. Im Gegensatz hierzu reagiert der Median nicht auf solche Ausreißer, zumal der Median die Merkmalsausprägungen in zwei gleiche Hälften teilt, ohne dass die konkrete Merkmalsausprägung ganz rechts oder ganz links in der Verteilung einen Einfluss hierauf hat. In unserem Datensatz stellen wir für die Variable „regionaler_Preisindex_2022" einen Mittelwert von 98 fest, d. h. im Schnitt beobachten wir einen Indexwert von 98 in den Landkreisen. Hier wird nun der Unterschied bei den Merkmalsträgern Landkreise versus Einwohner deutlich. Der Preisindex für die Einwohner ergibt sich durch eine Gewichtung des Index der einzelnen Landkreise durch die Einwohnerzahl. Der Wert von 98 deutet also an, dass es von den 400 Landkreisen mehr als 200 Landkreise gibt, bei denen das Preisniveau unterdurchschnittlich ist – d. h. in diesen Landkreisen sind die Wohn- und sonstigen Lebenshaltungskosten also niedriger als im Bundesdurchschnitt. Da in diesen Landkreisen aber weniger Menschen wohnen ergibt sich einwohnergewichtet ein Wert von unter 100.

Streuungsmaße

Im Gegensatz zu den Lagemaßen, die zentrale Tendenzen der Stichprobe aufzeigen, sollen Streuungsmaße etwas über die Breite der Verteilung aussagen, d. h. wie weit die einzelnen Merkmalsausprägungen voneinander entfernt sind. Sind die einzelnen Merkmalsausprägungen sehr weit voneinander entfernt, so sollte ein Streuungsmaß diesem Sachverhalt durch einen großen Wert und umgekehrt Rechnung tragen. Die Abb. 1.4 verdeutlicht den Grundgedanken der Streuungsmaße.

Auch hier ist die Wahl der angemessenen Streuungsmaßzahl von der Skalierung des betrachteten Merkmals abhängig. Während für nominalskalierte Merkmale die normierte Entropie die „Gleichheit" der relativen Häufigkeiten misst, soll für ordinalskalierte Merk-

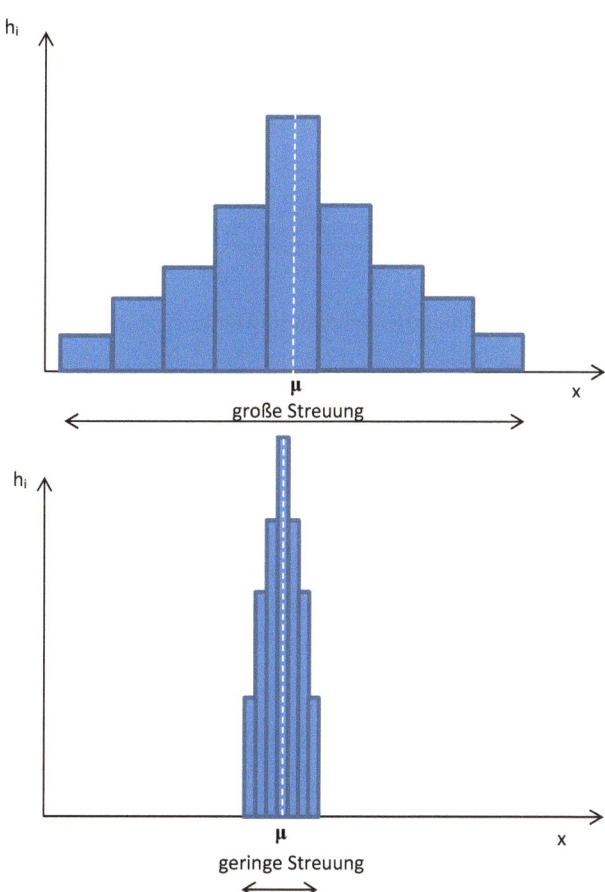

Abb. 1.4 Grundgedanke der Streuungsmaße

male die normierte Summenhäufigkeitsentropie (auch Vogel-Dobbener-Maß, benannt nach Friedrich Vogel und Reinhard Dobbener) die Streuung durch die „Steilheit" der Summenhäufigkeitsfunktion wiedergeben. Für kardinalskalierte Merkmale stellt schließlich die empirische Varianz eine geeignete Maßzahl zur Beurteilung der Streuung einer Verteilung dar.

Der Grundgedanke der empirischen Varianz wird in Abb. 1.4 deutlich. Letztlich betrachtet die empirische Varianz die Abweichungen der einzelnen Merkmalsausprägungen zum Mittelwert (μ in Abb. 1.4). Dabei wird deutlich, dass die bloße Summe der Abweichungen zum Mittelwert nicht ausreicht, um Aussagen über die Streuung machen zu können. Schließlich würden negative und positive Abweichungen sich gegenseitig aufheben, sodass unter Umständen trotz einer breiten Streuung ein Streuungsmaß von 0 resultieren könnte.[5] Vor diesem Hintergrund betrachtet die empirische Varianz die Summe der quadratischen Abweichungen zum Mittelwert, zumal durch das Quadrieren negative Abweichungen zu positiven Werten führen. Da das Ergebnis der empirischen Varianz schließlich in der jeweiligen Einheit zum Quadrat zu interpretieren wäre, ermöglicht das Ziehen der Wurzel aus der empirischen Varianz eine sinnvolle Interpretation in Form der Standardabweichung.

Die Standardabweichung wird auch in unserem Datensatz deutlich. Wir betrachten erneut die Variable „regionaler_preisindex_2022" und lassen uns einen Überblick über Lage und Streuung mithilfe des „favstats()"-Befehls[6] geben.

```
favstats(~regionaler_preisindex_2022,data=studenten)
      min      Q1   median      Q3      max     mean       sd   n missing
 90.49597 94.43541 97.21766 101.1653 125.0892 98.18648 5.186718 400       0
```

Hier wird nun die Standardabweichung durch sd (= standard deviation) deutlich. Die Standardabweichung beträgt hier also 5 Indexpunkte. Zur Interpretation der Standardabweichung können wir die Faustregeln von Tschebyschow heranziehen. Annahme dieser Faustregeln ist eine Normalverteilung. Dabei betrachtet Tschebyschow jeweils die ein-, zwei- und dreifache Standardabweichung entfernt vom Mittelwert. Drei Faustregeln lassen damit eine Interpretation der Standardabweichung zu:

- Regel 1: 70 % der Beobachtungen liegen zwischen mean − sd und mean + sd.
- Regel 2: 95 % der Beobachtungen liegen zwischen mean − 2sd und mean + 2sd.
- Regel 3: 99 % der Beobachtungen liegen zwischen mean − 3sd und mean + 3sd.

---

[5] Beim Vorliegen einer perfekten Normalverteilung würden sich positive und negative Abweichung gegenseitig so aufheben, dass ein Streuungsmaß von 0 resultieren würde, zumal die Normalverteilung symmetrisch ist und sich linke und rechte Seite beim Schnitt durch den Erwartungswert spiegeln. Siehe Abb. 1.4.
[6] Favstats steht dabei für „favorite statistics", also die wichtigsten Statistiken bzw. Maßzahlen.

Angewendet auf unsere Variable „regionaler_preisindex_2022" bedeutet Regel 1 damit:

```
mean(~regionaler_preisindex_2022,data=studenten)-sd(~regionaler_preisindex_
2022,data=studenten)
```

[1] 92.99976

```
mean(~regionaler_preisindex_2022,data=studenten)+sd(~regionaler_preisindex_
2022,data=studenten)
```

[1] 103.3732

Folglich weisen 70 % der Landkreise einen Indexwert zwischen 93 und 103 Indexpunkten auf. Regel 2 und 3 rechnen schließlich:

```
mean(~regionaler_preisindex_2022,data=studenten)-2*sd(~regionaler_preisinde
x_2022,data=studenten)
```

[1] 87.81304

```
mean(~regionaler_preisindex_2022,data=studenten)+2*sd(~regionaler_preisinde
x_2022,data=studenten)
```

[1] 108.5599

```
mean(~regionaler_preisindex_2022,data=studenten)-3*sd(~regionaler_preisinde
x_2022,data=studenten)
```

[1] 82.62632

```
mean(~regionaler_preisindex_2022,data=studenten)+3*sd(~regionaler_preisinde
x_2022,data=studenten)
```

[1] 113.7466

Beide Regeln zeigen einen linken Randwert, der unterhalb des Minimums von 90 Indexpunkten liegt und damit Werte, die in unserem Datensatz nicht existieren und damit unrealistisch sind. Hintergrund dieser Beobachtung ist die Annahme einer Normalverteilung, die nicht notwendigerweise immer vorliegt. Deshalb sind Interpretationen unter Anwendung dieser Faustregeln mit Vorsicht zu genießen.

Eine weitere Streuungsmaßzahl ist der Quartilsabstand, d. h. die Differenz zwischen dem dritten und ersten Quartil (Q3 – Q1). Da das dritte Quartil durch das 75 %-Quantil und das erste Quartil durch das 25 %-Quantil definiert ist, liegen zwischen dem ersten und dritten Quartil per Definition 50 % unserer Beobachtungen – ohne, dass wir hierzu eine Annahme (z. B. Normalverteilung) unterstellen müssen. Man spricht in diesem Zusammenhang auch von den mittleren 50 % der Verteilung. In R können wir den Quartilsabstand (engl. interquartile range) mithilfe des „IQR()"-Befehls bestimmen. Wir betrachten wieder die Variable „regionaler_preisindex_2022" und rechnen:

```
IQR(~regionaler_preisindex_2022,data=studenten)
[1] 6.72988
```

Wir können den Quartilsabstand in diesem Fall auch im Kopf rechnen, indem wir die Quartilswerte in der obigen Tabelle (siehe „favstats()"-Befehl) ablesen und subtrahieren, sodass

```
101.1653-94.43541
[1] 6.72989
```

Damit können wir feststellen, dass 50 % der Landkreise zwischen 94 und 101 Indexpunkten liegen und damit zwischen sechs Prozent unter und ein Prozent über dem Bundesdurchschnitt. Die mittleren 50 % der Landkreise unterscheiden sich damit um 7 Indexpunkte.

Zusammenhang und Abhängigkeit

Bisher haben wir immer eine univariate Betrachtung herangezogen – d. h. wir haben jede Variable für sich betrachtet. Gerade für Entscheidungsfindungen in der Wirtschaft (z. B. im strategischen Management oder Marketing) sind aber Zusammenhänge und damit die Betrachtung von zwei oder mehr Variablen in Beziehung zueinander von besonderem Interesse. Investiert ein Unternehmen beispielsweise in Werbung, ist es sinnvoll diese Investitionen kritisch zu reflektieren und näher zu untersuchen, ob diese Werbeinvestitionen tatsächlich zum Unternehmenserfolg (z. B. Umsatz, Gewinn) beitragen, oder nicht.

Für unsere weiteren Überlegungen greifen wir unser Beispiel zu den Werbeinvestitionen auf und betrachten ein Streudiagramm bzw. eine Punktewolke, die die gemeinsamen Beobachtungen beider Variablen (x und y, d. h. x = Werbeinvestitionen (in Euro) und y = Umsatz (in Euro)) visualisiert.[7] Hier stellt nun jeder Punkt beispielsweise eine Produktkategorie dar, in der x Euro in Werbung investiert und ein Umsatz von y Euro erzielt wird. Abb. 1.5 verdeutlicht die gemeinsamen Beobachtungen von Werbung und Umsatz.

Nun wird zum Beispiel deutlich, dass für Produktkategorie 1 insgesamt x_1 Euro in Werbung investiert und damit y_1 Umsatz erzielt wird. Für die Produktkategorie 2 entsprechend x_2 Euro in Werbung, bei einem Umsatz von y_2 Euro usw. Der Grundgedanke der Betrachtung von Zusammenhängen besteht nun allgemein darin die „Tendenz" der gemeinsamen Beobachtungen (Punkte) zu beschreiben. Man könnte auch überlegen, eine Gerade in die Punktewolke zu legen, die den Zusammenhang beschreibt. Solange wir uns mit Zusammenhängen beschäftigen, ist aber noch nicht relevant wie diese Gerade exakt aussieht. Vielmehr sollten wir uns fragen, ob diese Gerade eine positive, negative oder eine unbestimmte/keine

---

[7] Wie wir solche Streudiagramme oder andere Visualisierungen in R generieren ist gerade Aufgabe dieses Lehrbuchs. Für weiterführende Ausführungen sei deshalb hier nur auf den Abschn. 3.3 verwiesen.

Abb. 1.5 Der Zusammenhang zwischen Werbung und Umsatz

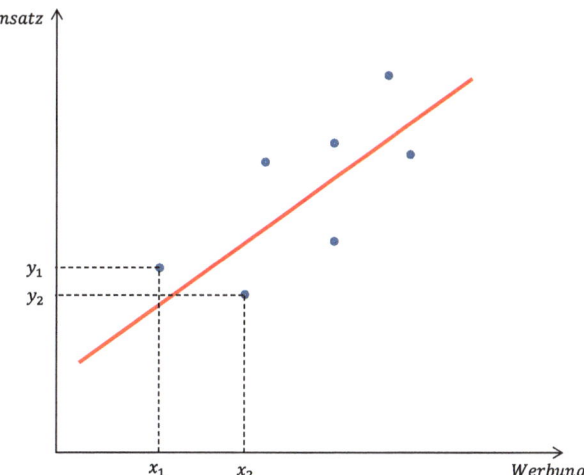

Steigung aufweist – entsprechend sprechen wir dann von einem positiven, negativen oder von keinem Zusammenhang zwischen den betrachteten Variablen (x und y). Für unsere Abb. 1.5 wird deutlich, dass eher ein positiver Zusammenhang vorliegt, d. h. wenn die Werbeinvestitionen steigen, steigen auch die Umsätze, und umgekehrt. Der Zusatz „und umgekehrt" ist dabei hervorzuheben, weil Zusammenhänge noch nichts über Kausalitäten aussagen – also ob die Werbung den Umsatz, oder der Umsatz die Werbung beeinflusst.

Die rein graphische Betrachtung von Zusammenhängen ist aber nicht immer so eindeutig, wie in Abb. 1.5. Vor diesem Hintergrund wäre es hilfreich, eine Maßzahl zur Hand zu haben, die die Richtung (also positiv, negativ oder kein Zusammenhang) und die Intensität (niedrig, mittel, stark) des Zusammenhangs wiedergibt. Eine solche Maßzahl stellt der Korrelationskoeffizient nach Bravais-Pearson dar.[8] Da der Korrelationskoeffizient einen standardisierten Wert zwischen −1 (perfekter negativer Zusammenhang) und +1 (perfekter positiver Zusammenhang) darstellt, sind auch Aussagen über die Stärke des Zusammenhangs möglich. Dabei gilt: Je näher der Korrelationskoeffizient an dem Wert 0 liegt, desto schwächer ist der Zusammenhang und umgekehrt. Abb. 1.6 gibt einen Überblick zur Interpretation des Korrelationskoeffizienten hinsichtlich Richtung und Intensität des Zusammenhangs.

Auf der Basis unseres Datensatzes wollen wir uns vor diesem Hintergrund den Zusammenhang zwischen Preisindex und Studentenzahl anschauen. Zur Berechnung des Korrelationskoeffizienten nutzen wir den „cor()"-Befehl und rechnen:

```
cor(regionaler_preisindex_2022~gesamt, data=studenten)
```

```
[1] 0.433069
```

---

[8] Ein weiterer prominenter Korrelationskoeffizienten ist z. B. der Rangkorrelationskoeffizient nach Spearman für ordinalskalierte Merkmale. Der Korrelationskoeffizient nach Bravais-Pearson setzt zwei mindestens intervallskalierte Merkmale voraus.

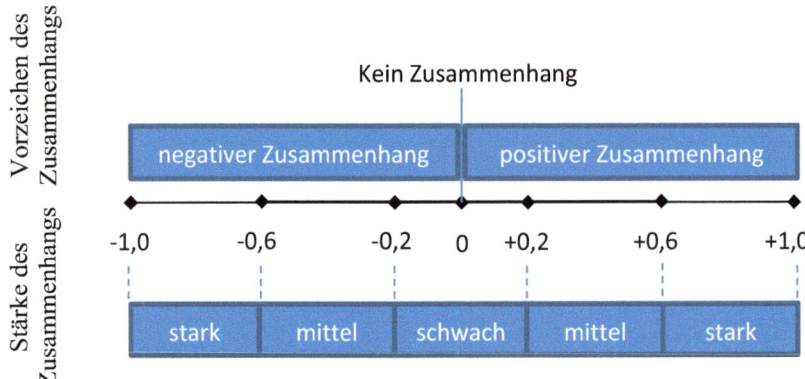

Abb. 1.6 Richtung und Intensität des Zusammenhangs

Wir stellen fest, dass mit einem Korrelationskoeffizienten von 0,43 ein mittlerer positiver Zusammenhang zwischen der Anzahl von Studierenden und der Lebenshaltungskosten vorliegt.

Solange wir uns mit dem Thema Zusammenhang beschäftigen, ist es unerheblich, wie die Achsen genau beschriftet sind und wie genau die Gerade in der Punktewolke aussieht – relevant ist hier lediglich, ob die Gerade eine positive oder negative Steigung aufweist, ohne den Betrag der Steigung zu ermitteln. Der Zusammenhang sagt nichts über Kausalität aus – d. h. ob das eine Merkmal das andere Merkmal beeinflusst oder umgekehrt. Natürlich ist diese Wirkungsursache von zentraler Bedeutung in der Statistik. Das Thema Abhängigkeit unterstellt in diesem Kontext einen linearen Zusammenhang, mit x als unabhängige bzw. erklärende und y als abhängige bzw. zu erklärende Variable. Die dabei zu unterstellende lineare Funktion oder Schätzgerade ist idealtypisch durch

$$f(x) = \hat{y}_i = \hat{a} + \hat{b} \cdot x_i \qquad (1.1)$$

charakterisiert, wobei $\hat{a}$ den Schnittpunkt mit der y-Achse und $\hat{b}$ den Steigungsparameter – d. h. um wie viel y steigt, wenn x um eine Einheit erhöht wird – darstellen. Nun stellt sich unmittelbar die Frage, welche der unzähligen möglichen Schätzgeraden bestmöglich für die gegebene Punktewolke passt?

Abb. 1.7 greift unsere Überlegungen aus Abb. 1.5 auf und zeigt die idealtypische Schätzgerade mit y = Umsatz und x = Werbeinvestitionen – d. h. wir unterstellen einen funktionalen Zusammenhang, in dem die Werbeinvestitionen den Umsatz beeinflussen. Schließlich sollte Werbung die Produkte bekannter machen und von den besonderen Vorzügen gegenüber Konkurrenzprodukten informieren, um mehr Produkte zu verkaufen und damit den Umsatz zu steigern. Aus Abb. 1.7 wird unmittelbar deutlich, dass es keine Schätzgerade gibt, auf der alle Punkte des Streudiagramms liegen werden. Folglich müssen wir damit leben, dass wir mit unserer Schätzung daneben liegen können. Zu unserer Gl. (1.1) sollten wir diese Abweichungen zwischen Schätzung ($\hat{y}_i$) und tatsächlicher Be-

1.4 Crashkurs Statistik

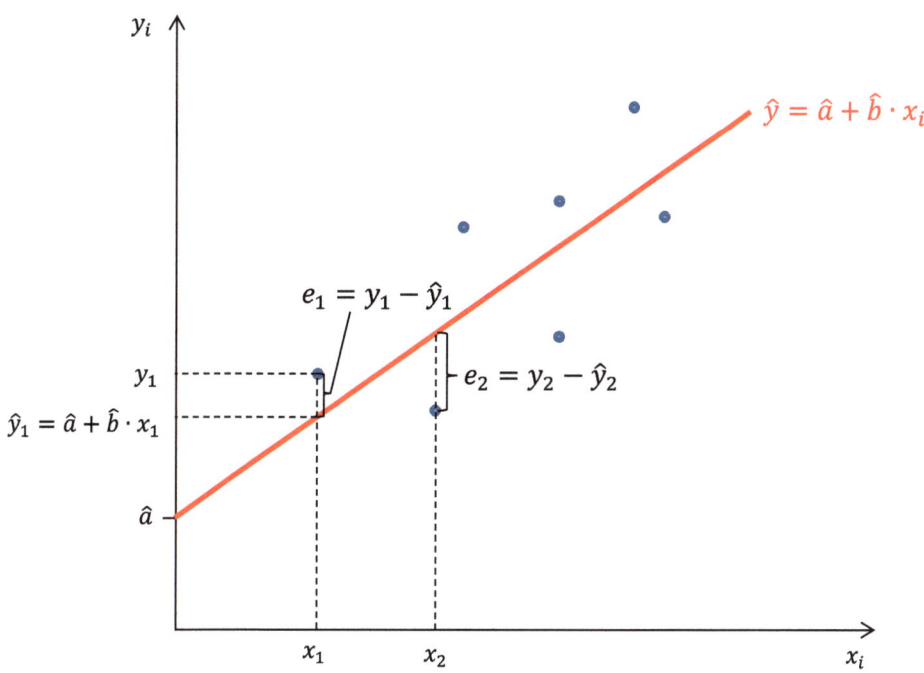

Abb. 1.7 Die Methode der kleinsten Quadrate

obachtung (y_i) hinzufügen. In der Statistik erfolgt dies üblicherweise mit einem e_i – auch „error term" genannt. Wir schreiben also

$$f(x) = \hat{y}_i = \hat{a} + \hat{b} \cdot x_i + e_i \tag{1.2}$$

wobei

$$e_i = y_i - \hat{y}_i \tag{1.3}$$

Welche Charakteristika sollte nun die Schätzgerade aus (1.2) haben, die gegenüber allen möglichen Schätzgeraden den Vorzug erhält? Oder anders ausgedrückt: Wie sieht die Schätzgerade aus, die die Abhängigkeit von Werbeinvestitionen und Umsatz bestmöglich beschreibt?

Da wir uns zwangsläufig verschätzen werden, sollte die bestmögliche Schätzgerade dadurch charakterisiert sein, dass die Abweichungen e_i über alle Beobachtungen hinweg möglichst gering sind. Betrachten wir hierzu Abb. 1.7 etwas genauer, so wird deutlich, dass diese Abweichungen mal nach oben und mal nach unten variieren. In dem einen Fall überschätzen und in dem anderen Fall unterschätzen wir den Umsatz auf der Basis eines gegebenen Werbebudgets. Würden wir also nun lediglich die einzelnen Abweichungen (e_i) aufsummieren, so würden sich positive und negative Abweichungen gegenseitig aufheben. Im schlechtesten Fall würden wir also eine Maßzahl in Höhe von null erhalten, obwohl die zu beobachtenden Abweichungen riesig sind und die entsprechende Schätzgerade überhaupt nicht unserer Zielvorstellung – dass die Abweichungen über alle Beobachtungen hinweg möglichst gering sind – entspricht.

Hierzu nutzen wir zur Lösung dieses Dilemmas einen Ansatz, auf den wir bereits bei der Berechnung der empirischen Varianz als Streuungsmaß zurückgegriffen haben. Wir betrachten nicht die einfachen, sondern die quadrierten Abweichungen. Durch das Quadrieren werden die negativen Abweichungen zu positiven Werten, sodass die Summe aller quadratischen Abweichungen einen guten Indikator bildet, um die Passung unserer Schätzgeraden zu beurteilen. Gleichzeitig führt das Quadrieren dazu, dass große Abweichungen einen überproportionalen Effekt auf diese Passung haben. So wird aus $e_i = 0{,}5$ beim Quadrieren ein Wert von 0,25 und für $e_i = 5$ ein Wert von 25. Folglich entscheiden wir uns letztlich von allen möglichen Schätzgeraden für die Gerade, bei der die Summe der quadratischen Abweichungen am kleinsten ist, oder

$$\min\left\{\sum_{i=1}^{n} e_i^2\right\}. \tag{1.4}$$

Diese Methode ist auch unter der Methode der kleinsten Quadrate bekannt, oder kurz „KQ-Methode".

Nun kommen wir zu unserem betrachteten Zusammenhang zwischen der Studierendenanzahl („gesamt") und den Lebenshaltungskosten („regionaler_preisindex_2022") zurück. Hier könnte man argumentieren, dass viele Studierenden in der Regel in größeren Städten leben und vor allem die Wohnkosten in den Städten teurer sind als im ländlichen Raum. Folglich bildet der Preisindex unsere abhängige bzw. zu erklärende Variable (y) und die Studierendenanzahl die unabhängige bzw. erklärende Variable (x). Zur Bestimmung der Parameter $\hat{a}$ und $\hat{b}$ nutzen wir den „lm()"-befehl – lm steht dabei für lineares Modell (engl. linear model). Dabei ist nun die Reihenfolge zu beachten, wobei in den Klammern des Befehls zuerst die abhängige Variable (hier: y = Preisindex) und danach die unabhängige Variable (hier: x = Studierendenanzahl) berücksichtigt wird. Als Parameter erhalten wir schließlich:

```
lm(regionaler_preisindex_2022~gesamt,data=studenten)

Call:
lm(formula = regionaler_preisindex_2022 ~ gesamt, data = studenten)

Coefficients:
(Intercept)      gesamt
 97.2949687   0.0001212
```

Der Parameter $\hat{a}$ wird nun durch den „Intercept" (engl. für Schnittpunkt) und $\hat{b}$ unter „gesamt" kenntlich. Folglich liegt der Preisindex unabhängig von der Anzahl Studierender bei 97,29 Indexpunkten und steigt mit jedem Studenten um 0,00012 Indexpunkte an. Bei 1000 Studierenden würden wir folglich einen Preisindex von *f(x=1000) = 97,94 +*

$0,00012*1000 = 97,29 + 0,12 = 97,41$ Indexpunkten schätzen. Bei 10.000 Studierenden analog einen Preisindex von $f(x=10000) = 97,29 + 0,00012*10000 = 97,29 + 1,2 = 98,49$ Indexpunkten.

Wie gut diese Schätzung nun ist, zeigt uns das so genannte Bestimmtheitsmaß (auch kurz R^2), das den Anteil der Gesamtstreuung von y (hier: y = Preisindex) angibt, den wir mithilfe unseres Modells (hier durch x = Studierendenanzahl) erklären können. Hierzu können wir unseren Korrelationskoeffizienten quadrieren, sodass

```
(cor(regionaler_preisindex_2022~gesamt,data=studenten))^2
```

[1] 0.1875488

oder händisch

```
0.433069^2
```

[1] 0.1875488

Damit wird deutlich, dass unser lineares Modell bzw. die Anzahl Studierender insgesamt *18,75 %* der Gesamtstreuung des Preisindex erklären. Offensichtlich scheint es neben der Anzahl der Studierenden noch weitere Einflussgrößen auf den regionalen Preisindex zu geben.

1.4.2 Inferenzstatistik

Bisher haben wir nur unsere Daten beschrieben (deskriptive Statistik). Ziel der Inferenzstatistik ist hingegen die Überprüfung von Hypothesen. Entscheidend ist dabei, dass diese Hypothesen sich in der Regel auf eine größere Grundgesamtheit (z. B. die Gesellschaft) beziehen, die vorhandenen Daten aber nur eine Stichprobe (als Teilmenge der Grundgesamtheit) abbilden. Vor diesem Hintergrund versucht die Inferenzstatistik – auch induktive oder schließende Statistik – von der Stichprobe auf die Grundgesamtheit zu schließen (engl. to infer). Man kann in diesem Zusammenhang auch von Generalisierung sprechen.

Diese als Induktion bekannte Methode des Schließens von einer Stichprobe auf die Grundgesamtheit erfolgt dabei auf der Basis von Wahrscheinlichkeitsverteilungen. Häufig liegt dabei die Normalverteilung als Verteilungsmodell zugrunde. Dabei unterstellen wir, dass die Eigenschaften der Stichprobe und der Grundgesamtheit derselben Wahrscheinlichkeitsverteilung folgen, um von unserer empirischen Beobachtung aus der Stichprobe auf das Große und Ganze schließen zu können.

Als Faustregel gilt dabei, dass die Stichprobe mindestens 30 Beobachtungen zählen sollte, wobei gilt: Mehr ist immer besser als weniger. Das heißt, eine Stichprobe mit 300 Beobachtungen ist besser geeignet zur Durchführung eines Hypothesentests als eine Stichprobe mit 30 Probanden, die die Voraussetzung unserer Faustregel so gerade erfüllt. In der Regel geht man von einem „sicheren" Schließen ab einer Stichprobengröße von 1000 Beobachtungen aus.

Hypothesentests

Da wir bei der Induktion immer mit unserer Stichprobe arbeiten und uns deshalb nicht sicher sein können, dass wir mit unserer Testentscheidung für die Grundgesamtheit richtig liegen, spricht man auch vom Schätzen. Dabei unterscheiden wir zwischen Punkt- und Intervallschätzung. Die Punktschätzung schließt dabei auf bestimmte Werte für die Eigenschaft/en unserer Grundgesamtheit. Typische Eigenschaften sind dabei die Lage- und Streuungsmaße, die wir im Abschn. 1.4.1 kennengelernt haben. So schließen wir beispielsweise auf der Basis unseres Stichprobenmittelwerts ($\bar{x}$) auf den Mittelwert (μ) in der Grundgesamtheit. Bei der Intervallschätzung bestimmen wir hingegen ein Intervall, in dem unsere Eigenschaft (z. B. Mittelwert) mit einer bestimmten Wahrscheinlichkeit liegt. Für diesen Crashkurs konzentrieren wir uns auf die Punktschätzung und kehren zu den Intervallschätzungen in Kap. 5 zurück, wenn wir die Simulationen (hier: Bootstrap) kennenlernen.

Beim Testen von Hypothesen für Punktschätzungen hat die Tatsache, dass wir von einer – mehr oder weniger repräsentativen – Stichprobe auf die Grundgesamtheit schließen eine wichtige Konsequenz: Wir können Fehler machen. Wichtig ist dabei das Verständnis dafür, dass wir den Parameter der Grundgesamtheit (z. B. μ) in der Regel nicht kennen und niemals kennen werden und trotzdem eine Testentscheidung treffen wollen. Vor diesem Hintergrund werden wir nie von richtig oder falsch bei unseren Hypothesen sprechen, sondern nur vom Beibehalten oder Verwerfen der Hypothese. Dabei unterscheidet man zwischen Null- und Alternativhypothese. Wir testen immer die Nullhypothese (H_0). Können wir diese verwerfen, so sprechen wir uns für die Alternativhypothese (H_A) aus – also das Gegenteil der Nullhypothese (H_0). Damit sind zwei Fehler möglich: (1) Wir verwerfen unsere Nullhypothese (H_0), obwohl diese richtig ist (Fehler 1. Art oder Alpha-Fehler) und (2) wir halten an der Nullhypothese (H_0) fest, obwohl diese falsch ist (Fehler 2. Art oder Beta-Fehler).

Beim Verständnis zum Testen von Hypothesen können wir einer einfachen Analogie folgen. Hypothesentests verstehen sich dabei analog zum Strafprozess. Bei einem Strafprozess gilt immer die Unschuldsvermutung, d. h. in unserer Nullhypothese testen wir „unschuldig" gegen die Alternativhypothese „schuldig". Dabei sind wir davon überzeugt, dass der Angeklagte schuldig ist, sonst würden wir ihn oder sie nicht anklagen. Trotzdem gehen wir aus guten Gründen in unserem Rechtssystem von der „Unschuldsvermutung" aus. Schließlich wäre das Schlimmste, das passieren kann, dass wir einen Unschuldigen verurteilen – gar ins Gefängnis bringen. Obwohl wir also vermuten, dass der Angeklagte schuldig ist, testen wir das Gegenteil unserer Vermutung in der Nullhypothese. Analog sind Hypothesentests durch die Eigenschaft der Konservativität charakterisiert. Konservativ heißt, dass wir sehr lange an der Nullhypothese festhalten, bevor wir diese verwerfen. Um also unsere Vermutung für eine Eigenschaft (z. B. Mittelwert) der Grundgesamtheit statistisch abzusichern, sollten wir unsere Vermutung immer in der Alternativhypothese testen und das Gegenteil in der Nullhypothese. Können wir die Nullhypothese dann verwerfen, so können wir uns sehr sicher sein, dass wir mit unserer Vermutung richtig liegen.

1.4 Crashkurs Statistik

Ob unsere Vermutung richtig oder falsch ist, werden wir aber nie sagen können, weil wir in der Regel Induktion und keine Deduktion betreiben. Wir erinnern uns: Wir kennen nur die empirischen Beobachtungen aus der Stichprobe, also nur eine Teilmenge der Grundgesamtheit.

Die Analogie zeigt, dass es auch zu einem Justizirrtum kommen kann und jemand Unschuldiges verurteilt wird. Analog versuchen wir bei Hypothesentests den Fehler 1. Art (Alpha-Fehler) möglichst zu kontrollieren, d. h. dass wir die Nullhypothese verwerfen, obwohl diese richtig ist. Im Zusammenhang von Hypothesentests sprechen wir von der Irrtumswahrscheinlichkeit im Sinne der Wahrscheinlichkeit, dass wir die Nullhypothese verwerfen, obwohl diese richtig ist. Wichtig ist dabei das Verständnis, dass wir einen Fehler (Alpha-Fehler) begehen und diesen möglichst vermeiden sollten. Entsprechend versuchen wir die Irrtumswahrscheinlichkeit möglichst klein zu halten – je kleiner die Irrtumswahrscheinlichkeit, desto besser bzw. signifikanter die Testentscheidung.

Beim Durchführen eines Hypothesentests können wir einem Schema F folgen. In fünf Schritten gelangen wir so zu unserer Testentscheidung:

1. Definition von Null- und Alternativhypothese
2. Wahl eines geeigneten Tests und Prüfung der Voraussetzungen (n > 30)
3. Berechnung einer Prüfgröße/-statistik
4. Bestimmung des Ablehnungsbereichs
5. Entscheidung: Wir verwerfen H_0, wenn die Prüfgröße im Ablehnungsbereich liegt.

Bei der Definition von Null- und Alternativhypothese ist zu unterscheiden zwischen ein- und zweiseitigen Tests (vgl. Abb. 1.8). Ein einseitiger Test testet in eine Richtung – linksseitig oder rechtsseitig. Für einseitige Tests führt die Konservativität von Hypothesentests dazu, dass wir unsere Vermutung in der Alternativhypothese (H_A) testen. Vermuten wir, dass z. B. der Mittelwert (μ aus der Grundgesamtheit) größer einem bestimmten Wert a ist, so testen wir $H_0: \mu \leq a$ gegen $H_A: \mu > a$. Das „>"-Zeichen in der Alternativhypothese zeigt, dass es sich um einen rechtsseitigen Test handelt. Vermuten wir, dass der Mittelwert (μ aus der Grundgesamtheit) kleiner einem bestimmten Wert a ist, so testen wir $H_0: \mu \geq a$ gegen $H_A: \mu < a$. Das „<"-Zeichen in der Alternativhypothese zeigt, dass es sich um einen linksseitigen Test handelt. In beiden Fällen (linksseitiger oder rechtsseitiger Test) testen wir unsere Vermutung in der Alternativhypothese und halten sehr lange am Gegenteil in der Nullhypothese fest, bevor wir diese verwerfen und damit unsere Vermutung bestätigen. Der zweiseitige Test stellt eine Ausnahme dar, weil in diesem Fall Null- und Alternativhypothese unabhängig von der Vermutung feststehen: In der Nullhypothese steht immer „=" und in der Alternativhypothese immer „≠". Vermuten wir z. B., dass der Mittelwert (μ in der Grundgesamtheit) gleich einem bestimmten Wert a ist, so testen wir $H_0: \mu = a$ gegen $H_A: \mu \neq a$. Interessieren wir uns wie in unserem Beispiel für den Mittelwert, so betrachten wir einen Mittelwerttest.

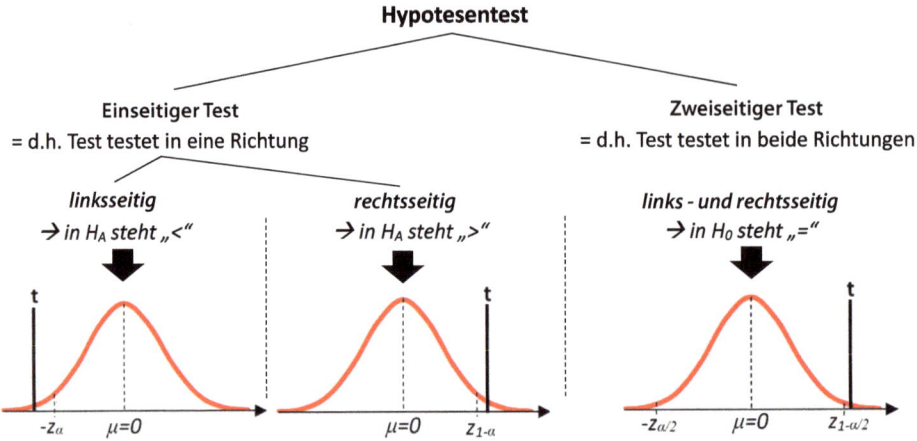

Abb. 1.8 Hypothesentest und Ablehnungsbereich

Zur Durchführung eines (asymptotischen[9]) Hypothesentests nehmen wir an, dass die Eigenschaft in der Stichprobe (Stichprobenmittelwert μ) und die Eigenschaft in der Grundgesamtheit (Mittelwert = μ) derselben Wahrscheinlichkeitsverteilung – hier einer Normalverteilung – folgen. Die Situation unter der Nullhypothese folgt also der Verteilung in Abb. 1.8. Um abzuschätzen, ob die empirischen Beobachtungen der Stichprobe der Situation unter der Nullhypothese entsprechen, berechnen wir auf der Basis der Stichprobe eine Prüfgröße. Die konkrete Berechnung der Prüfgröße variiert zwischen den verschiedenen Hypothesentests (z. B. Mittelwerttest, Mittelwertdifferenztest, Regression usw.). Gemeinsam ist allen Prüfgrößen aber, dass sie immer die Abweichungen zwischen den in der Nullhypothese definierten Eigenschaft (z. B. Mittelwert = μ) und den entsprechenden Stichprobenwerten (z. B. Stichprobenmittelwert = $\bar{x}$) betrachten. Der konkrete Wert der Prüfgröße liegt dann irgendwo auf der Verteilung. Liegt dieser eher in der Nähe des Mittelwerts ($\mu = 0$), so spricht das für die Nullhypothese. Liegt dieser eher weit vom Mittelwert entfernt, so spricht das gegen die Nullhypothese.

Die Testentscheidung wird nun unmittelbar davon beeinflusst, ab wann wir von einer großen Entfernung zum Mittelwert sprechen, d. h. ab wann die Abweichungen zwischen der in der Nullhypothese definierten Eigenschaft (z. B. Mittelwert = μ) und der entsprechenden Stichprobeneigenschaft (z. B. Stichprobenmittelwert = $\bar{x}$) als groß interpretiert werden sollte. Hierzu definieren wir den so genannten Ablehnungsbereich. Der Ablehnungsbereich entspricht dabei der Wahrscheinlichkeit, dass wir die Nullhypothese verwerfen, obwohl diese richtig ist. Hier kommt also nun die Irrtumswahrscheinlichkeit ins Spiel und damit die

---

[9] Asymptotisch heißt näherungsweise und bedeutet in diesem Kontext, dass vor dem Hintergrund des Gesetzes der großen Zahlen (d. h. große Stichprobe) eine Annäherung des arithmetischen Mittelwertes einer Zufallsstichprobe an den Mittelwert der Grundgesamtheit erfolgt. Vor diesem Hintergrund nutzen wir auch den Stichprobenmittelwert, um auf den Mittelwert (μ) in der Grundgesamtheit zu schließen.

1.4 Crashkurs Statistik

Wahrscheinlichkeit einen α-Fehler zu begehen. Vor diesem Hintergrund sprechen wir auch vom Signifikanzniveau Alpha. Hier gilt: Je kleiner die Irrtumswahrscheinlichkeit bzw. das Signifikanzniveau α, desto besser bzw. signifikanter das Ergebnis. Im besten Fall ist das $α = 0$, weil wir dann mit einer Wahrscheinlichkeit von 0 % einen α-Fehler begehen. Gängige Signifikanzniveaus und damit gewissermaßen die Türschwellen zum Ablehnungsbereich liegen bei einem Alpha von 10 %, 5 % und 1 %. Wo nun der Ablehnungsbereich liegt und ab wann wir die Nullhypothese verwerfen können, zeigt Abb. 1.8.

Es wird zunächst deutlich, dass das „Wo" des Ablehnungsbereichs abhängig davon ist, ob wir einseitig oder zweiseitig testen (vgl. Abb. 1.8). Beim einseitigen Test liegt der Ablehnungsbereich für den linksseitigen Test (d. h. in H_A steht „<") links. Für den rechtsseitigen Test (d. h. in H_A steht „>") liegt der Anlehnungsbereich entsprechend rechts. Beim linksseitigen Test liegt der kritische Wert (die Türschwelle) zum Ablehnungsbereich damit bei $-z_α$, d. h. beim $α\%$-Quantil.[10] Es zeigt sich damit, dass der kritische Wert, der die Türschwelle zum Ablehnungsbereich bestimmt, von unserer zugrundeliegenden Irrtumswahrscheinlichkeit abhängig ist. Vor dem Hintergrund der gängigen Alphawerte von 10 %, 5 % und 1 % liegen die kritischen Werte zum Ablehnungsbereich also beim 10-%-, 5-%- oder 1-%-Quantil. Je kleiner, desto weiter entfernt vom Mittelwert ($μ$) und desto signifikanter das Ergebnis – schließlich spiegelt das Alpha unsere Wahrscheinlichkeit wider, dass wir mit dem Verwerfen der Nullhypothese einen Fehler (Alpha-Fehler) begehen. Zur besseren Veranschaulichung bestimmen wir die drei Quantile mithilfe des „qnorm()"-Befehls – wir betrachten also das q = Quantile einer norm = normalverteilten Zufallsvariable. Für das 1-%-Quantil verdeutlicht uns zudem der „xqnorm()"-Befehl nochmal, wo und wie groß der Ablehnungsbereich bei einer Irrtumswahrscheinlichkeit von 1 % ist. Der „qnorm()"- bzw. „xqnorm()"-Befehl betrachtet dabei in Klammern das P%-Quantil für eine Standardnormalverteilung – d. h. mit einem Erwartungswert ($μ$) von 0 und einer Standardabweichung ($σ$) von 1.

```
qnorm(0.1,0,1)
[1] -1.281552
qnorm(0.05,0,1)
[1] -1.644854
xqnorm(0.01,0,1)

If X ~ N(0, 1), then
    P(X <= -2.326348) = 0.01
    P(X >  -2.326348) = 0.99
```

---

[10] Wir erinnern uns an die Definition von Quantilen aus Abschn. 1.4.1. Quantile teilen die Verteilung in bestimmte P%-ige Teile auf. Ein besonderes Quantil ist beispielsweise der Median, der die Verteilung in 50 % zu 50 % aufteilt und aussagt, dass 50 % der Beobachtungen mindestens und 50 % der Beobachtungen höchstens dem Medianwert entsprechen.

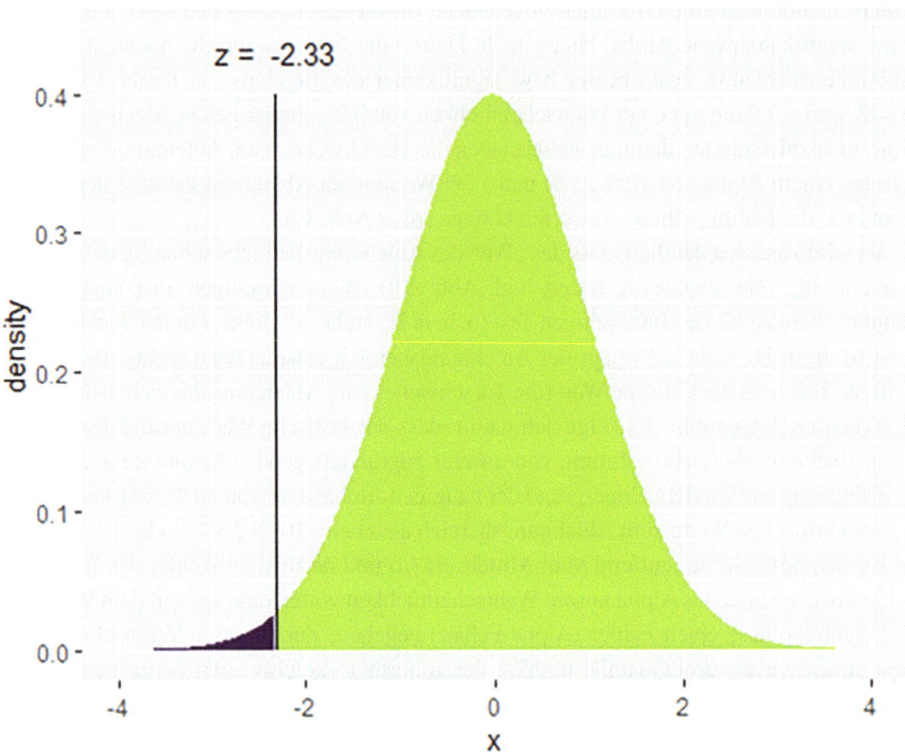

```
[1] -2.326348
```

Es wird deutlich, dass die Irrtumswahrscheinlichkeit von 1 % durch die Fläche links im „Tail" der Verteilung widergespiegelt wird. Folglich lehnen wir unsere Nullhypothese ab, wenn der Wert der Prüfgröße in diesem Bereich liegt – also kleiner oder gleich −2,33 ist. In Abb. 1.8 wird die Prüfgröße durch den schwarzen vertikalen Strich links von -z_α veranschaulicht. In diesem Fall würden wir die Nullhypothese also verwerfen.

Für den rechtsseitigen Test (vgl. Abb. 1.8) liegt der Ablehnungsbereich entsprechend rechts, sodass wir für die gängige Irrtumswahrscheinlichkeiten (10 %, 5 % und 1 %) das 90-%-, 95-%- und 99-%-Quantil betrachten. Wir berechnen mithilfe des „qnorm()"-Befehls die dazugehörigen „Türschwellen" zum Ablehnungsbereich.

```
qnorm(0.9,0,1)
[1] 1.281552
qnorm(0.95,0,1)
[1] 1.644854
qnorm(0.99,0,1)
[1] 2.326348
```

Bei einer Irrtumswahrscheinlichkeit von 1 % lehnen wir die Nullhypothese folglich ab, wenn die berechnete Prüfgröße einen Wert von 2,33 überschreitet. Hier wird nun auch eine wichtige Eigenschaft der (Standard-)Normalverteilung deutlich, zumal die Werte links und rechts der Verteilung dieselben sind, nur mit unterschiedlichem Vorzeichen. Eine Normalverteilung ist perfekt symmetrisch und schwankt um den Mittelwert μ, d. h. für die Standardnormalverteilung um den Wert von $\mu = 0$.

Beim zweiseitigen Test (vgl. Abb. 1.8) testen wir in beide Richtungen – folglich nach links und rechts. Entsprechend betrachten wir zwei Ablehnungsbereiche und müssen unsere Irrtumswahrscheinlichkeit Alpha auf links und rechts gleichmäßig aufteilen, indem wir $\alpha/2$-Quantile betrachten. Somit bestimmt $-z_{\alpha/2}$ den kritischen Wert zum Ablehnungsbereich auf der linken und $z_{1-\alpha/2}$ den kritischen Wert zum Ablehnungsbereich auf der rechten Seite. Für die gängigen Irrtumswahrscheinlichkeiten (10 %, 5 %, 1 %) betrachten wir entsprechend die Quantilpaare (5 %/ 95 %), (2,5 %/ 97,5 %) und (0,5 %/ 99,5 %). Damit ergeben sich für die „Türschwellen" zum Ablehnungsbereich unter Nutzung des „qnorm()"-Befehls und Eingabe der Quantilpaare mithilfe der Vektorschreibweise „c()" folgende Werte.

```
qnorm(c(0.05,0.95),0,1)
[1] -1.644854  1.644854
qnorm(c(0.025,0.975),0,1)
[1] -1.959964  1.959964
qnorm(c(0.005,0.995),0,1)
[1] -2.575829  2.575829
```

Bei einer Irrtumswahrscheinlichkeit von 1 % lehnen wir die Nullhypothese folglich ab, wenn die berechnete Prüfgröße entweder kleiner oder gleich −2,58 oder größer oder gleich 2,58 ist. Damit wird eine wichtige Erkenntnis deutlich, ab wann wir etwa von einer großen Prüfgröße sprechen können, die auf ein Verwerfen der Nullhypothese hindeutet. Hierzu können wir uns merken, dass ab einem Betragswert von 2,5 von einer großen Prüfgröße gesprochen werden kann, die dann zu einem Verwerfen der Nullhypothese führt.

Tests für Mittelwerte/-differenzen
Zur Durchführung der ersten Hypothesentests (für Mittelwerte und Mittelwertdifferenzen) widmen wir uns wieder unserem Datensatz und betrachten den regionalen Preisindex. Wir vermuten dabei, dass der Preisindex im Schnitt bei weniger als 100 Indexpunkten liegt. Zur Durchführung unseres ersten Hypothesentestes nutzen wir unser kennengelerntes 5-Schritte-Schema.

Im ersten Schritt definieren wir Null- und Alternativhypothese. Wir vermuten, dass der Mittelwert des Preisindex bei weniger als 100 liegt, d. h. $\mu < 100$. Das „<"-Zeichen deutet darauf hin, dass es sich um einen einseitigen Test handelt. Folglich sollten wir unsere Vermutung in der Alternativhypothese testen, um aufgrund der Konservativität von Hypothesentests unsere Vermutung statistisch abzusichern. Das Gegenteil unserer Vermutung testen wir hingegen in der Nullhypothese. Wir testen also H$_0$: $\mu \geq 100$ gegen H$_A$: $\mu < 100$. Das „<"-Zeichen zeigt, dass wir linksseitig testen. Die Eigenschaft, die uns interessiert, ist der Mittelwert μ, d. h. wir nutzen einen Mittelwerttest bzw. Einstichproben-t-Test zur Prüfung unserer Nullhypothese. Bei n = 400 > 30 ist auch die Voraussetzung hierzu erfüllt.

Im dritten Schritt berechnen wir die Prüfgröße. Die Prüfgröße für einen Mittelwerttest berechnet sich wie folgt:

$$t = \frac{\bar{x} - \mu_0}{s_x} \cdot \sqrt{n}, \tag{1.5}$$

mit $\bar{x}$ als Mittelwert in der Stichprobe, μ_0 als Wert in der Grundgesamtheit laut Nullhypothese, s_x als Standardabweichung in der Stichprobe und einer Stichprobe mit n Beobachtungen.

Zum Einsetzen in die Formel erinnern wir uns an die Lage- und Streuungsmaße des Preisindex und nutzen hierzu den „favstats()"-Befehl.

```
favstats(~regionaler_preisindex_2022,data=studenten)
     min       Q1   median       Q3      max     mean       sd   n missing
 90.49597 94.43541 97.21766 101.1653 125.0892 98.18648 5.186718 400       0
```

Wir nutzen die Befehle zur Bestimmung des Mittelwerts (mean) und der Standardabweichung (sd), um Rundungsdifferenzen durch Einsetzen in Gl. (1.5) zu vermeiden und rechnen:

```
((mean(~regionaler_preisindex_2022,data=studenten)-100)/sd(~regionaler_prei
sindex_2022,data=studenten))*(400)^0.5
```

`[1] -6.992958`

Mit einem Betragswert von 6,99 liegt die Prüfgröße damit deutlich über unserer Faustregel von 2,5 und stellt damit eine sehr große Prüfgröße dar. Das deutet bereits darauf hin, dass wir die Nullhypothese verwerfen können. Zur genauen Prüfung bestimmen wir noch den Ablehnungsbereich. Hierzu legen wir eine Irrtumswahrscheinlichkeit von 1 % zugrunde. Da es sich um einen linksseitigen Test (in H$_A$ steht „<") handelt, bestimmen wir hierzu das 1 %-Quantil. Als kritischen Wert und damit Türschwelle zum Ablehnungsbereich erhalten wir unter Anwendung des „qnorm()"-Befehls damit folgenden Wert:

```
qnorm(0.01,0,1)
```

`[1] -2.326348`

Damit kommen wir zum fünften und letzten Schritt und treffen unsere Testentscheidung. Da t = −6,99 < −2,33, liegt die Prüfgröße deutlich im Ablehnungsbereich. Wir können

1.4 Crashkurs Statistik

unsere Nullhypothese damit verwerfen und unsere Vermutung, dass der regionale Preisindex im Schnitt über alle Landkreise hinweg unter 100 Indexpunkten liegt, bestätigen

Selbstverständlich lässt sich der Mittelwerttest bzw. Einstichproben-t-Test auch direkt in R durchführen, ohne das 5-Schritte-Schema schrittweise durchzugehen. Hierzu nutzen wir den „t.test()"-Befehl und beachten, dass neben der Variable „regionaler_Preisindex_2022" das mu von 100 definiert werden muss, das Vorzeichen der Alternativhypothese hier: „less" (alternativ „greater" oder „two.sided") und der Datensatz „studenten" betrachtet wird.

```
t.test(~regionaler_preisindex_2022, mu=100, alternative="less",data=student
en)

    One Sample t-test

data:  regionaler_preisindex_2022
t = -6.993, df = 399, p-value = 0.0000000000057
alternative hypothesis: true mean is less than 100
95 percent confidence interval:
    -Inf 98.61404
sample estimates:
mean of x
 98.18648
```

Zunächst stellen wir fest, dass mit t = −6,99 auch unsere Prüfgröße angegeben wird. Neben der Bestimmung des Ablehnungsbereichs können wir auch den angegebenen p-Wert (engl. p-value) für unsere Testentscheidung nutzen.[11] Der p-Wert ist das kritische Alpha, d. h. ab einem Alpha bzw. einer Irrtumswahrscheinlichkeit von mindestens dem p-Wert kann die Nullhypothese verworfen werden. Hier kann die Nullhypothese ab einer Irrtumswahrscheinlichkeit (Alpha) von 0 % verworfen werden – also immer. Damit gelangen wir über den „t.test()"-Befehl zur gleichen Testentscheidung.

Neben einem Mittelwerttest betrachtet man häufig auch so genannte Mittelwertdifferenzen, bei der die Mittelwerte von zwei Gruppen miteinander verglichen werden. Man spricht in diesem Fall von einer Mittelwertdifferenz, weil man sich den Unterschied zwischen den beiden Mittelwerten anschaut. Auch für mehr als 2 Mittelwerte lassen sich Testverfahren auf die Gleichheit der Mittelwerte durchführen (Varianzanalyse). Allerdings lassen sich Mittelwertdifferenzen nur für 2 Gruppen sinnvoll interpretieren.

Zur Betrachtung eines Testverfahrens für Mittelwertdifferenzen vergleichen wir den mittleren Preisindex zwischen zwei Bundesländern miteinander. Das hierzu notwendige Filtern lernen wir allerdings erst im Kap. 2 kennen, sei hier aber exemplarisch einmal gezeigt. Hierzu filtern wir die Variable Bundesland auf Bayern oder (in R wird das oder

---

[11] In der Grundeinstellung gibt R Kommazahlen in der Exponentialschreibweise wieder. Das lässt sich einfach ändern, indem vor dem durchzuführenden Befehl oder zu Beginn der Datenanalyse durch „options(scipen=999)" auf Dezimalschreibweise umgestellt wird.

durch „|" kenntlich gemacht) Nordrhein-Westfalen (NRW), um den mittleren Preisindex beider Bundesländer miteinander vergleichen zu können.

```
studenten_Bayern_NRW <- studenten |>
  filter(bundesland == "Bayern" | bundesland == "Nordrhein-Westfalen")
```

Aus dem Environment wird deutlich, dass der neue Datensatz „studenten_Bayern_NRW" 149 Beobachtungen für 20 Variablen aufweist. Wir vermuten, dass es keinen Unterschied beim Preisindex zwischen Bayern und NRW gibt, d. h. $\mu_{Bayern} = \mu_{NRW}$. Als Mittelwertdifferenz ausgedrückt vermuten wir folglich $\mu_{Bayern} - \mu_{NRW} = 0$. Es handelt sich um einen zweiseitigen Test, bei dem die Nullhypothese mit „=" vorgegeben ist. Wir testen folglich H_0: $\mu_{Bayern} - \mu_{NRW} = 0$ gegen H_A: $\mu_{Bayern} - \mu_{NRW} \neq 0$.

Da wir Mittelwertdifferenzen betrachten, führen wir einen Mittelwertdifferenztest bzw. Zweistichproben-t-Test durch. Die Voraussetzungen sind bei n = 96 Beobachtungen für Bayern und m = 53 Beobachtungen für NRW erfüllt. Analog zum Mittelwerttest nutzen wir den „t.test()"-Befehl.

```
t.test(regionaler_preisindex_2022~bundesland,mu=0,alternative="two.sided",data=studenten_Bayern_NRW)

    Welch Two Sample t-test

data:  regionaler_preisindex_2022 by bundesland
t = 3.1861, df = 145.76, p-value = 0.001764
alternative hypothesis: true difference in means between group Bayern and group Nordrhein-Westfalen is not equal to 0
95 percent confidence interval:
 0.9404296 4.0131974
sample estimates:
          mean in group Bayern mean in group Nordrhein-Westfalen
                     100.26362                          97.78681
```

Da ein zweiseitiger Test mit keinen Mittelwertunterschieden in R als Standardregel (engl. default rule) verwendet wird, können wir auch kurz schreiben:

```
t.test(regionaler_preisindex_2022~bundesland,data=studenten_Bayern_NRW)

    Welch Two Sample t-test

data:  regionaler_preisindex_2022 by bundesland
t = 3.1861, df = 145.76, p-value = 0.001764
alternative hypothesis: true difference in means between group Bayern and group Nordrhein-Westfalen is not equal to 0
95 percent confidence interval:
 0.9404296 4.0131974
sample estimates:
          mean in group Bayern mean in group Nordrhein-Westfalen
                     100.26362                          97.78681
```

Die Prüfgröße ist mit 3,19 > 2,5 groß und deutet auf ein Verwerfen der Nullhypothese hin. Ein p-Wert von 0 % bestätigt, dass für alle gängigen Alphawerte (10 %, 5 %, 1 %) die

Nullyhpothese verworfen werden kann, da 10 %, 5 %, 1 % > 0 %. Damit stellen wir fest, dass es einen Unterschied beim mittleren Preisindex zwischen Bayern und NRW gibt. Ein Blick auf die Lage- und Streuungsmaße mithilfe des „favstats()"-Befehls verdeutlicht dies.

```
favstats(regionaler_preisindex_2022~bundesland,data = studenten_Bayern_NRW)
          bundesland       min       Q1    median        Q3       max      mean
1             Bayern  90.75349 95.65118  99.50568 103.30835  125.0892 100.26362
2 Nordrhein-Westfalen  92.60485 95.63142  96.58042  98.40596  109.3574  97.78681
        sd  n missing
1 5.910274 96       0
2 3.569812 53       0
```

Es zeigt sich, dass der durchschnittliche Preisindex in Bayern bei 100,26 Indexpunkten und für NRW bei 97,79 Indexpunkten liegt. Damit zeigt Bayern deutlich (und inferenzstatistisch signifikant) höhere Lebenshaltungskosten (Wohnkosten plus sonstige Lebenshaltungskosten) als das Bundesland Nordrhein-Westfalen (NRW) auf.

Regressionsanalyse
Bei der Regressionsanalyse greifen wir auf unsere Überlegungen zur Prüfung von Zusammenhängen und Abhängigkeiten zurück (Abschn. 1.4.1). Grundgedanke ist dabei, dass wir einen linearen Zusammenhang unterstellen, bei der eine abhängige Variable (y) durch eine oder mehrere unabhängige Variablen (x_1 bis x_n) erklärt werden kann. Hier interessierten uns die Parameter bzw. Koeffizienten unserer Schätzgeraden – $\hat{a}$ als Schnittpunkt mit der y-Achse und $\hat{b}$ als Steigungsparameter, d. h. um wie viel y steigt oder sinkt, wenn x um eine Einheit zunimmt. Im Folgenden werden wir dabei von β_0 als Schnittpunkt mit der y-Achse und β_1 bis β_n als Steigungsparameter sprechen.

Typischerweise betrachten wir Zusammenhänge in einem Streudiagramm bzw. einer Punktewolke. Für den linearen Zusammenhang ist dabei entscheidend, wie die Achsen zu beschriften sind. Dabei wären theoretisch unendlich viele Schätzgeraden möglich, die den Zusammenhang in der Punktewolke beschreiben könnten. Maxime bei der Auswahl der besten Schätzgerade sollte dabei sein, dass die Abweichungen zwischen Schätzung (Schätzgeraden) und tatsächlicher empirischer Beobachtung (Punkt in der Punktewolke) möglichst gering sind. Hierzu bedienen wir uns der Methode der kleinsten Quadrate (KQ-Methode) und entscheiden uns für die Schätzgerade, bei der die Summe der quadratischen Abweichungen am kleinsten ist. Hintergrund der Betrachtung der quadratischen Abweichungen ist, dass sich bei der Betrachtung der einfachen Abweichungen positive und negative Abweichungen durch das Aufsummieren gegenseitig kompensieren. Durch das Quadrieren resultieren nicht nur positive Werte, sondern große Abweichungen fließen durch einen entsprechend großes Quadrat in die Entscheidungsfindung mit ein.[12]

In der inferenzstatistischen Auseinandersetzung ist nun zu berücksichtigen, dass wir die Grundgesamtheit und damit alle Punkte der Punktewolke nicht kennen. Wir betrachten schließlich nur eine Stichprobe als Teilmenge der Grundgesamtheit. Vor diesem Hinter-

---

[12] Für eine Wiederholung siehe Abschn. 1.4.1 unter Abhängigkeiten.

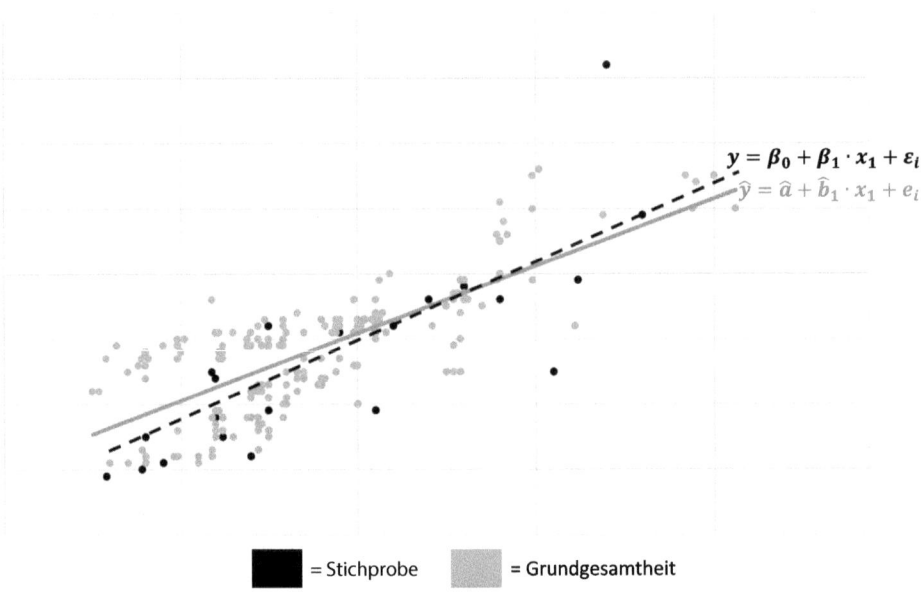

Abb. 1.9 Regressionsanalyse in der Stichprobe versus Grundgesamtheit

grund wird unmittelbar klar, dass die zu bestimmende Schätzgerade auf Basis der Stichprobe nicht notwendigerweise mit der Schätzgerade aus der Grundgesamtheit übereinstimmt. Dabei schließen wir auf Basis der Schätzgerade aus der Stichprobe auf die Schätzgerade in der Grundgesamtheit. Abb. 1.9 verdeutlicht die Regressionsanalyse in der Stichprobe versus in der Grundgesamtheit.

In der Abb. 1.9 wird die Schätzgerade auf Basis der Stichprobe durch die gestrichelte Schätzgerade deutlich. Die Schätzgerade aus der Stichprobe schätzt die Parameter des linearen Modells dabei auf der Basis der insgesamt 30 Beobachtungen mit der schwarzen Markierung. Die Schätzgerade in der Grundgesamtheit basiert hingegen auf allen Punkten in der Punktewolke und wird durch die durchgezogene graue Schätzgerade in der Abbildung deutlich. Hier wird nun auch ersichtlich, warum wir bei den Parametern der Schätzgerade nicht mehr von $\hat{a}$ und $\hat{b}$ sprechen, sondern von β_0 und β_1. Schließlich schätzen wir b_i (Grundgesamtheit) durch β_i (Stichprobe).

Es unterscheiden sich aber auch die Abweichungen zwischen den tatsächlichen Beobachtungen und der jeweiligen Schätzgerade. Während man bei der Schätzgerade auf der Basis der Stichprobe von einem Residuum als vertikalen Abstand (ε_i) zwischen Beobachtung und Schätzgeraden spricht, wird der vertikale Abstand (e_i) zwischen Beobachtung und „wahrer Schätzgeraden" als Störgröße (engl. error term) bezeichnet.

Da wir den Schnittpunkt $\hat{a}$ durch β_0 und den Steigungsparameter b_1 durch β_1 schätzen, stellt sich die Frage nach Null- und Alternativhypothese. Die Regressionsanalyse testet dabei immer zweiseitig, indem in der Nullhypothese davon ausgegangen wird,

1.4 Crashkurs Statistik

dass kein Zusammenhang zwischen der abhängigen und der unabhängigen Variable zugrunde liegt. Das heißt, wir testen, ob der entsprechende Parameter gleich null ist. Können wir die Nullhypothese schließlich verwerfen, so stellen wir einen Einfluss der unabhängigen Variable auf die abhängige Variable fest. Damit testen wir $H_0: \beta_0 = 0, \beta_1 = 0$ gegen $H_A: \beta_0 \neq 0, \beta_1 \neq 0$.

Zur Anwendung der Regressionsanalyse erinnern wir uns an unser Beispiel aus Abschn. 1.4.1. Wir betrachten den Zusammenhang zwischen der Studierendenanzahl („gesamt") und den Lebenshaltungskosten mit Wohnkosten („regionaler_preisindex_2022"). Hier argumentieren wir, dass viele Studierende in der Regel in den Städten leben und vor allem die Wohnkosten in den Städten teurer sind als auf dem Land. Daraus folgt, dass der Preisindex unsere abhängige bzw. zu erklärende Variable (y) und die Studierendenanzahl die unabhängige bzw. erklärende Variable (x). Zur Bestimmung der Parameter bzw. Koeffizienten β_0 und β_1 nutzen wir den „lm()"-Befehl und beachten die Reihenfolge der Variablen ($y \sim x$). Im Unterschied zum Abschn. 1.4.1 wollen wir allerdings nicht nur die Parameter bestimmen, sondern auch zu einer Testentscheidung für die einzelnen Parameter kommen. Hierzu speichern wir unser lineares Modell als „model_1" und lassen uns mit dem „summary()"-Befehl anschließend eine Zusammenfassung der Regression wiedergeben.

```
model_1 <- lm(regionaler_preisindex_2022~gesamt,data=studenten)
summary(model_1)


Call:
lm(formula = regionaler_preisindex_2022 ~ gesamt, data = studenten)

Residuals:
     Min       1Q   Median       3Q      Max
-16.4702  -3.3689  -0.7392   3.1279  16.7935

Coefficients:
              Estimate  Std. Error t value            Pr(>|t|)
(Intercept) 97.29496874 0.25185200 386.318 <0.0000000000000002 ***
gesamt       0.00012121 0.00001265   9.585 <0.0000000000000002 ***
---
Signif. codes:  0 '***' 0.001 '**' 0.01 '*' 0.05 '.' 0.1 ' ' 1

Residual standard error: 4.681 on 398 degrees of freedom
Multiple R-squared:  0.1875,    Adjusted R-squared:  0.1855
F-statistic: 91.88 on 1 and 398 DF,  p-value: < 0.00000000000000022
```

Hier werden die Ergebnisse der inferenzstatistischen Regressionsanalyse nun in der Tabelle unter „Coefficients" ersichtlich. In der Spalte „Estimate" finden wir die Werte (engl. estimate) unserer Koeffizienten β_0 und β_1 wieder. In der Spalte „t value" finden wir auch die Prüfgröße für β_0 und β_1. Diese ergibt sich aus dem Koeffizienten dividiert durch den Standardfehler. Wir rechnen hierzu nach:

```
97.29496874/0.25185200
```
[1] 386.318
```
0.00012121/0.00001265
```
[1] 9.581818

Für die Testentscheidung können wir die Nullhypothese dabei separat für jeden einzelnen Koeffizienten prüfen. Prüfen wir zunächst H$_0$: $\beta_0 = 0$, so wird mit einer Prüfgröße von 386,32 deutlich, dass die Nullhypothese verworfen werden kann und wir damit $\beta_0 \neq 0$ bestätigen können. Auch ein p-Wert (Pr(>|t|)) von 0 % zeigt, dass wir die Nullhypothese für alle gängigen Alphawerte verwerfen können, zumal 10 %, 5 %, 1 % > 0 %. Damit stellen wir fest, dass unabhängig von der Anzahl Studierender ein regionaler Preisindex von 97,29 Indexpunkten zugrunde gelegt werden kann. Für die Prüfung von H$_0$: $\beta_1 = 0$ können wir bei einem p-Wert von 0 % ebenfalls die Nullhypothese verwerfen und stellen damit einen hoch signifikanten Effekt von der Anzahl der Studierenden („gesamt") auf den regionalen Preisindex fest. Die drei Sternchen deuten dabei das Signifikanzniveau an. Hier steigt der regionale Preisindex pro Studierenden um 0,00012121 Indexpunkte. Bei 10.000 Studierenden macht das einen Anstieg des regionalen Preisindex um durchschnittlich 1,2 Indexpunkte. Da sich beide Koeffizienten als signifikant erweisen ergibt sich das lineare Modell wie folgt: *Preisindex = 97,29 + 0,00012121*gesamt + ε_i.*

Für einen Landkreis mit 100.000 Studierenden würden wir für unsere Schätzung des regionalen Preisindex also wie folgt rechnen:

```
97.29+0.00012121*100000
```
[1] 109.411

Händisch könnten wir die Schätzgrade in unsere Punktewolke einzeichnen, indem wir zwei beliebige Werte für *x* in die Schätzgerade eingeben und diese miteinander verbinden. Wir können die Schätzgerade aber auch durch R zeichnen lassen, indem wir den „plotModel()"-Befehl anwenden.

```
plotModel(model_1)
```

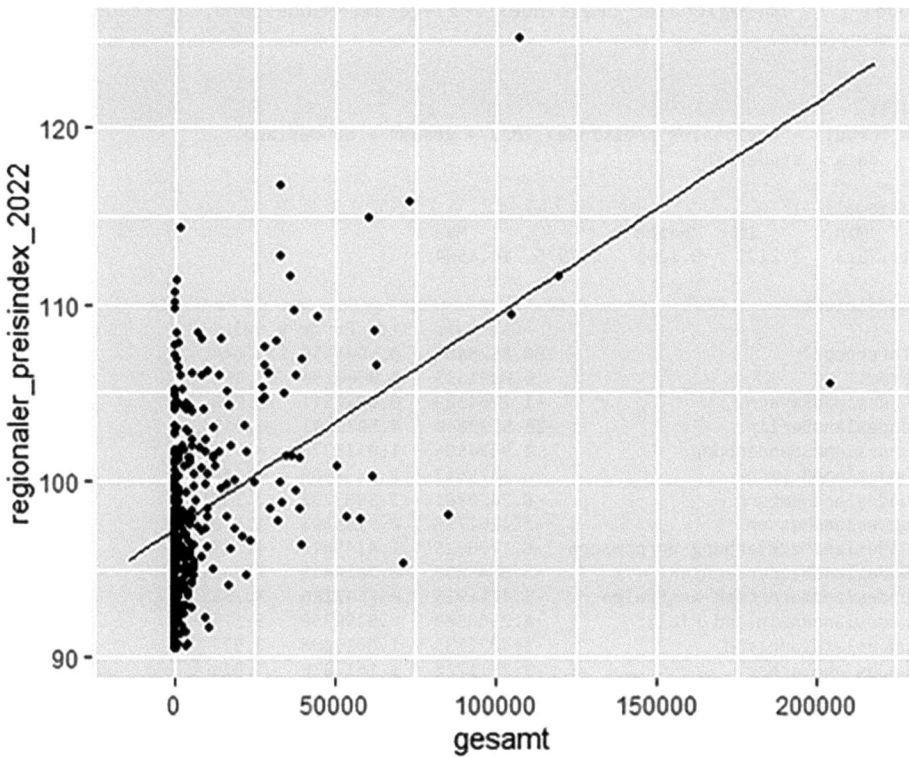

In der graphischen Betrachtung wird nun deutlich, dass es viele kleine und wenige große Hochschulstandorte (Kreise bzw. Kreisfreie Städte) gibt. In der späteren Betrachtung des Zusammenhangs könnte es deshalb sinnvoll sein hier durch ein Filtern den Effekt deutlicher herauszuarbeiten. Allerdings zeigt das Bestimmtheitsmaß (R^2) auch, dass die Anzahl der Studierenden nur knapp über 18,75 % der Gesamtstreuung des regionalen Preisindex erklären können und weitere Größen den regionalen Preisindex beeinflussen werden.

Folglich kann es sinnvoll sein, weitere unabhängige Variablen in die Regressionsanalyse mit einzubeziehen – man spricht dann von einer multiplen Regressionsanalyse. Als weitere unabhängige Variable nehmen wir hierzu ein kategoriales Merkmal mit auf und bestimmen zusätzlich den Einfluss des Bundeslandes auf den regionalen Preisindex. Damit testen wir H_0: $\beta_0 = 0$, $\beta_1 = 0$, $\beta_2 = 0$ gegen H_A: $\beta_0 \neq 0$, $\beta_1 \neq 0$, $\beta_2 \neq 0$. In R können wir diese weitere unabhängige Variable einfach hinzufügen, indem wir mit „+bundesland" eine weitere unabhängige Variable ergänzen. Da es sich um unser zweites lineares Modell handelt benennen wir unser Model „model_2" und gehen analog zum ersten linearen Modell vor.

```
model_2 <- lm(regionaler_preisindex_2022~gesamt+bundesland,data=studenten)
summary(model_2)


Call:
lm(formula = regionaler_preisindex_2022 ~ gesamt + bundesland,
    data = studenten)

Residuals:
     Min       1Q   Median       3Q      Max
-11.7513  -2.2121  -0.1291   1.7975  14.4504

Coefficients:
                                Estimate  Std. Error t value
(Intercept)                   100.8528485   0.5645459 178.644
gesamt                          0.0001633   0.0000130  12.557
bundeslandBayern               -1.2764329   0.6716511  -1.900
bundeslandBerlin              -28.5999048   4.5075283  -6.345
bundeslandBrandenburg          -4.9484506   1.0315776  -4.797
bundeslandBremen               -6.2475647   2.6632369  -2.346
bundeslandHamburg              -8.7490981   3.9903295  -2.193
bundeslandHessen               -1.4291736   0.9103391  -1.570
bundeslandMecklenburg-Vorpommern -6.1006825   1.4145419  -4.313
bundeslandNiedersachsen        -5.6645090   0.7814419  -7.249
bundeslandNordrhein-Westfalen  -5.4211915   0.7547286  -7.183
bundeslandRheinland-Pfalz      -4.2900880   0.8290350  -5.175
bundeslandSaarland             -5.4072335   1.6013608  -3.377
bundeslandSachsen              -9.2511722   1.1612670  -7.966
bundeslandSachsen-Anhalt       -9.3896792   1.1301217  -8.309
bundeslandSchleswig-Holstein   -2.1131864   1.1008929  -1.920
bundeslandThüringen            -8.4953625   0.9610906  -8.839
                                         Pr(>|t|)
(Intercept)                      < 0.0000000000000002 ***
gesamt                           < 0.0000000000000002 ***
bundeslandBayern                            0.058126 .
bundeslandBerlin                   0.0000000006287324 ***
bundeslandBrandenburg              0.0000023112895900 ***
bundeslandBremen                            0.019493 *
bundeslandHamburg                           0.028939 *
bundeslandHessen                            0.117256
bundeslandMecklenburg-Vorpommern   0.0000205313013600 ***
bundeslandNiedersachsen            0.0000000000023398 ***
bundeslandNordrhein-Westfalen      0.0000000000035820 ***
bundeslandRheinland-Pfalz          0.0000003689539493 ***
bundeslandSaarland                          0.000809 ***
bundeslandSachsen                  0.0000000000000189 ***
bundeslandSachsen-Anhalt           0.0000000000000017 ***
bundeslandSchleswig-Holstein                0.055661 .
bundeslandThüringen              < 0.0000000000000002 ***
---
Signif. codes:  0 '***' 0.001 '**' 0.01 '*' 0.05 '.' 0.1 ' ' 1

Residual standard error: 3.679 on 383 degrees of freedom
Multiple R-squared:  0.5171,    Adjusted R-squared:  0.497
F-statistic: 25.64 on 16 and 383 DF,  p-value: < 0.00000000000000022
```

Spätestens hier wird nun deutlich, dass Tabellen sehr unübersichtlich werden können. Wir lernen allerdings in Kap. 4 (Abschn. 4.3) wie man solche Tabellen übersichtlicher gestalten kann. Hierzu werden wir das „stargazer"-Paket kennenlernen.

Aus der Tabelle wird nichtsdestotrotz ersichtlich, dass neben der Anzahl der Studierenden auch einzelne Bundesländer einen hoch signifikanten Einfluss auf den regionalen Preisindex haben. Bei solchen kategorialen Merkmalen werden dabei die Bundesländer zu einer Referenzgröße in den Vergleich gestellt. Eine genauere Betrachtung zeigt, dass in der Tabelle nur 15 der insgesamt 16 Bundesländer aufgezählt werden. Es fehlt das Bundesland Baden-Württemberg. Folglich sind die einzelnen Koeffizienten (siehe Spalte „Estimate") jeweils im Vergleich zum Bundesland Baden-Württemberg zu lesen. So zeigt beispielsweise der hoch signifikante Koeffizient für das Bundesland Bayern (bundeslandBayern), dass der regionale Preisindex für einen Kreis bzw. eine kreisfreie Stadt in Bayern im Schnitt um 1,28 Indexpunkte niedriger liegt als in Baden-Württemberg. Abschließend zeigt sich allerdings, dass die Hereinnahme der Variable Bundesland als unabhängige Variable einen erheblichen Erklärungsgehalt aufweist, schließlich steigt das Bestimmtheitsmaß (hier „Adjusted R-squared") auf 0,497, d. h. die Anzahl der Studierenden und das Bundesland erklären knapp 50 % der Gesamtstreuung des regionalen Preisindex.

1.5 Übungsaufgaben zu Kap. 1

Aufgabe 1.1: Rechnen mit R, Vektoren
Öffnen Sie RStudio und machen Sie sich mit der Benutzeroberfläche vertraut. Führen Sie die folgenden Rechenschritte aus, um das Arbeiten mit R zu erlernen.

(a) Definieren Sie die Variablen x = 3, y = 6, v = 8 und z = 10 in R. Lassen Sie sich einen ersten Überblick über die Daten in R mithilfe des ls()-Befehls geben. Erläutern Sie Ihre Beobachtungen.
(b) Löschen Sie die Variable v aus Ihrem Datensatz. Überprüfen Sie das Löschen mithilfe des ls()-Befehls in R. Erläutern Sie Ihre Beobachtungen.
(c) Führen Sie die Rechenoperationen x + y, y/x, x * y/z sowie z-x durch. Überprüfen Sie die Ergebnisse in R durch eigenes Nachrechnen.
(d) Geben Sie X in R ein. Was passiert? Erläutern Sie kurz.
(e) Definieren Sie eine neue Variable v als Vektor. Der Vektor sei eine Urliste mit den folgenden Inhalten: (0,1,2,1,0,1,2,0,0). Lassen Sie sich von R eine Tabelle anzeigen, in der die Beobachtungen der Urliste aufgezeigt werden. Erläutern Sie Ihre Beobachtungen.
(f) Lassen Sie sich mithilfe des favstats()-Befehls einen Überblick über die Verteilung der Variable geben. Erläutern Sie Ihre Beobachtungen.

Aufgabe 1.2: Laden von Daten, Überblick zu Daten
Es gibt verschiedene Wege in R Datensätze zu importieren. Wir lernen einige in den folgenden Aufgaben kennen.

(a) Laden Sie den Datensatz „datensatz_übung" und lassen Sie sich mithilfe des inspect()-Befehls einen ersten Überblick über die Verteilung der Variablen geben. Erläutern Sie Ihre Beobachtungen.
(b) Laden Sie den Datensatz „Regionale_Preise". Worin unterscheidet sich der Import zum Vorgehen in (a)? Lassen Sie sich mithilfe des inspect()-Befehls einen ersten Überblick über die Verteilung der Variablen geben. Erläutern Sie Ihre Beobachtungen.
(c) Laden Sie den Datensatz „Kaufkraft" und lassen Sie sich mithilfe des inspect()-Befehls einen ersten Überblick geben. Wie unterscheidet sich der Datenimport gegenüber Aufgabe (a)? Erläutern Sie.
(d) Welchen weiteren Weg kennen Sie, um einen Datensatz in R zu laden? Zeigen und erläutern Sie.

Aufgabe 1.3: Explorative Statistik
Betrachten Sie den Datensatz „datensatz_übung".

(a) Lassen Sie sich einen Überblick zur Lage und Streuung der Variable „preisindex_fur_wohnkosten_2022" geben und interpretieren Sie Q1, Q3 und das arithmetische Mittel.
(b) Nutzen Sie den R-Output aus (a) und interpretieren Sie die Standardabweichung (sd). Was müssen Sie dabei beachten? Erläutern Sie kurz.
(c) Berechnen und interpretieren Sie den Quartilsabtand mit R.
(d) Betrachten Sie den Zusammenhang zwischen den Variablen „preisindex_fur_wohnkosten_2022" und „preisbereinigtes_einkommen". Berechnen und interpretieren Sie hierzu den Korrelationskoeffizienten.
(e) Bestimmen Sie die Parameter der Schätzgerade für ein lineares Modell zum Zusammenhang aus (d). Was versteht man in diesem Zusammenhang unter der KQ-Methode? Erläutern Sie kurz.
(f) Stellen Sie Ihre Schätzgerade auf und lassen Sie R die Schätzgerade in die Punktewolke einzeichnen. Erläutern Sie Ihre Beobachtungen.

Aufgabe 1.4: Inferenzstatistik
Betrachten Sie den Datensatz „datensatz_übung".

(a) Sie vermuten, dass der Preisindex für Wohnkosten („preisindex_fur_wohnkosten_2022") im Schnitt bei 100 liegt. Wie lauten Null- und Alternativhypothese? Erläutern und begründen Sie.
(b) Welchen Test können Sie zur Prüfung Ihrer Vermutung aus (a) nutzen? Welche Voraussetzung muss erfüllt sein zur Durchführung Ihres Tests? Beurteilen Sie kurz die Anwendbarkeit des Tests für Ihren Datensatz.
(c) Führen Sie Ihren Test aus (b) aus und treffen Sie eine Testentscheidung. Was heißt das für Ihre Vermutung?

(d) Betrachten Sie den Zusammenhang zwischen der Variable „preisindex_fur_wohnkosten_2022" und „preisbereinigtes_Einkommen". Wie würden Sie den Zusammenhang testen und wie lauten Null- und Alternativhypothese?
(e) Führen Sie Ihren Test aus (d) aus und treffen Sie eine Testentscheidung. Interpretieren Sie dabei die Parameter Ihrer Schätzgerade.
(f) Wie gut ist Ihre Schätzung aus (e)? Erläutern Sie kurz.

Literatur

Goecke, Henry/Henger, Ralph/Schröder, Bjarne/Schröder, Christoph/Wendt, Jan (2023), Regionaler Preisindex für Deutschland – ein neuer Erhebungssatz mit Big Data, Gutachten in Zusammenarbeit mit dem Bundesinstitut für Bau-, Stadt- und Raumforschung (BBSR) im Bundesamt für Bauwesen und Raumordnung (BBR), Köln.

Horton, Nicholas J./Pruim, Randall/Kaplan, Daniel T. (2018): Project MOSAIC Little Books: A Student's Guide to R, https://github.com/ProjectMOSAIC/LittleBooks/raw/master/StudentGuide/MOSAIC-StudentGuide.pdf. [31.01.2025]

Schröder, Christoph/Wendt, Jan (2023), Kaufkraft: Starnberger können sich am meisten leisten, IW-Nachricht, 6. November 2023.

Statistische Ämter des Bundes und der Länder (2022a), Studierende nach Geschlecht, Nationalität und Fächergruppen – regionale Tiefe: Kreise und kreisfreie Städte, WS 2015/16-WS 2021/22, https://www.regionalstatistik.de/genesis//online?operation=table&code=21311-01-01-4&bypass=true&levelindex=1&levelid=1701421593094#abreadcrumb. [31.01.2025]

Statistische Ämter des Bundes und der Länder (2022b), Einkommensverteilung (Kreise), 2.4 Verfügbares Einkommen der privaten Haushalte einschl. der privaten Organisationen ohne Erwerbszweck, https://www.statistikportal.de/de/vgrdl/ergebnisse-kreisebene/einkommen-kreise [31.01.2025]

Weiterführende Literatur

Hastie, Trevor/Tibshirani, Robert/Friedman, Jerome (2009) The Elements of Statistical Learning. Data Mining, Inference, and Prediction, Springer: New York.

Wickham, Hadley/Cetinkaya-Rundel, Mine/Grolemund, Garrett (2024), R für Data Science: Daten importieren, bereinigen, umformen und visualisieren, 2. Aktualisierte Auflage, O'Reilly: Paderborn.

Fahrmeir, Ludwig; Heumann, Christian; Künstler, Rita; Pigeot, Iris; Tutz, Gerhard (2024), Statistik: Der Weg zur Datenanalyse. 9., überarbeitete und ergänzte Auflage, Springer.

Daten bearbeiten und strukturieren mit tidyverse

2

Vor einer jeden Datenanalyse steht das Bearbeiten und Strukturieren des Datensatzes. Denn für gewöhnlich liegen echte Datensätze nicht in einer sauberen Form vor, in welchen man direkt mit einer Analyse starten kann. Deshalb lernen wir beim Bearbeiten (Abschn. 2.1) des Datensatzes, unsere Daten zu filtern, zu selektieren und neue Variablen zu bilden. Das Strukturieren (Abschn. 2.2) des Datensatzes erlaubt dann das Gruppieren, Zusammenfassen, Zusammenfügen und das Transformieren sowie Bereinigen der Daten. Als Ergebnis unseres 2. Kapitels erzeugen wir in Abschn. 2.3 schließlich unseren Datensatz, den wir in den nachfolgenden Kapiteln zur Datenvisualisierung nutzen wollen.

2.1 Daten bearbeiten

2.1.1 Die Pipe in R

Die „Pipe" in R ist ein wichtiges Werkzeug, um eine Abfolge von mehreren Operationen einfach und klar miteinander zu kombinieren. Die Pipe vereinfacht den Code dabei erheblich, weil mehrere Schritte durch die Pipe miteinander verbunden werden. Da R als funktionale Sprache naturgemäß viele Klammern enthält, müssten ohne die Pipe bei komplexem Code diese Klammern ineinander verschachtelt werden.

Zur Vereinfachung betrachten wir ein Beispiel: Wir stellen uns vor, dass wir uns zum Frühstück ein Omelett mit Speck, Paprika und Käse zubereiten wollen. Hierzu sind im Wesentlichen 3 Schritte nötig. In einem ersten Schritt nehmen wir die Zutaten aus dem Kühlschrank (Schritt 1). Anschließend vermengen wir die Zutaten zu einer gleichmäßigen Masse (Schritt 2). Schließlich backen wir die Masse in einer Pfanne, bis das Ei beginnt zu stocken (Schritt 3). In R unterscheiden wir die verschiedenen Schritte und bereiten unser Omelett entsprechend vor.

```
Omelett1 <- take(Zutaten, from="Kühlschrank")
Omelett2 <- mix(Omelett1,c("Eier","Speck","Paprika","Käse"))
Omelett3 <- bake(Omelett2)
```

Dieses Vorgehen hat den Nachteil, dass wir viele neue Objekte in das „Environment" (vgl. Abb. 1.1, Quadrant III) laden und das Vorgehen schnell sehr unübersichtlich wird. Alternativ könnten wir unser Vorgehen auch durch ineinander verschachtelte Klammern schreiben. Dabei lesen wir von innen nach außen und backen unser Omelett wie folgt:

```
Omelett <- bake(mix(take(Zutaten,from="Kühlschrank"),c("Eier","Speck","Paprika","Käse")))
```

Das Beispiel zeigt deutlich, dass durch das Verschachteln der einzelnen Schritte die Lesbarkeit und die Nachvollziehbarkeit des Codes schnell leiden – und das bei nur 3 kleinen Schritten, die für unser Omelett nötig sind. Hier kann die Pipe Abhilfe schaffen.

Die ursprüngliche Pipe „%>%" stammt aus dem „magrittr"-Paket – entwickelt von Stefan Milton Bache und Hadley Wickham. Anstatt das „magrittr"-Paket zu laden können wir aber auch unser „tidyverse"-Paket laden, weil das „magrittr"-Paket hierin integriert ist. Seit dem 18.05.2021 wurde mit der Version 4.1.0 von R eine in „Base R" integrierte native Pipe eingebaut. Geradezu eine Revolution, weil nur sehr selten neue Funktionen aus zusätzlichen Paketen Eingang in „Base R" finden. Diese native Pipe „|>" erlaubt das Nutzen der Pipe, ohne dass zusätzliche Pakete geladen werden müssen. Welche Pipe man dabei nutzt ist in erster Linie Geschmackssache. In unserem Lehrbuch greifen wir hierzu auf die native Pipe zurück. Die Pipe lässt sich schließlich mit „Strg + Shift + m" einfügen. Welche Pipe R nun nutzt, können wir über die Symbolleisten B (vgl. Abb. 1.1) über „Tools" -> „Global Option" unter „Code" mit einem Häkchen bei „Use native Pipe operator |>" auswählen. Zur Verwendung der nativen Pipe ist hier folglich ein Häkchen zu setzen.

Die Pipe erlaubt nun das Verbinden unserer drei Schritte aus dem Beispiel. Hierzu führen wir die einzelnen Schritte in einzelnen Zeilen aus und verbinden die Abfolge entsprechend mit unserer Pipe.

```
Omelett <- take(Zutaten, from="Kühlschrank") |>
           mix(c("Eier","Speck","Paprika","Käse")) |>
           bake()
```

Zu lesen ist eine Pipe nun als „und dann". Wir backen also ein „Omelett", indem wir die Zutaten aus dem Kühlschrank nehmen „und dann" die Zutaten (Eier, Speck, Paprika und Käse) miteinander vermengen „und dann" die Masse in der Pfanne backen. Auf diese Weise lassen sich nun beliebig viele Schritte ausführen. Ein sehr hilfreiches Instrument für die nächsten Schritte bei der Datenbearbeitung und -strukturierung.

2.1.2 Selektieren von Daten

Basis zur Generierung unseres finalen Datensatzes bilden zunächst die Studierendenzahlen nach Geschlecht, Nationalität und Fächergruppen aus der Quelle Statistische Ämter des Bundes und der Länder (2022a). Erst beim Strukturieren unseres Datensatzes werden wir in Abschn. 2.2.3 weitere Quellen mit dem regionalen Preisindex für Deutschland (Goecke et al., 2023) und Einkommensdaten (Statistische Ämter des Bundes und der Länder, 2022b) hinzufügen.

Hierzu laden wir unseren Datensatz mit dem „read_csv2"-Befehl und nehmen wenige bereinigende Schritte vor, die wir in Abschn. 2.3 kennenlernen werden. Wir nennen unseren Datensatz „data".

```
data <- read_csv2("../Daten/Studierendenzahlen.csv",
                  skip = 8,
                  locale = locale(encoding = 'latin1'),
                  col_names = c('ags', 'region', 'fachgebiet', 'gesamt'
,
                                'ausland_gesamt', 'deutsch_gesamt',
                                'männlich_gesamt', 'männlich_ausland',
                                'männlich_deutsch', 'weiblich_gesamt',
                                'weiblich_aus land', 'weiblich_deutsch'
),
                  col_types = cols(.default = 'd',
                                   ags = 'c',
                                   region = 'c',
                                   fachgebiet = 'c'))
```

Wir lassen uns zunächst einen ersten Überblick über die quantitativen Merkmale geben und nutzen hierzu den „summary()"-Befehl.

```
summary(data)
      ags                region            fachgebiet             gesamt
 Length:5383       Length:5383       Length:5383       Min.   :      1.0
 Class :character  Class :character  Class :character  1st Qu.:    456.8
 Mode  :character  Mode  :character  Mode  :character  Median :   1982.0
                                                       Mean   :   3049.6
                                                       3rd Qu.:   6262.0
                                                       Max.   :2941915.0
                                                       NA's   :3733
 ausland_gesamt     deutsch_gesamt    männlich_gesamt   männlich_ausland
 Min.   :     1.0   Min.   :      1   Min.   :      1   Min.   :     1.0
 1st Qu.:    40.0   1st Qu.:    400   1st Qu.:    197   1st Qu.:    19.0
 Median :   292.0   Median :   1695   Median :    950   Median :   139.0
 Mean   :  2018.4   Mean   :  11188   Mean   :   6555   Mean   :  1124.2
 3rd Qu.:   964.2   3rd Qu.:   5488   3rd Qu.:   3050   3rd Qu.:   483.8
 Max.   :440564.0   Max.   :2501351   Max.   :1466282   Max.   :235026.0
 NA's   :3811       NA's   :3742      NA's   :3738      NA's   :3867
...
```

Die Punkte unter dem R-Output deuten bereits darauf hin, dass wir hier weitere Merkmale im Datensatz betrachten, sodass eine Übersicht zu den Variablen des Datensatzes schnell unübersichtlich werden können.

In der empirischen Auseinandersetzung mit Daten betrachtet man allerdings häufig nur wenige Variablen und nutzt damit nicht alle Variablen des Datensatzes. Vor diesem Hintergrund wäre ein Überblick über den gesamten Datensatz fehlleitend und es sollten nur die Variablen in der explorativen Betrachtung gezeigt werden, die auch unmittelbar für den Analysezweck zum Einsatz kommen. Bei der Auswahl der relevanten Variablen hilft uns der „select()"-Befehl aus dem „dplyr"-Paket, das beim Laden des „tidyverse"-Pakets direkt mitgeladen wird. Für unseren Zweck wollen wir die Variablen „region", „fachgebiet" und „gesamt" auswählen und nutzen zur Verbindung die kennengelernte „Pipe". Wir verwenden also unseren Datensatz „data" und dann selektieren wir die gewünschten Variablen und dann lassen wir uns einen Überblick zum Datensatz geben.

```
data |>
  select(region, fachgebiet, gesamt) |>
  summary()

    region            fachgebiet            gesamt
 Length:5383       Length:5383        Min.   :       1.0
 Class :character  Class :character   1st Qu.:     456.8
 Mode  :character  Mode  :character   Median :    1982.0
                                      Mean   :   13049.6
                                      3rd Qu.:    6262.0
                                      Max.   :2941915.0
                                      NA's   :3733
```

Die Zusammenfassung der relevanten Variablen des Datensatzes macht die Übersicht schnell viel übersichtlicher, weil alle nicht relevanten Variablen auch nicht angezeigt werden.

Aus unserem Datensatz wird deutlich, dass die ausgewählten Variablen direkt hintereinander folgen. Bei drei und mehr auszuwählenden Variablen bietet sich in einem solchen Fall die Auswahl von Variable eins bis n an – in R schreiben wir „1:n". Wir könnten alternativ zur Aufzählung „region, fachgebiet, gesamt" also auch kurz „region:gesamt" nutzen.

```
data |>
  select(region:gesamt) |>
  summary()

    region            fachgebiet            gesamt
 Length:5383       Length:5383        Min.   :       1.0
 Class :character  Class :character   1st Qu.:     456.8
 Mode  :character  Mode  :character   Median :    1982.0
                                      Mean   :   13049.6
                                      3rd Qu.:    6262.0
                                      Max.   :2941915.0
                                      NA's   :3733
```

2.1 Daten bearbeiten

Folgen die auszuwählenden Variablen nicht in hintereinander folgender Spalten, so lässt sich die Reihenfolge der Spalten auch einfach durch den „relocate()"-Befehl verändern.[1] Wir betrachten das beispielhaft für die Variable „deutsch-gesamt" und fügen diese direkt hinter die Variable „gesamt" ein. Wir nehmen anschließend die Variable „deutsch_gesamt" in unsere Auswahl mit auf.

```
data |>
  relocate(deutsch_gesamt, .after = gesamt) |>
  select(region:deutsch_gesamt) |>
  summary()

    region           fachgebiet             gesamt          deutsch_gesamt
 Length:5383       Length:5383        Min.   :      1.0   Min.   :      1
 Class :character  Class :character   1st Qu.:    456.8   1st Qu.:    400
 Mode  :character  Mode  :character   Median :   1982.0   Median :   1695
                                      Mean   :  13049.6   Mean   :  11188
                                      3rd Qu.:   6262.0   3rd Qu.:   5488
                                      Max.   :2941915.0   Max.   :2501351
                                      NA's   :3733        NA's   :3742
```

Ohne das Umstellen der Spaltenreihenfolge hätte die „von bis" Betrachtung zusätzlich die Variable „ausland_gesamt" mit ausgewählt, die im ursprünglichen Datensatz hinter der Variable „gesamt" folgt.

2.1.3 Filtern von Daten

Wir betrachten nochmal den gesamten Datensatz. Zur besseren Übersichtlichkeit zeigen wir wieder nicht alle Variablen und deuten mit „…" auf weitere Ergebnisse hin.

```
data |>
  summary(data)

      ags               region             fachgebiet             gesamt
 Length:5383       Length:5383        Length:5383        Min.   :      1.0
 Class :character  Class :character   Class :character   1st Qu.:    456.8
 Mode  :character  Mode  :character   Mode  :character   Median :   1982.0
                                                         Mean   :  13049.6
                                                         3rd Qu.:   6262.0
                                                         Max.   :2941915.0
                                                         NA's   :3733

 ausland_gesamt    deutsch_gesamt    männlich_gesamt    männlich_ausland
 Min.   :     1.0  Min.   :      1   Min.   :      1   Min.   :     1.0
 1st Qu.:    40.0  1st Qu.:    400   1st Qu.:    197   1st Qu.:    19.0
 Median :   292.0  Median :   1695   Median :    950   Median :   139.0
 Mean   :  2018.4  Mean   :  11188   Mean   :   6555   Mean   :  1124.2
 3rd Qu.:   964.2  3rd Qu.:   5488   3rd Qu.:   3050   3rd Qu.:   483.8
 Max.   :440564.0  Max.   :2501351   Max.   :1466282   Max.   :235026.0
 NA's   :3811      NA's   :3742      NA's   :3738      NA's   :3867
 …
```

---

[1] Der „relocate()"-Befehl erlaubt noch eine Reihe weiterer nützlicher Veränderungen. Siehe weiterführend https://dplyr.tidyverse.org/reference/relocate.html.

Es wird unmittelbar deutlich, dass viele Werte in unserem Datensatz fehlen. Solche fehlenden Werte (NA's) können bei der Datenanalyse vor allem für quantitative Metriken schnell zu Problemen führen und zu einer „NA"-Antwort als Ergebnis. Zur Veranschaulichung lassen wir uns den Mittelwert für die Gesamtanzahl Studierender berechnen.

```
mean(~gesamt, data = data)
[1] NA
```

R kann den Mittelwert nicht berechnen, weil neben Zahlen auch Buchstaben (NA) in der Spalte „gesamt" vorkommen. Vor diesem Hintergrund nutzen wir den „filter()"-Befehl in Verbindung mit dem „is.na()"-Befehl. Der „filter()"-Befehl stammt dabei aus dem „dplyr"-Paket, das mit dem Laden des „tidyverse"-Pakets ebenfalls geladen wird. Da der „is.na()"-Befehl nach den fehlenden Werten sucht, geben wir R mit „!" zu verstehen, dass wir auf das Gegenteil von „NA" filtern, d. h. „!is.na()" entfernt die fehlenden Werte aus unserer Variablen „gesamt". Für die Weiterverwendung des gefilterten Datensatzes bietet es sich an einen neuen Datensatz zu bilden – wir nennen diesen „data_2".

```
data_2 <- data |>
  filter(!is.na(gesamt))
summary(data_2)
     ags               region           fachgebiet           gesamt
 Length:1650        Length:1650        Length:1650        Min.   :      1.0
 Class :character   Class :character   Class :character   1st Qu.:    456.8
 Mode  :character   Mode  :character   Mode  :character   Median :   1982.0
                                                          Mean   :  13049.6
                                                          3rd Qu.:   6262.0
                                                          Max.   :2941915.0

 ausland_gesamt    deutsch_gesamt    männlich_gesamt   männlich_ausland
 Min.   :     1.0  Min.   :      1   Min.   :      1   Min.   :     1.0
 1st Qu.:    40.0  1st Qu.:    400   1st Qu.:    197   1st Qu.:    19.0
 Median :   292.0  Median :   1695   Median :    950   Median :   139.0
 Mean   :  2018.4  Mean   :  11188   Mean   :   6555   Mean   :  1124.2
 3rd Qu.:   964.2  3rd Qu.:   5488   3rd Qu.:   3050   3rd Qu.:   483.8
 Max.   :440564.0  Max.   :2501351   Max.   :1466282   Max.   :235026.0
 NA's   :78        NA's   :9         NA's   :5         NA's   :134
...
```

Nutzen wir nun unseren veränderten Datensatz, so können wir auch unseren Mittelwert berechnen.

```
mean(~gesamt, data = data_2)
[1] 13049.59
```

Betrachten wir die Variable gesamt nochmal separat, so wird die Wirkungsweise des „filter()"-Befehls nochmal deutlich.

2.1 Daten bearbeiten

```
favstats(~gesamt, data = data)
 min     Q1 median   Q3     max    mean       sd   n missing
   1 456.75   1982 6262 2941915 13049.59 86590.76 1650    3733

favstats(~gesamt, data = data_2)
 min     Q1 median   Q3     max    mean       sd   n missing
   1 456.75   1982 6262 2941915 13049.59 86590.76 1650       0
```

Es zeigt sich, dass das Filtern insgesamt 3733 fehlende Werte aus der Variable „gesamt" entfernt.

Auch ohne das vorherige Filtern können wir aber Berechnungen in R vornehmen, indem wir die „na.rm"-Option aktivieren.

```
mean(~gesamt, data = data, na.rm = TRUE)
```

`[1] 13049.59`

Nun wird durch den „summary()"-Befehl oben deutlich, dass auch die anderen Merkmale noch fehlende Werte aufweisen. Zwar wird durch das Entfernen der fehlenden Werte für die Variable „gesamt" die Anzahl der fehlenden Werte deutlich reduziert, aber nicht gänzlich entfernt. Auch wenn die Verwendung des „filter()"-Befehls für alle Merkmale möglich ist, greifen wir zur Entfernung aller fehlenden Werte (NA's) auf den „na.omit()"-Befehl zurück und lassen uns mit dem „summary()"-Befehl einen Überblick über unseren gesäuberten Datensatz „data_clean" geben.

```
data_clean <- na.omit(data)
summary(data_clean)
     ags              region           fachgebiet           gesamt
 Length:1465        Length:1465        Length:1465        Min.   :      5
 Class :character   Class :character   Class :character   1st Qu.:    778
 Mode  :character   Mode  :character   Mode  :character   Median :   2624
                                                          Mean   :  14676
                                                          3rd Qu.:   7561
                                                          Max.   :2941915

 ausland_gesamt    deutsch_gesamt     männlich_gesamt   männlich_ausland
 Min.   :     2    Min.   :      3    Min.   :      3   Min.   :     1
 1st Qu.:    57    1st Qu.:    677    1st Qu.:    354   1st Qu.:    24
 Median :   348    Median :   2228    Median :   1173   Median :   153
 Mean   :  2165    Mean   :  12510    Mean   :   7351   Mean   :  1163
 3rd Qu.:  1060    3rd Qu.:   6435    3rd Qu.:   3564   3rd Qu.:   504
 Max.   :440564    Max.   :2501351    Max.   :1466282   Max.   :235026

 männlich_deutsch  weiblich_gesamt   weiblich_ausland  weiblich_deutsch
 Min.   :      1   Min.   :      2   Min.   :     1    Min.   :      1
 1st Qu.:    304   1st Qu.:    342   1st Qu.:    31    1st Qu.:    288
 Median :   1013   Median :   1242   Median :   164    Median :   1071
 Mean   :   6188   Mean   :   7325   Mean   :  1002    Mean   :   6323
 3rd Qu.:   3028   3rd Qu.:   3832   3rd Qu.:   534    3rd Qu.:   3342
 Max.   :1231256   Max.   :1475633   Max.   :205538    Max.   :1270095
```

Es wird deutlich, dass nun keine fehlenden Werte mehr im Datensatz enthalten sind.

Neben dem Filtern auf fehlende Werte können wir noch eine ganze Reihe unterschiedlicher Aspekte im Datensatz filtern. Beispielsweise sehen wir, dass die Hochschulstandorte verschiedene Fachgebiete aufweisen und die 4000 Beobachtungen daraus resultieren, dass für die 400 Landkreise und kreisfreien Städte bei 10 Fachgebieten (Geisteswissenschaften, Sport, Rechts-, Wirtschafts- und Sozialwissenschaften, Mathematik/Naturwissenschaften, Humanmedizin/Gesundheitswissenschaften, Agrar-, Forst- und Ernährungswissenschaften mit Veterinär, Ingenieurwissenschaften, Kunst und Kunstwissenschaft, außerhalb der Studienbereichsgliederung und insgesamt) insgesamt 400*10 = 4000 Beobachtungen resultieren. Für einen ersten Überblick könnte man auf das Fachgebiet „Insgesamt" filtern. Zur besseren Übersichtlichkeit betrachten wir nur die Variablen „fachgebiet" bis „deutsch_gesamt".

```
data_clean |>
  select(fachgebiet:deutsch_gesamt) |>
  filter(fachgebiet == "Insgesamt") |>
  summary()

  fachgebiet            gesamt          ausland_gesamt    deutsch_gesamt
 Length:264         Min.   :     58    Min.   :     4    Min.   :     10
 Class :character   1st Qu.:   2210    1st Qu.:   222    1st Qu.:   1796
 Mode  :character   Median :   5772    Median :   909    Median :   4916
                    Mean   :  40744    Mean   :  6009    Mean   :  34735
                    3rd Qu.:  32620    3rd Qu.:  4418    3rd Qu.:  28717
                    Max.   :2941915    Max.   :440564    Max.   :2501351
```

Auch einzelne Fachgebiete für Vergleiche können betrachtet werden, indem wir bei mehr als einem Fachgebiet die „|"-Option (gelesen „oder"; einzufügen mit AltGr + >) nutzen. Wir filtern beispielhaft auf „Rechts-, Wirtschafts- und Sozialwissenschaften" und „Humanmedizin/ Gesundheitswissenschaften". Für mögliche vergleichende Betrachtungen werden wir in Abschn. 2.2.1 den „group_by()"-Befehl noch kennenlernen.

```
data_clean |>
  select(fachgebiet:deutsch_gesamt) |>
  filter(fachgebiet == "Rechts-, Wirtschafts- und Sozialwissenschaften"|fac
hgebiet == "Humanmedizin/ Gesundheitswissenschaften") |>
  summary()

  fachgebiet            gesamt          ausland_gesamt    deutsch_gesamt
 Length:235         Min.   :     12    Min.   :     2    Min.   :      6
 Class :character   1st Qu.:   1162    1st Qu.:    82    1st Qu.:   1097
 Mode  :character   Median :   3786    Median :   391    Median :   3436
                    Mean   :  17488    Mean   :  1806    Mean   :  15682
                    3rd Qu.:  12982    3rd Qu.:  1162    3rd Qu.:  11977
                    Max.   :1138785    Max.   :120674    Max.   :1018111
```

Neben dem Filtern von kategorialen Merkmalen bietet sich häufig auch ein numerisches Filtern an, weil man beispielsweise besondere Ausreißer (nach oben oder unten) ausschließen oder eine bestimmte Gruppe von Beobachtungen betrachten möchte. Wir kehren zu unserer Betrachtung des Fachgebiets „Insgesamt" zurück und filtern zusätzlich auf überdurchschnittliche Hochschulstandorte, d. h. Hochschulstandorte, bei denen die Gesamtzahl der Studierenden über dem Mittelwert (hier: 40.744) liegt.

```
data_clean |>
  select(fachgebiet:deutsch_gesamt) |>
  filter(fachgebiet == "Insgesamt") |>
  filter(gesamt > mean(gesamt)) |>
  summary()

  fachgebiet            gesamt         ausland_gesamt   deutsch_gesamt
 Length:47         Min.   :  43190   Min.   :  4136   Min.   :  36110
 Class :character  1st Qu.:  61378   1st Qu.:  7888   1st Qu.:  52281
 Mode  :character  Median :  72951   Median : 11154   Median :  64642
                   Mean   : 183809   Mean   : 27364   Mean   : 156445
                   3rd Qu.: 139366   3rd Qu.: 23664   3rd Qu.: 116685
                   Max.   :2941915   Max.   :440564   Max.   :2501351
```

Es wird deutlich, dass sich der Datensatz damit auf 47 Beobachtungen reduziert. Das bedeutet auch, dass ein Filtern auf immer engere Detailausschnitte des Datensatzes auch unter Umständen bedeutsame Implikationen für unsere weitere inferenzstatistische Datenanalyse haben kann. So ist zur Verwendung der asymptotischen Testverfahren (siehe wiederholend Abschn. 1.4.2) die Voraussetzung eine Mindestzahl von 30 Beobachtungen. Auch unabhängig davon sollten wir uns darüber bewusst sein, dass auch bei einem Erfüllen dieser Faustregeln ein Reduzieren der Beobachtungen die Aussagekraft der Testverfahren einschränkt – mehr Beobachtungen sind also immer besser als wenige Beobachtungen.

2.1.4 Bilden neuer Variablen

Ein wesentlicher Arbeitsschritt bei der Bearbeitung eines Datensatzes besteht darin, auf Basis der gegebenen Daten neue Variablen zu bilden. Zur besseren Übersichtlichkeit betrachten wir hierzu die Variablen „region", „fachgebiet", „gesamt" sowie „ausland_gesamt", die wir mithilfe des kennengelernten „select()"-Befehls aus unserem bereinigten Datensatz „data_clean" auswählen. Im einfachsten Fall kann man auf der Basis der gegebenen numerischen Variablen eine neue Variable bilden. Wir betrachten hierzu beispielhaft die Ausländerquote an den Hochschulen, die sich als Anteil von „ausland_gesamt" an „gesamt" berechnet. Eine solche Quote kann von wirtschaftspolitischer Bedeutung sein, zumal die Hochschulen in der Regel öffentlich mit Steuermitteln finanziert werden und ausländische Studierende nicht immer als Erwerbstätige dem Arbeitsmarkt nach Abschluss des Studiums zur Verfügung stehen, sondern in ihre Heimat zurückkehren. Hierzu bilden wir die Variable „ausland_quote" mithilfe des „mutate()"-Befehls und lassen uns mit dem „summary()" Befehl einen Überblick über den neuen Datensatz geben.

```
data_clean |>
  select(region:ausland_gesamt) |>
  mutate(ausland_quote = ausland_gesamt/gesamt) |>
  summary()
     region            fachgebiet            gesamt         ausland_gesamt
 Length:1465        Length:1465         Min.   :      5    Min.   :     2
 Class :character   Class :character    1st Qu.:    778    1st Qu.:    57
 Mode  :character   Mode  :character    Median :   2624    Median :   348
                                        Mean   :  14676    Mean   :  2165
                                        3rd Qu.:   7561    3rd Qu.:  1060
                                        Max.   :2941915    Max.   :440564
 ausland_quote
 Min.   :0.002729
 1st Qu.:0.071277
 Median :0.115132
 Mean   :0.148731
 3rd Qu.:0.174579
 Max.   :0.969571
```

Es wird deutlich, dass die Quote naturgemäß im Intervall zwischen 0 (0 %) und 1 (100 %) liegt. So schwankt die Ausländerquote zwischen knapp 2 % im Fachgebiet „Rechts-, Wirtschafts- und Sozialwissenschaften" im Landkreis Starnberg und fast 97 % im Fachgebiet „Ingenieurwissenschaften" im Landkreis Rottal-Inn.[2] Der Median in Höhe von 11,5 % zeigt aber auch, dass 50 % der Landkreise höchstens eine Ausländerquote von 11,5 % an den Hochschulen aufweisen und 50 % eine Ausländerquote von mindestens 11,5 %.

Neben quantitativen Merkmalen lassen sich auch eine Reihe kategorialer Merkmale auf der Basis der gegebenen quantitativen Merkmale im Datensatz bilden. So könnte man die Landkreise und kreisfreien Städte in zwei Gruppen einteilen und zwischen über- und unterdurchschnittlichen Landkreisen unterscheiden, gemessen an der Anzahl Studierender. Hierzu nutzen wir neben dem „mutate()"-Befehl die „ifelse()"-Funktion, die gewissermaßen eine „Wenn-dann"-Entscheidung ermöglicht. Das heißt, wenn der Landkreis unter dem Mittelwert der Variable gesamt liegt, nimmt die neue Variable „gesamt_gruppe_2" die Ausprägung „unterdurchschnittlich" und sonst „überdurchschnittlich" an. Um uns auch für die kategorialen Merkmale die Verteilung anzeigen zu lassen, greifen wir auf den „inspect()"-Befehl aus dem „mosaic"-Paket zurück.

---

[2] Zur Betrachtung des gesamten Datensatzes bietet sich der „view()"-Befehl anstelle des „summary()"-Befehls am Ende des Codes an. Durch einen Mausklick in die Titelzeile der Spalte „ausland_quote" lassen sich die Ausprägungen von klein nach groß oder umgekehrt sortieren.

2.1 Daten bearbeiten

```
data_clean |>
  select(region:ausland_gesamt) |>
  mutate(gesamt_gruppe_2 = ifelse(gesamt <= mean(gesamt), "unterdurchschnit
tlich", "überdurchschnittlich")) |>
  inspect()


categorical variables:
              name     class levels    n missing
1           region character    264 1465       0
2       fachgebiet character     10 1465       0
3 gesamt_gruppe_2 character      2 1465       0
                             distribution
1 Baden-Württemberg (0.7%) ...
2 Insgesamt (18%) ...
3 unterdurchschnittlich (84.7%) ...

quantitative variables:
             name   class min  Q1 median   Q3     max       mean       sd    n
1          gesamt numeric   5 778   2624 7561 2941915 14675.765 91770.57 1465
2 ausland_gesamt numeric   2  57    348 1060  440564  2165.259 13825.12 1465
  missing
1       0
2       0
```

Hier deutet sich nun die Schiefe der Verteilung nach Studierendenzahlen an, die wir in Kap. 1 bereits feststellen. Schließlich weisen fast 85 % der Landkreise eine Studierendenzahl auf, die als unterdurchschnittlich einzuordnen ist.

Alternativ zu den beiden namentlichen Ausprägungen könnte man hier auch eine Dummy-Variable bilden, die die binären Ausprägungen in 0 und 1 einteilt. Dummy-Variablen werden vor allem in der Regressionsanalyse häufig verwendet. So betrachtet beispielsweise die logistische Regression eine Dummy-Variable als abhängige Größe. Wir nennen die neue Variable „gesamt_überdurchschnittlich" und drehen hierzu unsere „Wenn-Dann"-Bedingung von oben um – das heißt, wenn die Studierendenzahl über dem Mittelwert liegt, 1, sonst 0.

```
data_clean |>
  select(region:ausland_gesamt) |>
  mutate(gesamt_überdurchschnittlich = ifelse(gesamt>mean(gesamt),1,0)) |>
  inspect()


categorical variables:
        name     class levels    n missing
1     region character    264 1465       0
2 fachgebiet character     10 1465       0
                           distribution
1 Baden-Württemberg (0.7%) ...
2 Insgesamt (18%) ...

quantitative variables:
                         name   class min Q1 median   Q3    max         mean
1                      gesamt numeric   5 778  2624 7561 2941915 14675.765188
2              ausland_gesamt numeric   2  57   348 1060  440564  2165.259386
3 gesamt_überdurchschnittlich numeric   0   0     0    0       1     0.152901
           sd    n missing
1 91770.569811 1465       0
2 13825.124308 1465       0
3     0.360015 1465       0
```

Da die Ausprägungen numerisch (0,1) sind, können wir den Mittelwert (mean) als Anteil der Landkreise mit überdurchschnittlicher Studierendenzahl interpretieren. Hier sind also knapp 15 % der Landkreise durch eine überdurchschnittliche Studierendenzahl charakterisiert.

Auch eine Einteilung in eine Dreiergruppe ist möglich. Hier werden typischerweise das erste Quartil und das dritte Quartil zur Einordnung in die drei Gruppen (niedrig, mittel und hoch) genutzt, sodass die Gruppe „mittel" durch die mittleren 50 % der Beobachtungen bzw. dem Quartilsabstand charakterisiert werden kann. Hierzu erinnern wir uns an die Lagemaße der Variable „gesamt" und betrachten den „favstats()"-Befehl.

```
favstats(~gesamt, data = data_clean)
 min  Q1 median   Q3     max     mean      sd    n missing
   5 778   2624 7561 2941915 14675.77 91770.57 1465       0
```

Folglich stellen Q1 = 778 und Q3 = 7561 die Grenzen unserer Gruppeneinteilung dar. Schließlich teilen wir die Landkreise mithilfe des „case_when()"-Befehls in die drei Gruppen niedrig, mittel und hoch ein und nennen die neue Variable „gesamt_gruppe_3".

```
data_clean |>
  select(region:ausland_gesamt) |>
  mutate(gesamt_gruppe_3 = case_when(gesamt <= 778 ~ "niedrig", gesamt <= 7
561 ~ "mittel", gesamt > 7561 ~ "hoch")) |>
  inspect()


categorical variables:
            name     class levels    n missing
1         region character    264 1465       0
2     fachgebiet character     10 1465       0
3 gesamt_gruppe_3 character      3 1465       0
                                    distribution
1 Baden-Württemberg (0.7%) ...
2 Insgesamt (18%) ...
3 mittel (50%), niedrig (25.1%) ...

quantitative variables:
             name   class min  Q1 median   Q3     max      mean       sd    n
1          gesamt numeric   5 778   2624 7561 2941915 14675.765 91770.57 1465
2 ausland_gesamt numeric   2  57    348 1060  440564  2165.259 13825.12 1465
  missing
1       0
2       0
```

2.1 Daten bearbeiten

Schließlich können wir auch ein kategoriales Merkmal in zwei oder mehrere Gruppen einteilen. So könnte man die 10 Fachgebiete danach einteilen, ob es sich um einen Bereich aus „Mathematik", „Informatik", „Naturwissenschaft" und „Technik" – auch kurz MINT – handelt, oder nicht. Da gleich mehrere Ausprägungen für den MINT-Bereich in Frage kommen, greifen wir dabei auch wieder auf die bereits kennengelernte „|"-Option zurück. Zu berücksichtigen ist dabei, dass das Fachgebiet „Insgesamt" hier mit dem „filter()"-Befehl auszuschließen ist, weil hiermit alle Fachgebiete aggregiert betrachtet werden. Für zwei Gruppen nutzen wir den „ifelse()"-Befehl, für drei und mehr Gruppen den „case_when()"-Befehl.

```
data_clean |>
  select(region:ausland_gesamt) |>
  filter(fachgebiet!="Insgesamt") |>
  mutate(fachgebiet_MINT = ifelse(fachgebiet == "Mathematik/Naturwissenscha
ften" | fachgebiet == "Ingenieurwissenschaften", "MINT", "kein MINT")) |>
  inspect()

categorical variables:
              name     class levels    n missing
1           region character    263 1201       0
2       fachgebiet character      9 1201       0
3  fachgebiet_MINT character      2 1201       0
                            distribution
1 Baden-Württemberg (0.7%) ...
2 (%) ...
3 kein MINT (68%), MINT (32%)

quantitative variables:
              name    class min  Q1 median   Q3     max      mean        sd
n
1           gesamt numeric   5 675   2162 5859 1138785  8945.485 45000.206 120
1
2 ausland_gesamt numeric   2  51    288  829  177580  1320.281  6951.687 120
1
  missing
1       0
2       0
```

Damit wird deutlich, dass etwa ein Drittel der Studiengangsangebote in den Landkreisen zum MINT-Bereich zählen.

Die neu gebildeten Variablen würde man bei der Bearbeitung des Datensatzes natürlich nicht schrittweise, sondern gleichzeitig durchführen. Dabei sind die zu bildenden neuen Variablen mit Komma zu trennen. Deshalb fassen wir die einzelnen Schritte aus diesem Abschnitt nochmal zusammen.

```
data_clean |>
  select(region:ausland_gesamt) |>
  filter(fachgebiet != "Insgesamt") |>
  mutate(ausland_quote = ausland_gesamt / gesamt,
         gesamt_gruppe_2 = ifelse(gesamt <= mean(gesamt), "unterdurchschnit
tl.", "überdurchschnittl."),
         gesamt_überdurchschnittlich = ifelse(gesamt > mean(gesamt), 1, 0),
         gesamt_gruppe_3= case_when(gesamt <= 778 ~ "niedrig", gesamt <= 75
61 ~ "mittel", gesamt > 7561 ~ "hoch"),
         fachgebiet_MINT = ifelse(fachgebiet == "Mathematik/Naturwissenscha
ften" | fachgebiet == "Ingenieurwissenschaften", "MINT", "kein MINT")) |>
 inspect()


categorical variables:
              name     class levels    n missing
1           region character    263 1201       0
2       fachgebiet character      9 1201       0
3 gesamt_gruppe_2  character      2 1201       0
4 gesamt_gruppe_3  character      3 1201       0
5 fachgebiet_MINT  character      2 1201       0
                                     distribution
1  Baden-Württemberg (0.7%) ...
2  (%) ...
3  unterdurchschnittl. (83.1%) ...
4  mittel (52%), niedrig (28%) ...
5  kein MINT (68%), MINT (32%)

quantitative variables:
                         name   class         min       Q1       median
1                      gesamt numeric 5.000000000 675.0000 2162.0000000
2              ausland_gesamt numeric 2.000000000  51.0000  288.0000000
3               ausland_quote numeric 0.002728513   0.0688    0.1121783
4 gesamt_überdurchschnittlich numeric 0.000000000   0.0000    0.0000000
         Q3         max         mean           sd    n missing
1 5859.0000000 1.138785e+06 8945.4845962 4.500021e+04 1201       0
2  829.0000000 1.775800e+05 1320.2814321 6.951687e+03 1201       0
3    0.1745789 9.695712e-01    0.1482121 1.379939e-01 1201       0
4    0.0000000 1.000000e+00    0.1690258 3.749308e-01 1201       0
```

2.2 Daten strukturieren

Mit dem „summary()" Befehl können bestimmte gruppenspezifische Metriken, wie der Median, das Minimum oder das Maximum ausgegeben werden. Je nach Anwendungsfall ist es aber sinnvoll, Daten genau nach den eigenen Bedürfnissen zu gruppieren und zusammenzufassen.

2.2.1 Gruppieren von Daten

Um Variablen nach bestimmten Ausprägungen zu gruppieren, bietet sich der „group_by()" Befehl an. Im folgenden Beispiel wollen wir die Anzahl an Studierenden für jedes Bundesland berechnen. Hierzu reduzieren wir unsere Beobachtungen zunächst auf das Fachgebiet „Insgesamt" mithilfe des kennengelernten „filter()"-Befehls, da sonst die Studierenden doppelt gezählt werden – einmal für jedes Fachgebiet und dann nochmal insge-

2.2 Daten strukturieren

samt. Daneben werden alle Beobachtungen entfernt, die sich auf Gesamtdeutschland beziehen. Die Zeichenfolge „!=" bedeutet „ungleich". Hierdurch werden also nur solche Beobachtungen ausgewählt, die bei der Variable „region" nicht die Ausprägung „Deutschland" aufweisen. Über eine weitere notwendige Filterbindung werden mit dem „nchar()"-Befehl zusätzlich alle Beobachtungen entfernt, die zwei Zeichen lang sind – „nchar()" gibt die Länge einer Zeichenkette aus. Da alle Bundesländer eine AGS von „01" bis „16" aufweisen, werden über den Filter folglich alle Bundesländer ausgewählt. Der „group_by()"-Befehl gruppiert die Daten im folgenden Beispiel nach der Variable „region", also nach allen 16 Bundesländern der Bundesrepublik Deutschland.

```
data_clean |>
  filter(fachgebiet=="Insgesamt",
         region != "Deutschland",
         nchar(ags) == 2) |>
  group_by(region)
```

Ohne einen nachfolgenden Bearbeitungsschritt passiert mit den Daten jedoch nichts.

2.2.2 Zusammenfassen von Daten

Über den „summarise()-Befehl" können gruppierte Daten dann zusammengefasst und gruppenspezifische Kennzahlen berechnet werden. Um die Anzahl der Studierenden pro Bundesland zu erhalten, wird die Summenfunktion „sum()" auf die Variable „gesamt", also die Gesamtzahl aller Studierenden angewendet. Durch das vorgelagerte „group_by()" wird dieser Analyseschritt für jede der 16 Gruppen ausgeführt.

```
data_clean |>
  filter(fachgebiet == "Insgesamt",
         region != "Deutschland",
         nchar(ags) == 2) |>
  group_by(region) |>
  summarise(summe_studierende = sum(gesamt))
```

```
## # A tibble: 16 × 2
##    region                 summe_studierende
##    <chr>                              <dbl>
##  1 Baden-Württemberg                 357342
##  2 Bayern                            404090
##  3 Berlin                            203869
##  4 Brandenburg                        50549
##  5 Bremen                             37393
##  6 Hamburg                           119110
##  7 Hessen                            262759
##  8 Mecklenburg-Vorpommern             39041
##  9 Niedersachsen                     197246
## 10 Nordrhein-Westfalen               764565
## 11 Rheinland-Pfalz                   121060
## 12 Saarland                           31835
## 13 Sachsen                           105868
## 14 Sachsen-Anhalt                     54823
## 15 Schleswig-Holstein                 67447
## 16 Thüringen                         124918
```

Hier werden die Daten nun alphabetisch nach Bundesland sortiert angezeigt. Zusätzlich können die Daten mit der „arrange()"-Funktion sortiert werden. „arrange()" sortiert die Daten entlang der Variable aufsteigend und „arrange(desc())" sortiert die Daten „descending", also absteigend.

```
data_clean |>
  filter(fachgebiet == "Insgesamt",
         region != "Deutschland",
         nchar(ags) == 2) |>
  group_by(region) |>
  summarise(summe_studierende = sum(gesamt)) |>
  arrange(desc(summe_studierende))
## # A tibble: 16 × 2
##    region                 summe_studierende
##    <chr>                              <dbl>
##  1 Nordrhein-Westfalen               764565
##  2 Bayern                            404090
##  3 Baden-Württemberg                 357342
##  4 Hessen                            262759
##  5 Berlin                            203869
##  6 Niedersachsen                     197246
##  7 Thüringen                         124918
##  8 Rheinland-Pfalz                   121060
##  9 Hamburg                           119110
## 10 Sachsen                           105868
## 11 Schleswig-Holstein                 67447
## 12 Sachsen-Anhalt                     54823
## 13 Brandenburg                        50549
## 14 Mecklenburg-Vorpommern             39041
## 15 Bremen                             37393
## 16 Saarland                           31835
```

So sehen wir, dass in Nordrhein-Westfalen mit 764.565 mit Abstand die meisten Personen studieren, gefolgt von Bayern (ca. 404.000), Baden-Württemberg (ca. 357.000) und Hessen (ca. 263.000).

Neben der Summe können mit „summarise()" auch viele weitere Metriken berechnet werden. Eine komplexere Fragestellung könnte etwa sein: Wie viele Studenten gibt es im Durchschnitt in den verschiedenen Gruppen der Studiengänge? Zur Beantwortung dieser Frage schauen wir uns nicht mehr die Bundesländer, sondern die Kreise und kreisfreien Städte mit Studierenden an. Wir gruppieren die Daten nach „fachgebiet" und berechnen mit „summarise()" das bekannte arithmetische Mittel (mean) und den Median (median).

2.2 Daten strukturieren

```
data_clean |>
  filter(nchar(ags) == 5,
         fachgebiet != "Insgesamt") |>
  group_by(fachgebiet) |>
  summarise(mittelwert_studierende = mean(gesamt),
            median_studierende = median(gesamt)) |>
  arrange(desc(mittelwert_studierende))

# A tibble: 9 × 3
  fachgebiet                           mittelwert_studierende median_studierende
  <chr>                                                 <dbl>              <dbl>
1 Rechts-, Wirtschafts- und Sozialwis…                  5286.               2240
2 Ingenieurwissenschaften                               3939.               2094
3 Geisteswissenschaften                                 3395.               2674
4 Mathematik/Naturwissenschaften                        2532.               1374
5 Humanmedizin/Gesundheitswissenschaf…                  2082.                962
6 Agrar-, Forst- und Ernährungswissen…                  1243.                682.
7 Kunst, Kunstwissenschaft                               959.                679
8 Sport                                                  625.                444
9 Außerhalb der Studienbereichsgliede…                   178.                 64
```

Hier sehen wir, dass im Durschnitt die meisten Studierenden in Studiengängen der Rechts-, Wirtschafts- und Sozialwissenschaften studieren (5286 Studierende), gefolgt von Ingenieurwissenschaften (3939) und Geisteswissenschaften (3395). Der Umstand, dass der Medianwert in vielen Fachrichtungen deutlich unter dem arithmetischen Mittel liegt, kann dadurch erklärt werden, dass es starke Ausreißer gibt – also solche Landkreise und kreisfreie Städte mit sehr großen Hochschulen gegenüber vielen Landkreisen ohne Hochschulen.

2.2.3 Zusammenfügen von Datensätzen

Neben der Bearbeitung von Daten innerhalb eines Datensatzes ist es oft sinnvoll, verschiedene Datensätze zu kombinieren, um interessantere Fragestellungen beantworten zu können. In R können hierfür verschiedene Funktionen genutzt werden, die Datensätze miteinander verbinden (engl „join") können. Die bekanntesten sind „inner_join()", „left_join()", „right_join()" und „full_join()". Bei zwei Datensätzen X und Y erfüllen die genannten Befehle folgende Funktionen:

- **Inner Join:** Es werden nur solche Beobachtungen behalten, die in beiden Datensätzen (X und Y) vorkommen.
- **Left Join:** Es werden alle Beobachtungen in X behalten und nur entsprechende Beobachtungen in Y hinzugenommen.
- **Right Join:** Es werden alle Beobachtungen in Y behalten und nur entsprechende Beobachtungen in X hinzugenommen.
- **Full Join:** Es werden alle Beobachtungen aus X und Y behalten.

Zum besseren Verständnis der Funktionen können diese auch in Venn-Diagrammen visualisiert werden (siehe Abb. 2.1). Hier werden die beiden Datensätze X und Y jeweils als

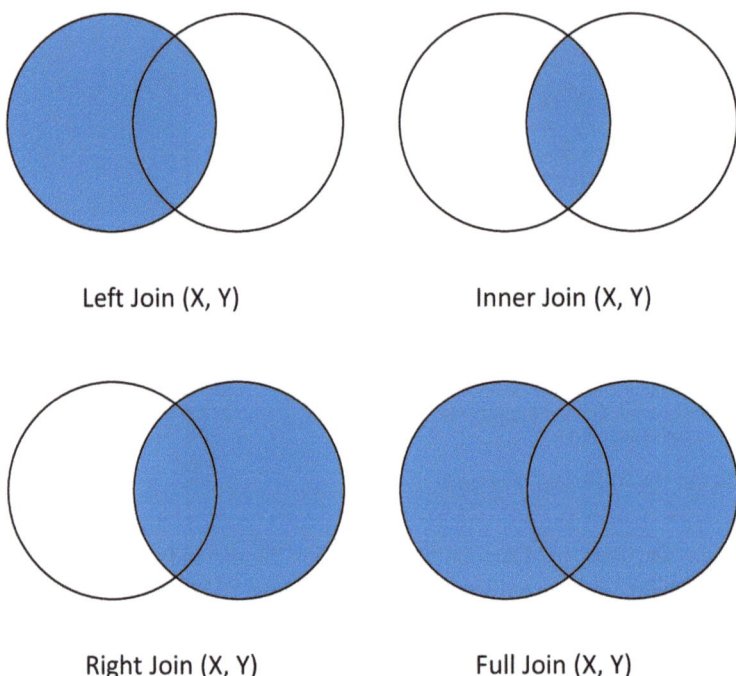

Abb. 2.1 Darstellung der verschiedenen Joins als Venn Diagramme

Kreise dargestellt, die sich überlappen. Die in blau eingefärbten Bereiche zeigen den Teil der Beobachtungen an (nur in X, nur in Y oder in beiden Datensätzen), der nach den jeweiligen Join-Befehlen erhalten bleibt.

Im Folgenden wird die Funktionalität von „joins" anhand eines „left joins" aufgezeigt. Zunächst wird dazu ein erster Datensatz (X) geladen. Zum Laden wird nicht der bekannte „read_csv()"-Befehl verwendet, sondern „read_csv2()", da die Daten nicht durch ein Komma (,) sondern durch ein Semikolon (;) getrennt sind. Eine weitere Besonderheit ist das Minus („-") im „select()"-Befehl. Hierdurch wird der Befehl negiert und die angegebenen Variablen werden nicht ausgewählt. Dementsprechend werden alle Variablen außer „Jahr" und „Index" im Datensatz behalten.

```
preise <- read_csv2('../Daten/Regionale_Preise.csv') |>
  filter(Index == "Regionaler Preisindex 2022") |>
  select(-c(Jahr, Index))

head(preise)

# A tibble: 6 × 3
  Kreisname                   AGS Indexwert
  <chr>                     <dbl>     <dbl>
1 Ahrweiler                  7131      97.7
2 Aichach-Friedberg          9771     102. 
3 Alb-Donau-Kreis            8425     101. 
4 Altenburger Land          16077      90.9
5 Altenkirchen (Westerwald)  7132      93.6
6 Altmarkkreis Salzwedel    15081      91.0
```

2.2 Daten strukturieren

Wir sehen, dass der geladene Datensatz „preise" drei Variablen enthält: den Kreisnamen („Kreisname"), den amtlichen Gemeindeschlüssel („AGS") und den Wert für den regionalen Preisindex („Indexwert"). Als zweiter Datensatz (Y) werden die Kaufkraft-Daten geladen. Da es sich um eine Excel-Datei handelt, nutzen wir den „read_xlxs()"-Befehl aus dem „readxl"-Paket.

```
kaufkraft <- readxl::read_xlsx('../Daten/Kaufkraft.xlsx') |>
  select(ags, `Preisbereinigtes Einkommen`)

head(kaufkraft)
# A tibble: 6 × 2
    ags `Preisbereinigtes Einkommen`
  <dbl>                        <dbl>
1  9188                        32831
2  6434                        30983
3  8211                        30839
4  9182                        29193
5  9184                        28892
6  7338                        28773
```

Die Kaufkraft-Daten („kaufkraft") enthalten lediglich den amtlichen Gemeindeschlüssel („ags") und das preisbereinigte Einkommen. Möchten wir jetzt in unserem Ursprungsdatensatz (X) zusätzlich zum Regionalen Preisindex auch das preisbereinigte Einkommen abrufen, können wir beide Datensätze verbinden.

```
datensatz_neu <-
  preise |>
  left_join(kaufkraft, by = c("AGS" = "ags"))

head(datensatz_neu)
# A tibble: 6 × 4
  Kreisname                AGS Indexwert `Preisbereinigtes Einkommen`
  <chr>                  <dbl>     <dbl>                        <dbl>
1 Ahrweiler               7131      97.7                        25641
2 Aichach-Friedberg       9771     102.                         26495
3 Alb-Donau-Kreis         8425     101.                         25169
4 Altenburger Land       16077      90.9                        24388
5 Altenkirchen (Westerwald) 7132    93.6                        25037
6 Altmarkkreis Salzwedel 15081      91.0                        24747
```

Für den „left_join()"-Befehl haben wir auf der linken Seite den ursprünglichen Datensatz „preise" (X) und verbinden diesen mit dem neuen Datensatz „kaufkraft" (Y). Damit ein „join" erfolgreich ist, benötigen wir mindestens einen eindeutigen Identifikator – einen sogenannten „key", der in beiden Datensätzen vorhanden ist, um zusammengehörige Beobachtungen miteinander verknüpfen zu können. In unserem Beispiel ist der amtliche Gemeindeschlüssel in beiden Datensätzen enthalten („AGS" und „ags") und weist jedem Landkreis und jeder kreisfreien Stadt eine eindeutige Zahlenfolge zu. Über den Zusatz „by = c(„key aus X" = „key aus Y")" werden die Daten über diese Variable miteinander verbunden.

Der neue Datensatz „datensatz_neu" enthält jetzt vier Variablen, die drei ursprünglichen Variablen aus dem „preise"-Datensatz (X) und eine neue Variable, das preisbereinigte Einkommen aus dem „kaufkraft"-Datensatz (Y). Der amtliche Gemeindeschlüssel ist nur noch einmal im neuen Datensatz enthalten und wird aus X übernommen.

Für die unterschiedlichen „join"-Funktionen gibt es verschiedene denkbare Szenarien. In der Praxis wird der „left_join()"-Befehl aber mit Abstand am Häufigsten verwendet. Ein letztes Beispiel zeigt einen left join in Kombination mit einem group_by()-Befehl mit mehreren Gruppen. Hierfür wird zunächst ein Datensatz „bundesländer" erstellt, der alle zweistelligen amtlichen Gemeindeschlüssel und den Namen des zugehörigen Bundeslandes enthält. Dieser Datensatz wird dann an den bekannten Datensatz mit allen Kreisen und kreisfreien Städten herangespielt. Im Code unten fallen einige unbekannte Funktionen auf. Die „rename()"-Funktion erlaubt es, Variablen umzubenennen. Die Variable „region" heißt also ab jetzt „bundesland". Um die beiden Datensätze verschneiden zu können, wird im originalen Datensatz weiter unten eine neue Variable erzeugt, die aus der 5-stelligen AGS die ersten beiden Ziffern extrahiert: „str_extract(ags,„^.{2}")". Zuletzt fällt auch auf, dass der „group_by()"-Befehl hier nicht nur eine, sondern zwei Variablen enthält: das Bundesland und das Fachgebiet. Dementsprechend wird auch der nachfolgende „summarise()" Befehl auf jede Kombination dieser beiden Gruppen angewendet.

```
# Create data for AGS and bundesland name
bundesländer <-
  data_clean |>
  filter(region != "Deutschland",
         nchar(ags) == 2) |>
  select(ags, region) |>
  rename(bundesland = region)

# Group by bundesland and fachgebiet
data_clean |>
  filter(nchar(ags) == 5,
         fachgebiet != "Insgesamt") |>
  mutate(ags_bundesland = str_extract(ags, "^.{2}")) |>
  left_join(bundesländer, by = c("ags_bundesland" = "ags")) |>
  group_by(bundesland, fachgebiet) |>
  summarise(summe_studierende = sum(gesamt))

# A tibble: 115 × 3
# Groups:   bundesland [14]
   bundesland        fachgebiet                                    summe_studierende
   <chr>             <chr>                                                     <dbl>
 1 Baden-Württemberg Agrar-, Forst- und Ernährungswissensch.,…                 63630
 2 Baden-Württemberg Außerhalb der Studienbereichsgliederung                   12940
 3 Baden-Württemberg Geisteswissenschaften                                    380720
 4 Baden-Württemberg Humanmedizin/Gesundheitswissenschaften                   234310
 5 Baden-Württemberg Ingenieurwissenschaften                                 1028950
 6 Baden-Württemberg Kunst, Kunstwissenschaft                                 105970
 7 Baden-Württemberg Mathematik/Naturwissenschaften                           393890
 8 Baden-Württemberg Rechts-, Wirtschafts- und Sozialwissensc…               1288380
 9 Baden-Württemberg Sport                                                     41190
10 Bayern            Agrar-, Forst- und Ernährungswissensch.,…                 94300
# ℹ 105 more rows
```

2.2 Daten strukturieren

Im Ergebnis erhalten wir dadurch einen Datensatz, der die Summe aller Studierenden in allen Fachgebieten für jedes Bundesland enthält.

2.2.4 Transformieren von Daten

Zuletzt kann es sinnvoll sein, Datensätze zu transformieren, da Daten häufig nur in schwer verarbeitbaren Formaten vorliegen. Probleme können etwa durch eine Variable entstehen, die über mehrere Spalten verteilt ist oder wenn eine Beobachtung sich in mehreren Reihen wiederfindet. Um diese Probleme zu beheben, bieten sich die zwei tidyverse-Funktionen „pivot_longer()" und „pivot_wider()" an. Der „pivot_longer()"-Befehl transformiert die Daten vom weiten ins lange Datenformat und „pivot_wider()" genau umgekehrt, vom langen ins weite Format. Abb. 2.2 zeigt die Transformation eines Datensatzes mit „pivot_longer()". Hier werden die drei Variablen „2021", „2022" und „2023", die die Indexwerte des Regionalen Preisindex der jeweiligen Jahre enthalten, in ein sauberes Format überführt: Die neue Variable „Jahr" enthält die drei Werte (2021, 2022 und 2023) und die neue Variable „Indexwert" die jeweiligen Werte des Index.

Äquivalent dazu zeigt Abb. 2.3 die Transformation eines Datensatzes mit „pivot_wider()". Hier wird die Variable „Index" des Ursprungsdatensatzes, die eigentlich drei unterschiedliche Variablen enthält, in ein sauberes Format überführt, dass sich besser analysieren und visualisieren lässt.

Kreisname	2021	2022	2023
Ahrweiler	97,2	97,7	98,3
Aichnach-Friedberg	103,2	105,0	104,2

Kreisname	Jahr	Indexwert
Ahrweiler	2021	97,2
Ahrweiler	2022	97,7
Ahrweiler	2023	98,3
Aichnach-Friedberg	2021	103,2
Aichnach-Friedberg	2022	105,2
Aichnach-Friedberg	2023	104,2

Abb. 2.2 Transformation einer Tabelle mit „pivot_longer"

Kreisname	Index	Indexwert
Ahrweiler	Regionaler Preisindex	97,5
Ahrweiler	Preisindex Wohnkosten	91,8
Ahrweiler	Preisindex (o. Wohnkosten)	100,2
Aichnach-Friedberg	Regionaler Preisindex	101,6
Aichnach-Friedberg	Preisindex Wohnkosten	105,2
Aichnach-Friedberg	Preisindex (o. Wohnkosten)	100,1

Kreisname	Regionaler Preisindex	Preisindex Wohnkosten	Preisindex (o. Wohnkosten)
Ahrweiler	97,7	91,8	100,2
Aichnach-Friedberg	101,6	105,2	100,1

Abb. 2.3 Transformation einer Tabelle mit „pivot_wider"

Betrachten wir nun den Datensatz der regionalen Preise, fällt auf, dass das gerade beschriebene Problem hier auftritt. In der Spalte „Index" sind drei verschiedene Variablen enthalten, die übersichtlicher in eigenen Spalten darzustellen wären: „Regionaler Preisindex 2022", „Preisindex für Wohnkosten 2022" und „Preisindex ohne Wohnkosten 2022".

```
preise <- read_csv2('../Daten/Regionale_Preise.csv')

head(preise)

# A tibble: 6 × 5
  Kreisname           AGS Index                              Jahr Indexwert
  <chr>             <dbl> <chr>                             <dbl>     <dbl>
1 Ahrweiler          7131 Regionaler Preisindex 2022         2022      97.7
2 Ahrweiler          7131 Preisindex für Wohnkosten 2022     2022      91.8
3 Ahrweiler          7131 Preisindex ohne Wohnkosten 2022    2022     100.
4 Aichach-Friedberg  9771 Regionaler Preisindex 2022         2022     102.
5 Aichach-Friedberg  9771 Preisindex für Wohnkosten 2022     2022     105.
6 Aichach-Friedberg  9771 Preisindex ohne Wohnkosten 2022    2022     100.
```

Zu beachten ist, dass der Datensatz in dieser Form 5 Variablen und 1200 Beobachtungen enthält. Über den Befehl „pivot_wider()" können die Daten in die gewünschte Form transformiert werden.

```
preise <- read_csv2('../Daten/Regionale_Preise.csv') |>
  pivot_wider(names_from = Index, values_from = Indexwert)

head(preise)

# A tibble: 6 × 6
  Kreisname            AGS  Jahr Regionaler Preisinde…¹ Preisindex für Wohnk…²
  <chr>              <dbl> <dbl>                  <dbl>                  <dbl>
1 Ahrweiler           7131  2022                   97.7                   91.8
2 Aichach-Friedberg   9771  2022                  102.                   105.
3 Alb-Donau-Kreis     8425  2022                  101.                   102.
4 Altenburger Land   16077  2022                   90.9                   72.3
5 Altenkirchen (Weste… 7132  2022                   93.6                   77.5
6 Altmarkkreis Salzwe…15081 2022                   91.0                   71.6
# ℹ abbreviated names: ¹`Regionaler Preisindex 2022`,
#   ²`Preisindex für Wohnkosten 2022`
# ℹ 1 more variable: `Preisindex ohne Wohnkosten 2022` <dbl>
```

Nach der Transformation hat der Datensatz noch 400 Beobachtungen (eine Reihe für jeden Landkreis und jede kreisfreie Stadt) und 6 Variablen. Die Variablen Index und Indexwert wurden auf drei neue Variablen aufgeteilt. Die Namen der neuen Variablen entstammen dabei den Werten der Spalte „Index" („names_from = Index") und die Werte der Spalte „Indexwert" („values_from = Indexwert").

2.3 Unseren Datensatz erzeugen

Im weiteren Verlauf des Lehrbuchs nutzen wir in der Regel den Datensatz „datensatz_final.csv", der Daten aus verschiedenen Quellen bereits zusammengeführt hat und gesäubert wurde.

```r
datensatz <- read_csv("../Daten/datensatz_final.csv")

head(datensatz)

# A tibble: 6 × 20
  ags    region   fachgebiet    gesamt ausland_gesamt deutsch_gesamt männlich_gesamt
  <chr>  <chr>    <chr>          <dbl>          <dbl>          <dbl>           <dbl>
1 01001  Flensbu… Geisteswi…      3136            295           2841             725
2 01001  Flensbu… Sport            266              1            265             165
3 01001  Flensbu… Rechts-, …      2314            126           2188             950
4 01001  Flensbu… Mathemati…      1067              6           1061             379
5 01001  Flensbu… Humanmedi…        50              2             48              15
6 01001  Flensbu… Agrar-, F…       221              2            219              55
# ℹ 13 more variables: männlich_ausland <dbl>, männlich_deusch <dbl>,
#   weiblich_gesamt <dbl>, weiblich_ausland <dbl>, weiblich_deutsch <dbl>,
#   kreisname <chr>, regionaler_preisindex_2022 <dbl>,
#   preisindex_fur_wohnkosten_2022 <dbl>,
#   preisindex_ohne_wohnkosten_2022 <dbl>, bundesland <chr>,
#   preisbereinigtes_einkommen <dbl>, preisniveau <dbl>,
#   nominales_einkommen <dbl>
```

In diesem Kapitel werden wir den Datensatz selbst erzeugen. Dafür werden wir viele der bisher erlernten Befehle verwenden. Einige zusätzliche Optionen und Funktionen werden an den entsprechenden Stellen erläutert. Hierzu laden wir zunächst den Datensatz der Studierendenzahlen der einzelnen Fachbereiche in allen 400 deutschen Landkreisen und kreisfreien Städte.

```r
studenten <- read_csv2('../Daten/Studierendenzahlen.csv',
              skip = 8,
              locale = locale(encoding='latin1'),
              col_names = c('ags', 'region', 'fachgebiet', 'gesamt',
                            'ausland_gesamt', 'deutsch_gesamt',
                            'männlich_gesamt', 'männlich_ausland',
                            'männlich_deusch', 'weiblich_gesamt',
                            'weiblich_ausland', 'weiblich_deutsch'),
              col_types = cols(.default = 'd',
                               ags = 'c',
                               region = 'c',
                               fachgebiet = 'c')
          ) |>
  head(-3) |>
  # manually correct the ags for Berlin and Hamburg
  mutate(ags = case_when(region == "Berlin" ~ "11000",
                         region == "Hamburg" ~ "02000",
                         TRUE ~ ags))
```

Im bekannten „read_csv2()" Befehl werden einige Optionen spezifiziert, mit denen wir die Daten nach unseren Bedürfnissen laden können. Der Zusatz „skip = 8" gibt an, dass im originalen Datensatz die ersten 8 Zeilen übersprungen und nicht eingelesen werden sollen. Diese bestehen lediglich aus der Beschreibung des Datensatzes als solches und können deshalb ignoriert werden. Der nächste Zusatz „locale = locale(encoding=‚latin1')" spezifiert das sogenannte „Encoding", die Zeichenkodierung. Wenn etwa Umlaute nicht richtig dargestellt werden, liegt dies oft am „Encoding" der Daten. In unserem Fall wurden die Daten als ISO 8859-1 (Latin-1) Dokument kodiert. Zusätzlich werden die einzelnen Spalten bzw. Variablen über die Optionen „col_names()" (column names) und „col_types()" (column types) benannt und der Datentyp spezifiziert. Über „‚default" wird zunächst der Typ „double" („d") bzw. der Typ einer Realzahl für alle Spalten festgelegt. Für die Spalten „ags", „region" und „fachgebiet" ist der Typ „character" („c") festzulegen, da es sich um Zeichenketten handelt. Verwendet man die Befehle „read_csv()" oder „read_csv2()", ermittelt R automatisch die Typen der jeweiligen Variablen. Da hierbei aber Fehler entstehen können, kann es sinnvoll sein, die Typen manuell festzulegen. Zuletzt löscht der Befehl „head(-3)" die letzten drei Beobachtungen aus dem Datensatz, da hier in den Originaldaten lediglich das Impressum angegeben ist.

Als nächsten Datensatz laden wir die Daten der regionalen Preise für alle Landkreise und kreisfreien Städte. Eine Besonderheit ist hier die Transformation der AGS-Variable innerhalb des „mutate()"-Befehls. Da die Variable von R zunächst als Zahl interpretiert wird, wird sie als Zeichenkette („as.character()") umgewidmet. Auf der Ebene der Landkreise und kreisfreien Städte haben amtliche Gemeindeschlüssel fünf Ziffern. Weil die Null beim Einlesen als Zahl von R aber nicht übernommen wurde, fügen wir hier manuell eine Null am Beginn der Zeichenkette hinzu, wenn diese nur vier Zeichen enthält. So wird etwa die Ags „3103" zu „03103" transformiert und enthält damit die gültige AGS für die kreisfreie Stadt Wolfsburg. Die Transformation wird über den Befehl „case_when(nchar(AGS) == 4 ~ paste0(„0", AGS))" durchgeführt. Diese kann gelesen werden als: „Wenn der Wert der Variable AGS vier Zeichen lang ist, überschreibe den Wert mit einer Null gefolgt vom ursprünglichen Wert der Variable AGS". Ein letzter neuer Befehl ist „clean_names()" aus der „janitor"-Bibliothek.[3] Dieser sehr praktische Befehl vereinheitlicht und säubert alle Variablen-Namen in einem Datensatz. So werden etwa alle Namen klein geschrieben, Umlaute transformiert und Leerzeichen durch Unterstriche („_") ersetzt. Dieser Schritt erleichtert die weitere Arbeit mit den Daten oft ungemein.

```
preise <- read_csv2('../Daten/Regionale_Preise.csv') |>
  mutate(AGS = as.character(AGS),
         AGS = case_when(nchar(AGS) == 4 ~ paste0("0", AGS),
                         TRUE ~ AGS)) |>
  select(-Jahr) |>
  pivot_wider(names_from = Index, values_from = Indexwert) |>
  janitor::clean_names()
```

---

[3] Das Paket „janitor" ist einmalig zu installieren. Für eine Wiederholung siehe Abschn. 1.2.3.

2.3 Unseren Datensatz erzeugen

Im letzten Datensatz sind die Daten für die regionale Kaufkraft enthalten. Hier kennen wir alle verwendeten Befehle und können die Daten entsprechend laden.

```
kaufkraft <- readxl::read_xlsx('../Daten/Kaufkraft.xlsx') |>
  mutate(ags = as.character(ags),
         ags = case_when(nchar(ags) == 4 ~ paste0("0", ags),
                         TRUE ~ ags)) |>
  janitor::clean_names() |>
  select(-c(landkreis_kreisfreie_stadt, realeinkommen_rang, preisniveau_rang,
            nominaleinkommen_rang))
```

In einem letzten Schritt müssen die drei sauberen Datensätze lediglich in einem einheitlichen Datensatz zusammengeführt werden. Wir speichern den Datensatz schließlich als „datensatz_final.csv" in unserem Ordner Daten mithilfe des „write_csv()"-Befehls.

```
data <-
  studenten |>
  left_join(preise, by = 'ags') |>
  drop_na(kreisname) |>
  left_join(kaufkraft, by= "ags")
write_csv(data, 'Daten/datensatz_final.csv')
```

Für das weitere Voranschreiten im Lehrbuch ist eine wichtige Unterscheidung final hervorzuheben, die aus einer genauen Betrachtung des Datensatzes resultiert. Die 4000 Beobachtungen des Datensatzes ergeben sich daraus, dass bei insgesamt 400 Kreisen und kreisfreien Städte 10 Fachgebiete (Geisteswissenschaften, Sport, Rechts-, Wirtschafts- und Sozialwissenschaften, Mathematik/Naturwissenschaften, Humanmedizin/Gesundheitswissenschaften, Agrar-, Forst- und Ernährungswissenschaften mit Veterinär, Ingenieurwissenschaften, Kunst und Kunstwissenschaft, außerhalb der Studienbereichsgliederung und insgesamt) betrachtet werden. Damit zählt der Datensatz die doppelte Menge an Studierenden, da diese nach Fachgebieten unterteilt und nochmal im Fachgebiet insgesamt enthalten sind. Im Lehrbuch unterscheiden wir deshalb 2 Datensätze: (1) In der Regel verwenden wir den Datensatz „studenten", der den Datensatz auf „insgesamt" filtert und damit nicht nochmal zwischen den Fachgebieten differenziert und (2) den Datensatz „fachgebiete", der den Datensatz auf ohne „insgesamt" filtert und damit eine Differenzierung zwischen den Fachgebieten erlaubt. In der Umsetzung zeigt sich diese Unterscheidung wie folgt:

```
studenten <- read_csv("../Daten/datensatz_final.csv") |>
  filter(fachgebiet=="Insgesamt")
```

```
print(nrow(studenten))
```

```
[1] 400
```

```
fachgebiete <- read_csv("../Daten/datensatz_final.csv") |>
  filter(fachgebiet!="Insgesamt")
```

```
print(nrow(fachgebiete))
```

```
[1] 3600
```

Der Datensatz „studenten" betrachtet damit nur das Fachgebiet „Insgesamt" und weist damit 400 Beobachtungen auf. Jeder Kreis bzw. jede kreisfreie Stadt hat damit eine Gesamtzahl für die Studierenden. Der Datensatz „fachgebiete" betrachtet hingegen alle neun Fachgebiete ohne „Insgesamt" und weist damit 400 * 9 = 3600 Beobachtungen auf. Jeder Kreis bzw. jede kreisfreie Stadt hat damit nach Fachgebieten unterteilt neun Gesamtzahlen für die Studierenden in jedem Fachgebiet.

2.4 Übungsaufgaben zu Kap. 2

Aufgabe 2.1: Daten bearbeiten
Laden Sie den Datensatz „Studierendenzahlen.csv".

(a) Lassen Sie sich einen Überblick über den Datensatz geben. Welche Variablen sind durch fehlende Werte charakterisiert? Welche Konsequenzen hat das für Ihre Datenanalyse? Erläutern Sie kurz.
(b) Betrachten Sie die Variable „männlich_gesamt". Berechnen Sie den Mittelwert. Erläutern Sie was hier passiert.
(c) Entfernen Sie die fehlenden Werte aus der Variable „männlich_gesamt" und berechnen Sie den Mittelwert erneut. Erläutern Sie Ihre Beobachtungen und interpretieren Sie.
(d) Entfernen Sie nun alle fehlenden Werte aus dem Datensatz und wählen Sie zur Betrachtung die Variablen „gesamt", „männlich_gesamt" und „weiblich_gesamt" aus. Lassen Sie sich einen Überblick über diese Variablen geben und kontrollieren Sie, ob es noch fehlende Werte gibt.
(e) Bilden Sie die neue Variable „gesamt_test", indem Sie die Summe aus „männlich_gesamt" und „weiblich_gesamt" bilden. Vergleichen Sie anschließend die Verteilung der neuen Variable mit der Variable „gesamt". Was fällt Ihnen auf? Erläutern Sie kurz.

Aufgabe 2.2: Daten strukturieren

Laden Sie die Datensätze „Studierendenzahlen.csv", „Regionale_Preise.csv" und „Kaufkraft.xlsx".

(a) Betrachten Sie den Datensatz „Kaufkraft.xlsx" und gruppieren Sie die Daten nach Bundesland. Lassen Sie sich hierzu das mittlere nominale Einkommen sowie den Median wiedergeben. Erläutern Sie Ihre Beobachtungen.

(b) Nutzen Sie Ihre Gruppierung aus (a) und sortieren Sie die Daten absteigend nach dem mittleren nominalen Einkommen. Erläutern Sie Ihre Beobachtungen.

(c) Nutzen Sie die Datensätze „Regionale_Preis.csv" und „Kaufkraft.xlsx". Fügen Sie beide Datensätze zu einem neuen Datensatz „datensatz_neu" zusammen. Was müssen Sie dabei beachten? Erläutern Sie Ihre Beobachtungen.

(d) Nutzen Sie den neuen Datensatz aus (c). Wieso weist der Datensatz 1200 Beobachtungen auf, obwohl es nur 400 Landkreise bzw. kreisfreien Städte gibt? Transformieren Sie den Datensatz in ein geeignetes Format und erläutern Sie Ihre Beobachtungen.

Literatur

Goecke, Henry/ Henger, Ralph/ Schröder, Bjarne/ Schröder, Christoph/ Wendt, Jan (2023), Regionaler Preisindex für Deutschland – ein neuer Erhebungssatz mit Big Data, Gutachten in Zusammenarbeit mit dem Bundesinstitut für Bau-, Stadt- und Raumforschung (BBSR) im Bundesamt für Bauwesen und Raumordnung (BBR), Köln.

Statistische Ämter des Bundes und der Länder (2022a), Studierende nach Geschlecht, Nationalität und Fächergruppen – regionale Tiefe: Kreise und kreisfreie Städte, WS 2015/16-WS 2021/22, https://www.regionalstatistik.de/genesis//online?operation=table&code=21311-01-01-4&bypass=true&levelindex=1&levelid=1701421593094#abreadcrumb. [31.01.2025]

Statistische Ämter des Bundes und der Länder (2022b), Einkommensverteilung (Kreise), 2.4 Verfügbares Einkommen der privaten Haushalte einschl. der privaten Organisationen ohne Erwerbszweck, https://www.statistikportal.de/de/vgrdl/ergebnisse-kreisebene/einkommen-kreise [31.01.2025]

Weitefführende Literatur

Wickham, Hadley/Cetinkaya-Rundel, Mine/Grolemund, Garrett (2024), R für Data Science: Daten importieren, bereinigen, umformen und visualisieren, 2. Aktualisierte Auflage, O'Reilly: Paderborn.

3 Daten visualisieren mit ggplot

Zur Visualisierung laden wir das „tidyverse"-Paket und greifen auf unseren finalen Datensatz aus Abschn. 2.3 zurück. Wir laden beide Datensätze: (1) In der Regel verwenden wir den Datensatz „studenten", der den Datensatz auf „insgesamt" filtert und damit nicht nochmal zwischen den Fachgebieten differenziert und (2) den Datensatz „fachgebiete", der den Datensatz ohne „Insgesamt" filtert und damit eine Differenzierung zwischen den Fachgebieten erlaubt.

```
studenten <- read_csv("Daten/datensatz_final.csv") |>
  filter(fachgebiet=="Insgesamt")
fachgebiete <- read_csv("Daten/datensatz_final.csv") |>
  filter(fachgebiet!="Insgesamt")
```

3.1 Die „Grammar of Graphics" für ggplot-Visualisierungen

Eines der populärsten Pakete zur Visualisierung von Daten ist das „ggplot2"-Paket. Das Paket lässt sich sowohl eigenständig installieren und laden (install.packages(„ggplot2"); library(ggplot2)), wird aber mit unserem bekannten „tidyverse"-Paket ebenfalls mitgeladen. Der Aufbau von Datenvisualisierungen mithilfe von „ggplot2" erfolgt in Form von immer wiederkehrenden Bausteinen und folgt dabei der sog. „Grammar of Graphics". Damit lassen sich die Visualisierungen Schritt für Schritt erstellen, indem nach dem Schema F immer weitere Bausteine ergänzt werden. Dabei lassen sich in dieser Reihenfolge fünf aufeinander aufbauende Schritte und Fragestellungen unterscheiden.

Die Fragestellungen und Bausteine der „Grammar of Graphics" geben uns Orientierung und Navigation für die nachfolgenden Bearbeitungsschritte:

1. **Was soll dargestellt werden?**

Eine Möglichkeit wäre beispielsweise die Anzahl an Studierenden pro Bundesland. Hierür greifen wir auf unsere Daten zurück.

2. **Wie sollen die Daten dargestellt werden?**

Hier geht es also um die Art der Darstellung bzw. das geometrische Objekt. In R spricht man dabei von den „geoms", d. h. ob wir die Daten mithilfe eines Liniendiagramms („geom_line()"), Balken- („geom_col()") oder Histogramms („geom_histogram()") oder Streudiagramms („geom_point()") darstellen wollen. Hier werden wir einige „geoms" kennenlernen.

3. **Was soll auf der x- und y-Achse abgebildet werden?**

Die Zuweisung von Variablen und Werten zu den jeweiligen Achsen erfolgt über die sogenannten „Aesthetics" oder in R „aes()".

4. **Sollen weitere Aspekte oder geometrische Objekte dargestellt werden?**

Einfache Beispiele sind etwa die Schätzgerade („geom_smooth()") im Kontext der Regressionsanalyse oder eine vertikale Linie („geom_vline()"), um z. B. den Ablehnungsbereich oder andere Metriken entlang der Verteilung einzuzeichnen.

5. **Wie soll der Feinschliff aussehen?**

Zum Feinschliff einer Datenvisualisierung zählt z. B. die Beschriftung („labs()") von Achsen oder Titel der Abbildung, Beschriftungen in der Graphik („geom_text()") sowie die Hintergrundgestaltung bzw. das „theme".

3.2 Verteilungen visualisieren

Wir werden die kennengelernten Bausteine der „Grammar of Graphics" in den folgenden ersten Datenvisualisierungen schrittweise erlernen und uns hierzu an den einzelnen Fragestellungen entlang hangeln. Das Schema F macht es so sehr einfach immer weiterführende und immer verfeinerte Visualisierungen zu gestalten. Bei den Visualisierungen starten wir zunächst mit einigen univariaten Darstellungen (Balkendiagramm, Histogramm, Boxplot, Violinplot) und werden schließlich mit dem Streudiagramm auch zwei und mehrdimensionale Datenvisualisierungen für Zusammenhänge gestalten.

3.2.1 Balkendiagramm und Histogramm

Bei der Visualisierung der Verteilung einzelner Merkmale eignen sich Balken- und Histogramme. Dabei ist eine Unterscheidung zwischen diskreten und stetigen Merkmalen notwendig. Bei diskreten Merkmalen handelt es sich um solche Merkmale, bei denen nur bestimmte und abzählbare Merkmalsausprägungen vorkommen können. Ein typisches Beispiel aus unserem Datensatz ist die Anzahl der Studierenden pro Bundesland, die wir darstellen wollen. Schließlich können hier nur „ganze" Studierende gezählt werden. Die Anzahl der Studierenden pro Bundesland ist also eine Zahl ohne Nachkommastelle. In diesem Fall würden wir ein Balkendiagramm zur Visualisierung der Anzahl der Studierenden pro Bundesland verwenden. Bei stetigen Merkmalen handelt es sich hingegen um Merkmale, bei der beliebige und theoretisch unendlich viele Merkmalsausprägungen auftreten können. Das heißt, hier können wir ein Merkmal beispielsweise beliebig genau messen, sodass theoretisch auch die Zahl Pi – eine Zahl mit unendlich vielen Nachkommastellen – auftreten kann. Ein typisches Beispiel ist hier der Preisindex. Auch Einkommenszahlen werden in der Regel als stetiges Merkmal behandelt, auch wenn Geldbeträge nur bis zur zweiten Nachkommastelle ausgewiesen werden können. Man spricht in diesem Zusammenhang auch von quasi-stetigen Merkmalen.

Zur Visualisierung eines Balkendiagramms für die Anzahl Studierender erinnern wir uns zunächst an das Gruppieren der Daten nach Bundesland aus Abschn. 2.2.1. und speichern die gruppierten Daten als „studenten_2".

```
studenten_2 <- studenten |>
  group_by(bundesland) |>
  summarise(summe_studierende = sum(gesamt)) |>
  arrange(desc(summe_studierende))

## # A tibble: 16 × 2
##    bundesland              summe_studierende
##    <chr>                               <int>
##  1 Nordrhein-Westfalen                764565
##  2 Bayern                             404090
##  3 Baden-Württemberg                  357342
##  4 Hessen                             262759
##  5 Berlin                             203869
##  6 Niedersachsen                      197246
##  7 Thüringen                          124918
##  8 Rheinland-Pfalz                    121060
##  9 Hamburg                            119110
## 10 Sachsen                            105868
## 11 Schleswig-Holstein                  67447
## 12 Sachsen-Anhalt                      54823
## 13 Brandenburg                         50549
## 14 Mecklenburg-Vorpommern              39041
## 15 Bremen                              37393
## 16 Saarland                            31835
```

Zur Visualisierung der Anzahl der Studierenden nutzen wir die „Grammar of Graphics" und wollen Schritt für Schritt die einzelnen Bausteine ergänzen. Wir beginnen mit den Schritten 1 bis 3. Wir greifen dabei auf unseren Datensatz „studenten_2" zurück, der die Anzahl der Studierenden pro Bundesland wiedergibt. Wichtig ist dabei zu berücksichtigen, dass innerhalb des Programmcodes der „ggplot"-Visualisierung nicht die Pipe, sondern ein „+" zur Verlinkung der einzelnen Zeilen des Codes Verwendung findet.

In Schritt 1 legen wir zunächst fest, dass R den Datensatz „studenten_2" nutzen soll, der die Anzahl der Studierenden je Bundesland aufweist. Und dann („|>") wählen wir in Schritt 2 „geom_col" als geometrisches Objekt. In Schritt 3 legen wir die Variablen bzw. die Aesthetics (aes()) fest. Wir betrachten das „bundesland" auf der x-Achse und „summe_studierende" auf der y-Achse.

```
studenten_2 |>
ggplot()+
  geom_col(aes(x = bundesland, y = summe_studierende))
```

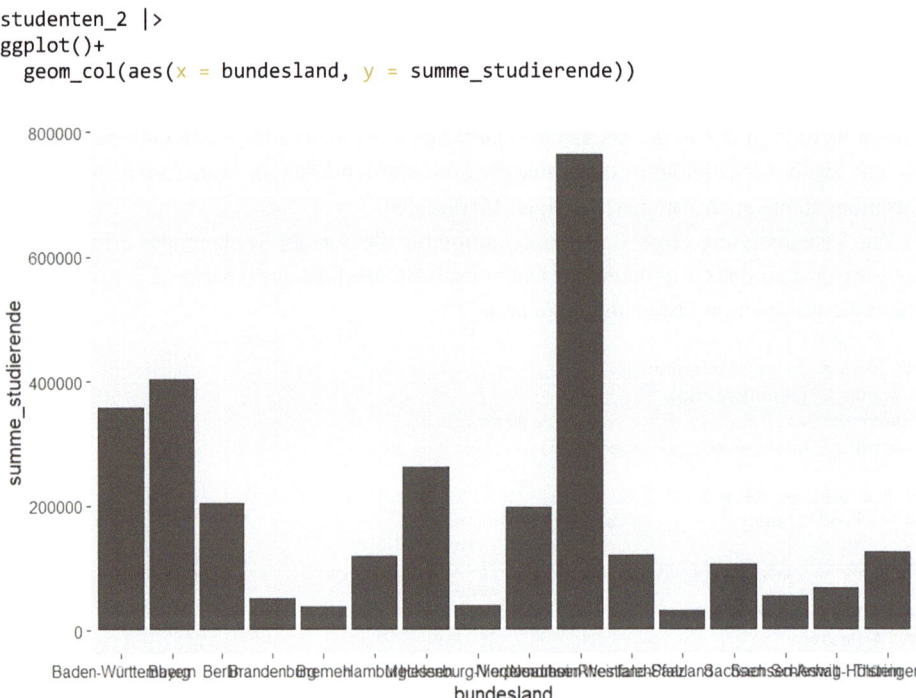

Das Balkendiagramm macht deutlich, dass aufgrund der großen Anzahl an Bundesländer und damit Balken die Lesbarkeit der x-Achse eingeschränkt ist. Eine Möglichkeit das zu ändern ist das Austauschen der Achsen – in R nutzen wir hierzu die „coord_flip()"-Funktion. Auch die Reihenfolge der Balken wollen wir nach Größe sortieren und nutzen hierzu die „reorder()"-Funktion.

3.2 Verteilungen visualisieren

```
studenten_2 |>
  ggplot(aes(x = reorder(bundesland, summe_studierende), y = summe_studierend
e)) +
  geom_col() +
  coord_flip()
```

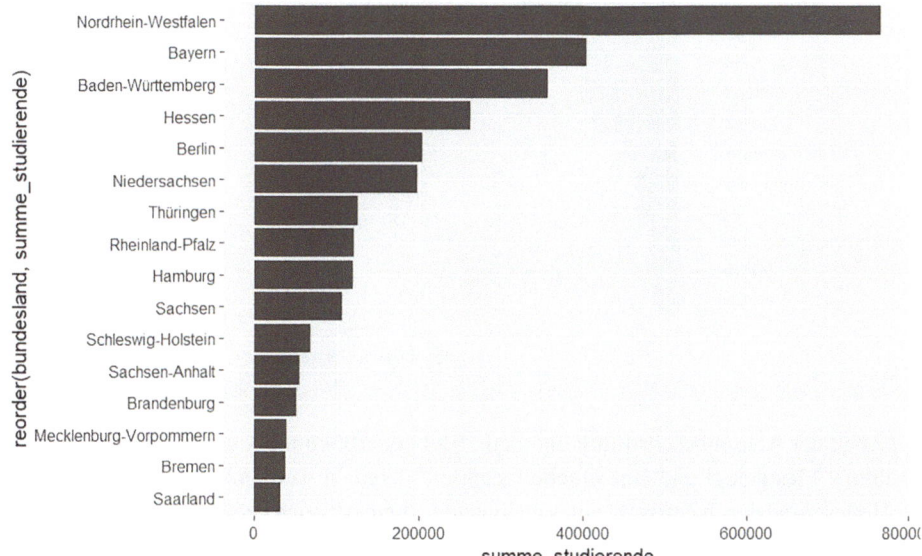

So kann mit den ersten drei kleinen Schritten bereits eine anschauliche Abbildung gestaltet werden. Mit Blick auf die Beschriftung der Achsen zeigt sich allerdings, dass die Achsenbeschriftung Überarbeitungsbedarf aufweist. Wir überspringen hierzu Schritt 4 und machen uns an den Feinschliff. Mit „labs()" können wir die Achsen neu beschriften und unserer Abbildung eine geeignete Überschrift geben.

```
studenten_2 |>
  ggplot(aes(x=reorder(bundesland,summe_studierende),y=summe_studierende))+
  geom_col()+
  coord_flip()+
  labs(x="Bundesland",
       y="Anzahl der Studierende",
       title="Anzahl Studierende nach Bundesland")
```

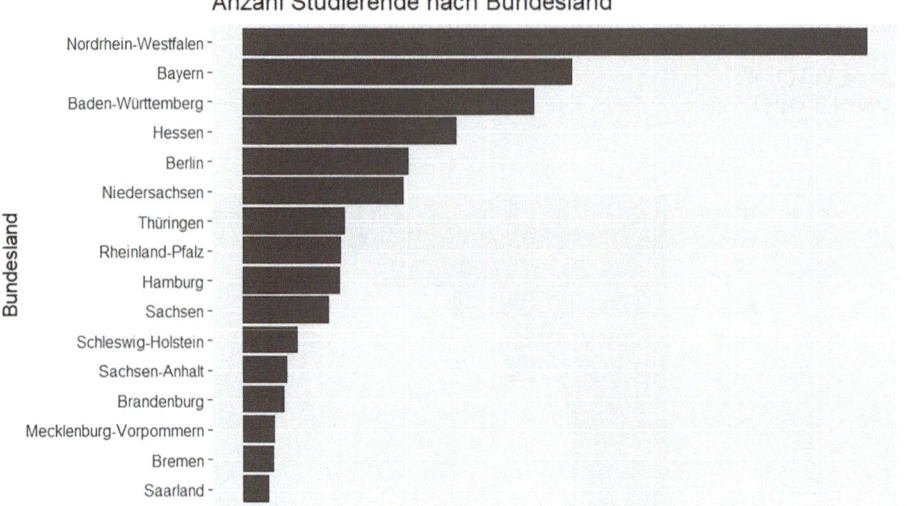

Neben der Achsenbeschriftung und dem Titel der Abbildung kann auch ein Untertitel („subtitle") festgelegt und eine Quelle („caption") ergänzt werden. Schließlich lässt sich der Hintergrund durch Auswahl eines geeigneten „themes" noch verändern. Wir betrachten hierzu das „theme_classic". Andere gängige „themes" sind „theme_minimal" sowie „theme_gray".[1] Letzteres ist die Grundeinstellung (engl. default) in R und stellt das „theme" in den vorangegangenen Abbildungen dar.

```
studenten_2 |>
ggplot(aes(x = reorder(bundesland,summe_studierende), y = summe_studierende
)) +
  geom_col() +
  coord_flip() +
  labs(x = "Bundesland",
       y = "Anzahl der Studierende",
       title = "Die Anzahl Studierende nach Bundesland",
       subtitle = "In welchem Bundesland studieren die meisten Menschen?",
       caption = "Eigene Berechnungen unter Verwendung von Statistische Ämt
er des Bundes (2022a)")+
  theme_classic()
```

---

[1] Eine Übersicht zu den gängigen „themes" findet man auf der nachfolgenden Webseite: https://ggplot2.tidyverse.org/reference/ggtheme.html. Weiterführende Anpassungsmöglichkeiten der verschiedenen „themes" werden hier erläutert: https://ggplot2.tidyverse.org/reference/theme_get.html.

3.2 Verteilungen visualisieren

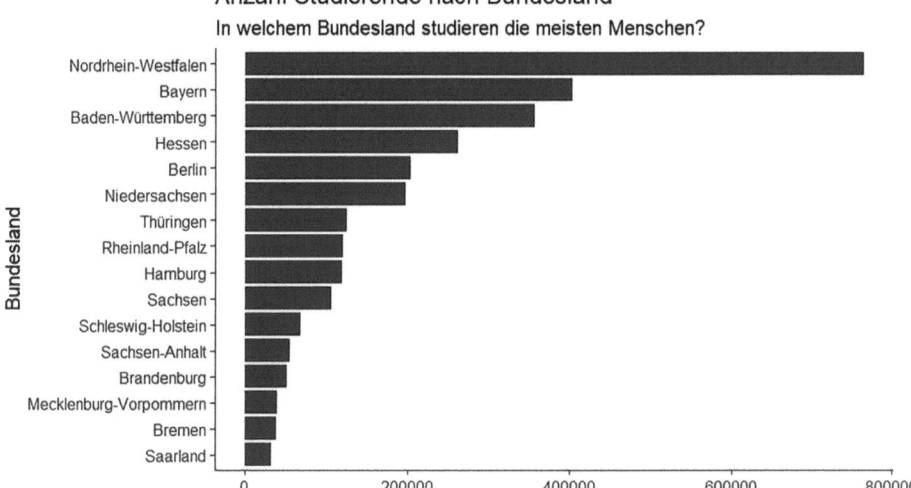

Eigene Berechnungen unter Verwendung von Statistische Ämter des Bundes (2022a)

Hier könnte man auch über eine Beschriftung der Balken mit den jeweiligen Werten nachdenken. Hierzu werden wir „geom_text()" in Kap. 4 kennenlernen, welche eine Beschriftung von Werten in Abbildungen erlaubt.

Neben Balkendiagrammen für diskrete Merkmale können Histogramme für stetige Merkmale Verwendung finden. Ein solches stetiges Merkmal ist in unserem Datensatz der regionale Preisindex nach Goecke et al. (2023). Der Preisindex basiert auf den Wohn- und sonstigen Lebenshaltungskosten in dem jeweiligen Kreis bzw. der kreisfreien Stadt.[2] Im Gegensatz zum Balkendiagramm wird die Häufigkeit in einem Histogramm nicht durch die Höhe des Balkens, sondern durch den Flächeninhalt widergespiegelt.

Wir orientieren uns erneut an der „Grammar of Graphics". In Schritt 1 legen wir zunächst fest, dass R den Datensatz „studenten" nutzen soll. Und dann („|>") wählen wir in Schritt 2 „geom_histogram" als geometrisches Objekt aus. Wir betrachten die Variable „regionaler_preisindex_2022" auf der x-Achse.

```
studenten |>
  ggplot()+
  geom_histogram(aes(regionaler_preisindex_2022))
```

---

[2] Für eine Wiederholung und Erläuterung der einzelnen Merkmale des Datensatzes siehe Abschn. 1.1.2.

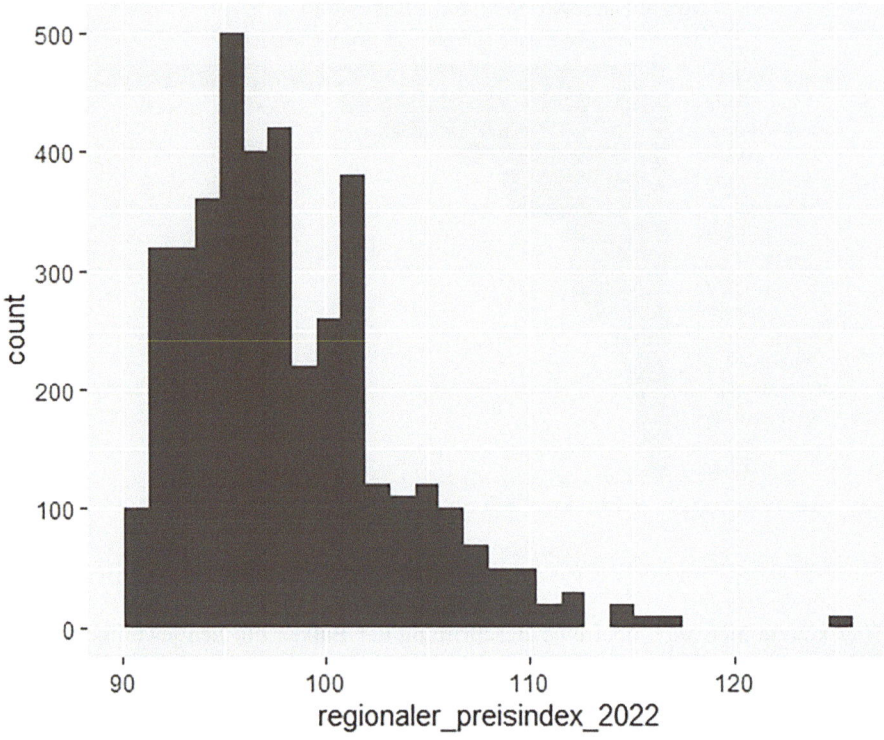

Im Feinschliff (Schritt 5) wählen wir geeignete Achsenbeschriftungen, eine Überschrift, eine „caption" sowie das „theme_minimal", das im Gegensatz zu „theme_classic" zusätzliche Linien zum besseren Ablesen der Werte aufweist.

```
studenten |>
  ggplot()+
  geom_histogram(aes(regionaler_preisindex_2022))+
  labs(x = "Regionaler Preisindex 2022",
       y = "",
       title = "Der Regionale Preisindex in Deutschland",
       subtitle = "Wie teuer das Leben in Deutschland ist",
       caption = "Eigene Darstellung nach Goecke et al. (2023)")+
  theme_minimal()
```

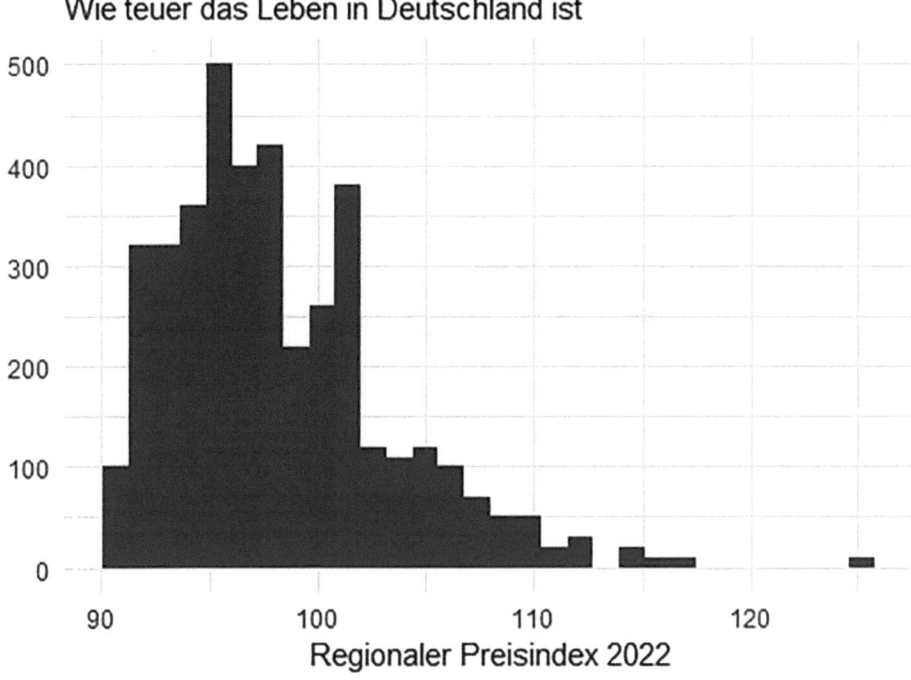

Eigene Darstellung nach Goecke et al. (2023)

Die Verteilung des regionalen Preisindex macht deutlich, dass die meisten Landkreise zwischen 90 und 110 Indexpunkten aufweisen und nur selten Werte von 110, 120 oder mehr zu beobachten sind.

3.2.2 Boxplots und gruppierte Boxplots

Zur Visualisierung der Verteilung von Merkmalen ist auch ein Boxplot eine sehr nützliche Visualisierungsform. Ein Boxplot visualisiert neben verschiedenen Lagemaßen (Minimum, 1. Quartil, Median, 3. Quartil und Maximum) auch mit dem Quartilsabstand eine Streuungsmaßzahl. Die Box des Boxplots wird durch das 1. und 3. Quartil definiert, sodass die Breite der Box als Quartilsabstand gleichzeitig Ausdruck der Streuung des Merkmals ist. Linke und rechte Antenne sind in der Regel durch Minimum und Maximum begrenzt. Allerdings spiegelt der Boxplot auch Ausreißer wider, zumal die Länge höchstens dem 1,5-fachen der Breite der Box und damit höchstens dem 1,5-fachen Quartilsabstand entsprechen darf. Hierzu greifen wir auf den „IQR()"-Befehl aus dem „mosaic"-Paket zurück. Vor diesem Hintergrund ist die rechte Antenne beim Boxplot für den regionalen Preisindex 2022 begrenzt durch folgenden Wert.

```
IQR(~regionaler_preisindex_2022, data = studenten)
[1] 6.72988

quantile(~regionaler_preisindex_2022, data = studenten)
       0%       25%       50%       75%      100%
 90.49597  94.43541  97.21766 101.16529 125.08921

101.16529+1.5*6.72988
[1] 111.2601
```

Damit sind Beobachtungen mit einem Indexwert von über 111,26 Indexpunkten als Ausreißer zu definieren und werden entsprechend durch Punkte neben der rechten Antenne gekennzeichnet.

Wir orientieren uns erneut an der „Grammar of Graphics" (Abschn. 3.1). In Schritt 1 legen wir zunächst fest, dass R den Datensatz „studenten" nutzen soll. Und dann („|>") wählen wir in Schritt 2 „geom_boxplot" als geometrisches Objekt aus. Wir betrachten die Variable „regionaler_preisindex_2022" auf der x-Achse.

```
studenten |>
  ggplot() +
  geom_boxplot(aes(regionaler_preisindex_2022))
```

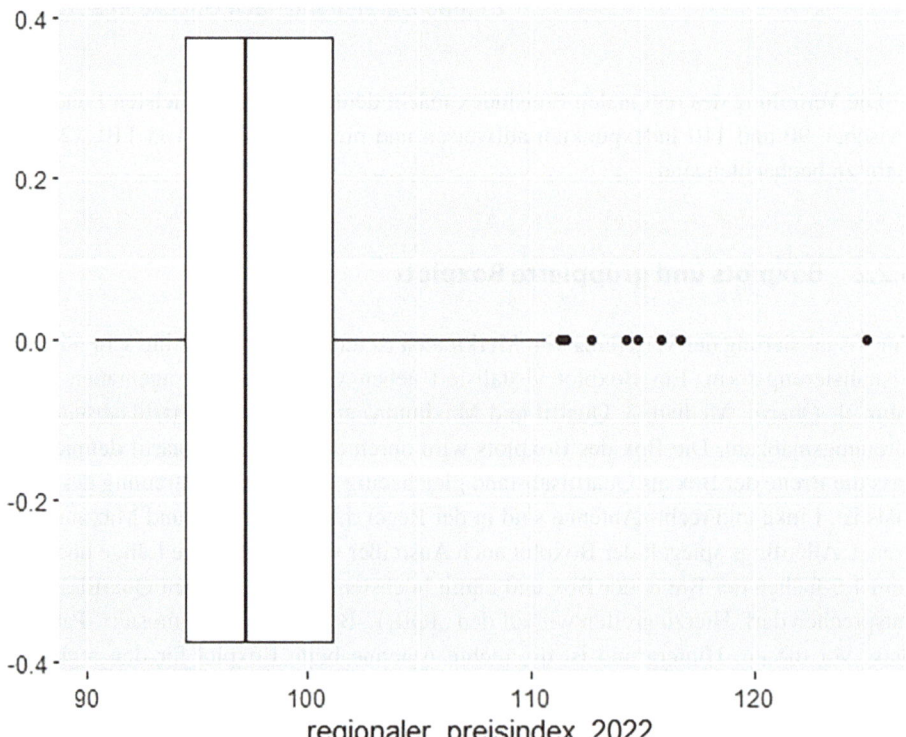

3.2 Verteilungen visualisieren

Angesichts von acht Punkten neben der rechten Antenne gelten folglich acht Landkreise bzw. kreisfreie Städte als Ausreißer hinsichtlich des regionalen Preisindex.

Im Feinschliff (Schritt 5) wählen wir geeignete Achsenbeschriftungen, eine Überschrift, eine „caption" sowie das „theme_classic".

```
studenten |>
  ggplot() +
  geom_boxplot(aes(regionaler_preisindex_2022)) +
  labs(x = "Regionaler Preisindex",
       y = "",
       title = "Der Regionale Preisindex in Deutschland",
       subtitle = "Wie teuer das Leben in Deutschland ist",
       caption = "Eigene Darstellung nach Goecke et al. (2023)") +
  theme_classic()
```

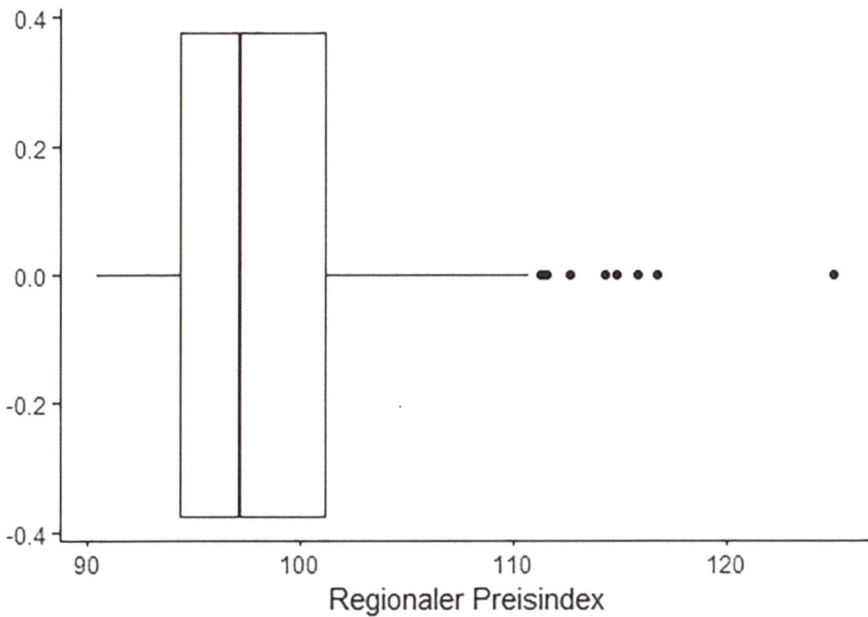

In der empirischen Forschung spielen häufig Unterschiede eine wichtige Rolle als Untersuchungsgegenstand. Zur Visualisierung von Unterschieden eignet sich ein gruppierter Boxplot, der ein quantitatives Merkmal nach einem kategorialen Merkmal gruppiert. Beispielsweise könnten wir Unterschiede in der Verteilung des regionalen Preisindex nach Bundesland visualisieren. Hierzu ergänzen wir im Prinzip nur die „Aesthetics" um eine Variable y: Hier y = bundesland.

```
studenten |>
  ggplot() +
  geom_boxplot(aes(x = regionaler_preisindex_2022, y = bundesland))+
  labs(x = "Regionaler Preisindex",
       y = "Bundesland",
       title = "Der Regionale Preisindex in Deutschland",
       subtitle = "Wo das Leben in Deutschland am teuersten ist",
       caption = "Eigene Darstellung nach Goecke et al. (2023)") +
  theme_classic()
```

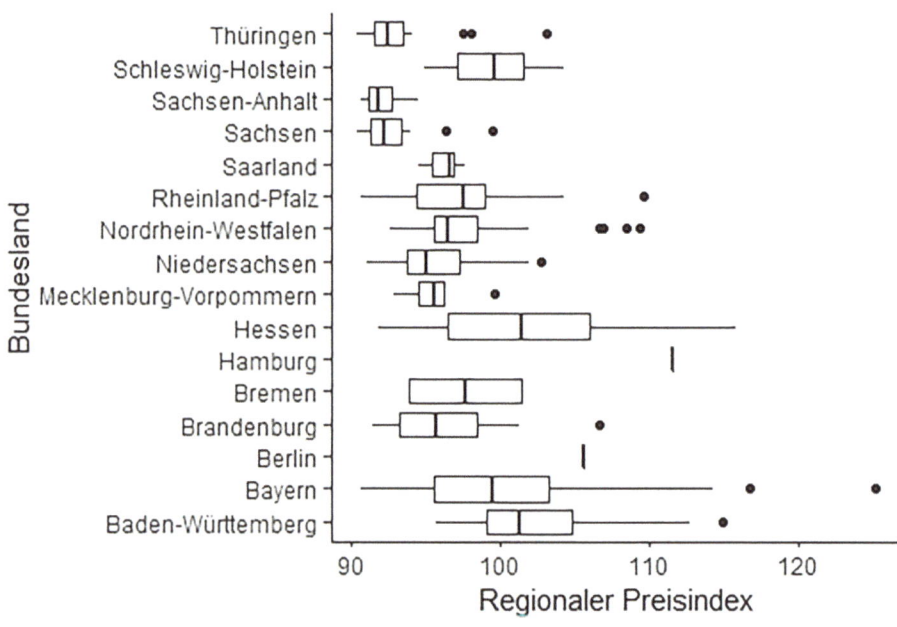

Eigene Darstellung nach Goecke et al. (2023)

Hier werden nun unmittelbar Unterschiede deutlich. So ist das Leben in Bayern und Baden-Württemberg erheblich teurer als in vielen anderen Bundesländern, zumal zum Teil alle Lagemaße in Bayern und Baden-Württemberg oberhalb der meisten Lagemaße in den anderen Bundesländern liegen. Für die Stadtstaaten Berlin und Hamburg wird indes keine echte Verteilung deutlich, da die Stadtstaaten nur durch eine Beobachtung und damit durch den Medianwert definiert sind.

3.2.3 Violinplots und weitere geoms

Sehr ähnlich zu den betrachteten Boxplots sind Violin- oder Geigenplots. Neben den verschiedenen Quantilen (1. Quartil, Median und 3. Quartil) zeigen Violinplots zusätzlich die

3.2 Verteilungen visualisieren

Dichte der Verteilung, sodass ein besserer Eindruck über die Streuung der betrachteten Variable möglich ist.

Wir nutzen erneut die Betrachtung des regionalen Preisindex nach Bundesländern und tauschen im Vergleich zum Boxplot (Abschn. 3.2.2) lediglich das geometrische Objekt unter Rückgriff auf „geom_violin()". Neben den „Aesthetics" mit „aes()" können wir durch „draw_quantiles" zudem die einzuzeichnenden Quantile festlegen. Analog zum Boxlot wählen wir dabei das 1. Quartil (0,25), den Median (0,5) und das 3. Quartil (0,75) aus.

```
studenten |>
  ggplot() +
  geom_violin(aes(x = regionaler_preisindex_2022, y = bundesland), draw_quan
tiles = c(0.25, 0.5, 0.75))+
  labs(x = "Regionaler Preisindex",
       y = "Bundesland",
       title = "Regionaler Preisindex in Deutschland",
       subtitle = "Wo das Leben am teuersten ist",
       caption = "Eigene Darstellung nach Goecke et al. (2023)")+
  theme_classic()
```

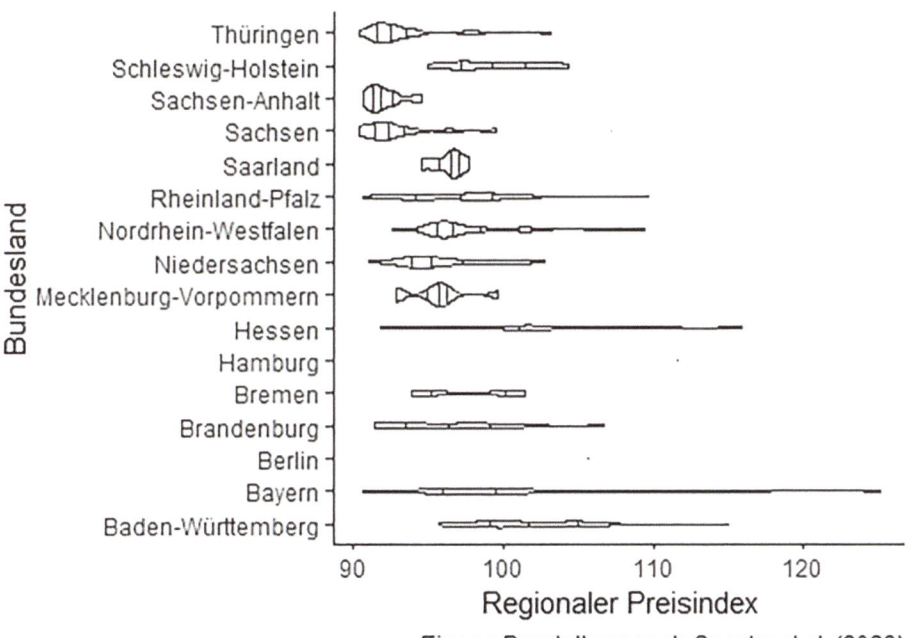

Hier werden nun unmittelbar Unterschiede deutlich. So wird nicht nur analog zum Boxplot ersichtlich, dass das Leben in Bayern und Baden-Württemberg teurer ist als in anderen Bundesländern, sondern auch die Streuung des regionalen Preisindex in diesen Bundesländern erheblich größer ist.

3.3 Zusammenhänge visualisieren

Bisher haben wir immer eine univariate Betrachtung (mit Ausnahme des gruppierten Boxplots) herangezogen – d. h. wir haben jede Variable für sich gesehen betrachtet. Gerade für Entscheidungsfindungen in der Wirtschaft sind aber Zusammenhänge und damit die Betrachtung von zwei oder mehr Variablen in Beziehung zueinander von besonderem Interesse. Zur Visualisierung von Zusammenhängen nutzen wir in der Regel Streudiagramme, die die gemeinsamen Beobachtungen der Merkmale x und y betrachten. Neben einfachen Zusammenhängen lassen sich auch mehrdimensionale Zusammenhänge visualisieren.

3.3.1 Streudiagramme für einfache Zusammenhänge

Zur Visualisierung von einfachen Zusammenhängen greifen wir auf unser Beispiel aus Kap. 1 zurück. Wir betrachten den Zusammenhang zwischen dem regionalen Preisindex und der Anzahl Studierender und vermuten, dass die Anzahl der Studierenden einen Einfluss auf den regionalen Preisindex hat, d. h. dass vor allem die Wohnkosten in Universitätsstädten aufgrund der Wohnungsknappheit im Schnitt höher sind als in solchen Landkreisen und kreisfreien Städten mit wenigen oder keinen Studierenden. Unsere abhängige bzw. zu erklärende Variable (y) ist also der regionale Preisindex („regionaler_preisindex_2022") und unsere unabhängige bzw. erklärende Variable die Gesamtzahl der Studierenden („gesamt").

Zur Visualisierung des Zusammenhangs zwischen dem regionalen Preisindex und der Anzahl Studierende orientieren wir uns wieder an der „Grammar of Graphics". In Schritt 1 legen wir zunächst fest, dass R den Datensatz „studenten" nutzen soll. Und dann („|>") wählen wir in Schritt 2 „geom_point" als geometrisches Objekt aus. Wir betrachten die Variablen „gesamt" auf der x-Achse und „regionaler_preisindex_2022" auf der y-Achse.

```
studenten |>
  ggplot() +
  geom_point(aes(x = gesamt, y = regionaler_preisindex_2022))
```

3.3 Zusammenhänge visualisieren

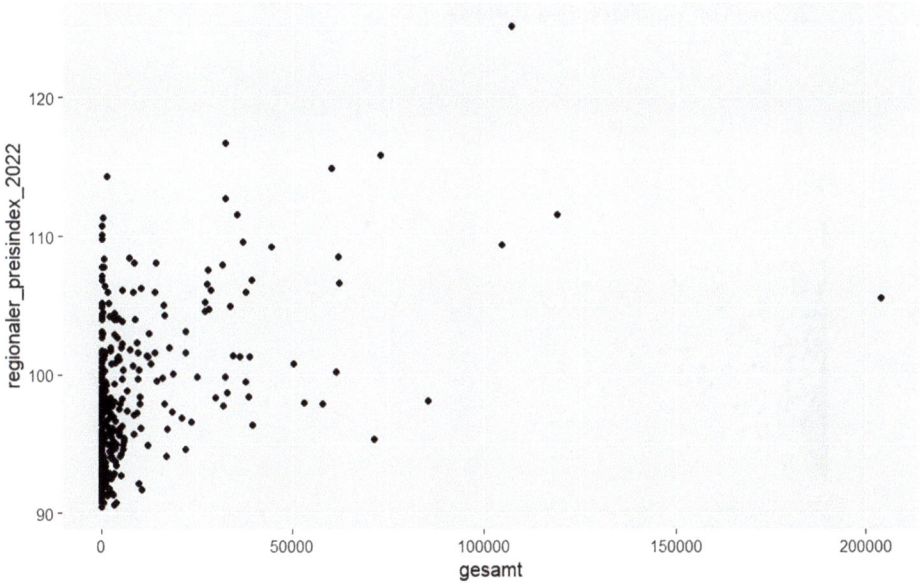

Im Feinschliff (Schritt 5) wählen wir geeignete Achsenbeschriftungen, eine Überschrift, eine „caption" sowie das „theme_classic".

```
studenten |>
  ggplot() +
  geom_point(aes(x = gesamt, y = regionaler_preisindex_2022))+
  labs(x = "Anzahl Studierende",
       y = "Regionaler Preisindex 2022",
       title = "Der EInfluss von Studierende auf Preise",
       caption = "Eigene Darstellung auf Basis von Goecke et al. (2022) und
Statistische Ämter des Bundes (2022a)")+
  theme_classic()
```

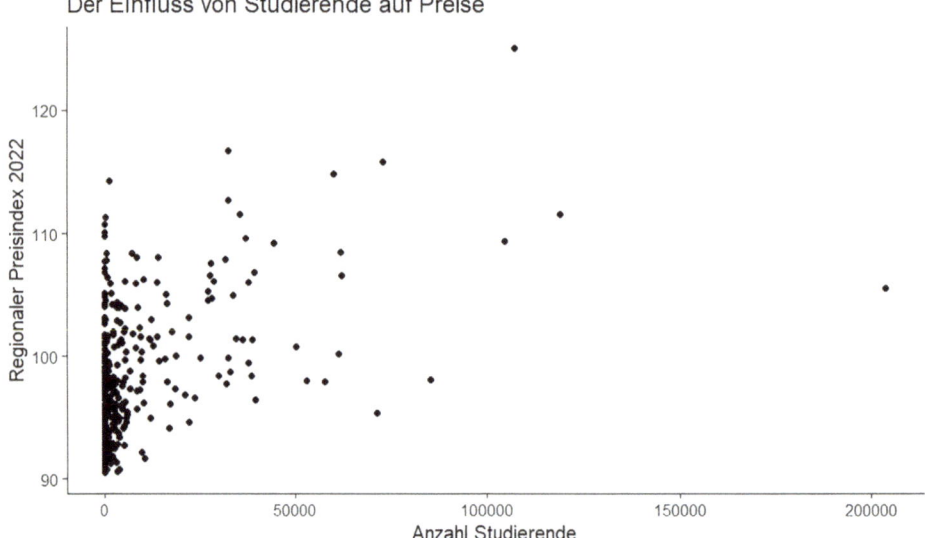

Eigene Darstellung auf Basis von Goecke et al. (2022) und Statistische Ämter des Bundes (2022a)

Hier wird nochmal deutlich, dass es sehr viele Landkreise bzw. kreisfreien Städte ohne Hochschule gibt und damit ohne Studierende. Schließlich entspricht der Median für die Variable „gesamt" einem Wert von 0 (siehe Abschn. 1.4.1), d. h. mehr als die Hälfte der Landkreise bzw. kreisfreien Städte haben keine Hochschule und damit keine Studierenden. Eine Möglichkeit zur besseren Visualisierung könnte ein Filtern (siehe Abschn. 2.1.2) der Daten auf positive Studierendenzahlen sein, d. h. gesamt > 0. Wir ergänzen den Filter und lassen uns das Streudiagramm erneut zeichnen.

```
studenten |>
  filter(gesamt>0) |>
  ggplot() +
  geom_point(aes(x = gesamt,y = regionaler_preisindex_2022))+
  labs(x = "Anzahl Studierende",
       y = "Regionaler Preisindex 2022",
       title = "Der EInfluss von Studierende auf Preise",
       caption = "Eigene Darstellung auf Basis von Goecke et al. (2022) und
Statistische Ämter des Bundes (2022a)") +
  theme_classic()
```

3.3 Zusammenhänge visualisieren

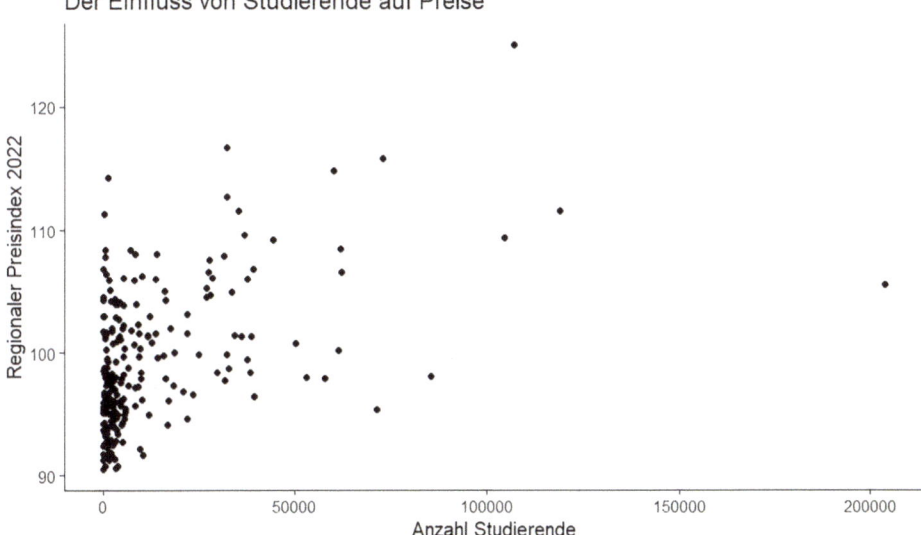

Eigene Darstellung auf Basis von Goecke et al. (2022) und Statistische Ämter des Bundes (2022a)

Es wird deutlich, dass es immer noch sehr viele Landkreise gibt, die sehr wenige Studierende aufweisen. So erinnern wir uns, dass für die Variable „gesamt" das dritte Quartil einen Wert von 212 aufweist, d. h. 75 % aller Landkreise und kreisfreien Städte weisen höchstens 212 Studierende auf, 25 % mindestens 212 Studierende. Je nach Untersuchungskontext könnte vor diesem Hintergrund auch noch ein weiteres Filtern auf beispielsweise große Hochschulstandorte mit mindestens 10.000 Studierende sinnvoll sein, wobei das unsere Anzahl der Beobachtungen allerdings erheblich reduziert.

Abschließend können wir noch unsere Schätzgerade einzeichnen. Hier greifen wir nun erstmals auf Schritt 4 der „Grammar of Graphics" zurück und fügen neben dem „geom_point" mit „geom_smooth" noch ein weiteres geometrisches Objekt ein. Da es sich um ein lineares Modell bei unserer Schätzgerade handelt, ergänzen wir „method=lm" als Methode. Weil nun zwei geometrische Objekte Eingang finden, müssen wir die „Aesthetics" bereits in „ggplot()" definieren.

```
studenten |>
  ggplot(aes(x = gesamt, y = regionaler_preisindex_2022))+
  geom_point() +
  geom_smooth(method = "lm")+
  labs(x = "Anzahl Studierende",
       y = "Regionaler Preisindex 2022",
       title = "Der EInfluss von Studierende auf Preise",
       caption = "Darstellung auf Basis von Goecke et al. (2022) und Statistische Ämter des Bundes (2022a)") +
  theme_classic()
```

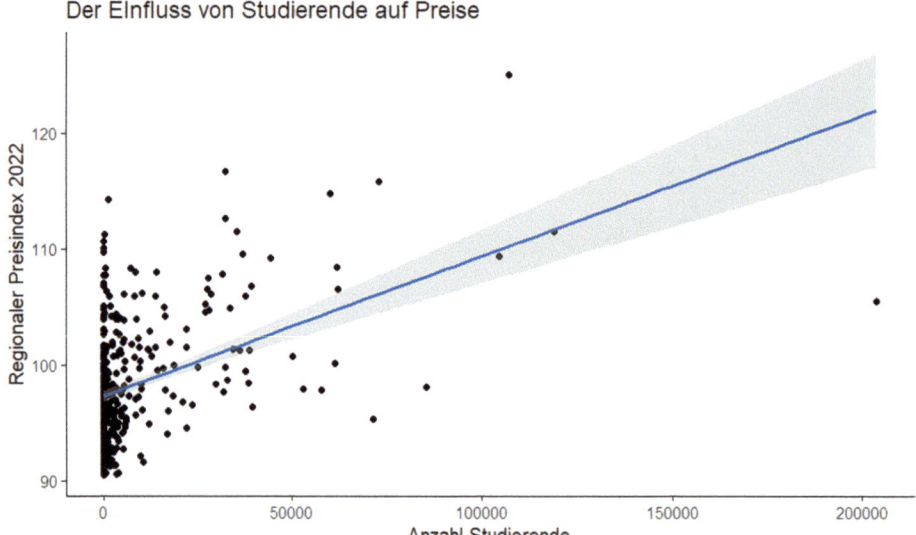

Eigene Darstellung auf Basis von Goecke et al. (2022) und Statistische Ämter des Bundes (2022a)

Die Schätzgerade ist umgeben von einem grauen Feld, das den Standardfehler bzw. die Streuung unserer Schätzgenauigkeit beschreibt.

3.3.2 Streudiagramme für mehrdimensionale Zusammenhänge

Selbstverständlich gibt es noch weitere erklärende Variablen, die unter Umständen sogar einen größeren Einfluss auf den regionalen Preisindex haben als die Anzahl der Studierenden. In Abschn. 1.4.2 haben wir beispielsweise auch die Bundesländer berücksichtigt. Daneben wollen wir hier das quantitative Merkmal Kaufkraft noch mit in unser Modell aufnehmen, zumal das durchschnittliche Einkommen der Einwohner eines Landkreises bzw. kreisfreien Stadt die Preise beeinflussen könnte. Hierzu greifen wir auf das preisbereinigte Einkommen zurück und schauen uns zwei Modelle an. Wir vergleichen das Modell der einfachen Regression – mit der Anzahl der Studierende als einzige unabhängige Variable – mit dem Modell der multiplen Regression – mit der Anzahl der Studierende, Bundesländer und das preisbereinigte Einkommen als unabhängige Variablen. Aufgrund der Unübersichtlichkeit aufgrund der Vielzahl an Bundesländern teilen wir diese in einem ersten Schritt in die vier Bundeslandgruppen nach den Himmelrichtungen Nord (Bremen, Hamburg, Niedersachsen und Schleswig-Holstein), Ost (Berlin, Brandenburg, Mecklenburg-Vorpommern, Sachsen, Sachsen-Anhalt und Thüringen), Süd (Baden-Württemberg und Bayern) und West (Hessen, Nordrhein-Westfalen, Rheinland-Pfalz und Saarland) auf. Hierzu nutzen wir die „case_when"-Funktion in Verbindung mit der „|"-Option. Der Zusatz „TRUE~„West"" ordnet alle nicht zugeordneten Bundesländer als Bundeslandgruppe West ein.

3.3 Zusammenhänge visualisieren

```
studenten_neu <- studenten |>
  mutate(bundeslandgruppe = case_when(
bundesland %in% c("Bremen", "Hamburg", "Niedersachsen", "Schleswig-Holstein
") ~ "Nord",
bundesland %in% c("Berlin", "Brandenburg", "Mecklenburg-Vorpommern", "Sachs
en", "Sachsen-Anhalt", "Thüringen") ~ "Ost",
bundesland %in% c("Bayern", "Baden-Württemberg") ~ "Süd",
    TRUE ~ "West"))
```

Nun führen wir unsere Schätzungen durch und erinnern uns an den „lm"-Befehl und rechnen für das einfache Regressionsmodell:

```
model_1 <- lm(regionaler_preisindex_2022~gesamt,data=stundenten_neu)
summary(model_1)


Call:
lm(formula = regionaler_preisindex_2022 ~ gesamt, data = stundenten_neu)

Residuals:
     Min      1Q  Median      3Q     Max
-16.4702 -3.3689 -0.7392  3.1279 16.7935

Coefficients:
              Estimate Std. Error t value            Pr(>|t|)
(Intercept) 97.29496874 0.25185200 386.318 <0.0000000000000002 ***
gesamt       0.00012121 0.00001265   9.585 <0.0000000000000002 ***
---
Signif. codes:  0 '***' 0.001 '**' 0.01 '*' 0.05 '.' 0.1 ' ' 1

Residual standard error: 4.681 on 398 degrees of freedom
Multiple R-squared:  0.1875,    Adjusted R-squared:  0.1855
F-statistic: 91.88 on 1 and 398 DF,  p-value: < 0.00000000000000022
```

Es zeigt sich, dass die Anzahl Studierender insgesamt 18,75 % der Streuung des regionalen Preisindex erklären kann. Ziehen wir im 2. Modell nun zusätzlich die Bundeslandgruppen und das preisbereinigte Einkommen mit ein, so erhalten wir nachfolgende Ergebnisse.

```
model_2 <- lm(regionaler_preisindex_2022~gesamt+bundeslandgruppe+preisberei
nigtes_einkommen,data=stundenten_neu)
summary(model_2)

Call:
lm(formula = regionaler_preisindex_2022 ~ gesamt + bundeslandgruppe +
    preisbereinigtes_einkommen, data = stundenten_neu)

Residuals:
    Min      1Q  Median      3Q     Max
-14.135  -2.312  -0.574   1.901  13.127

Coefficients:
                              Estimate  Std. Error  t value             Pr(>|t|)
(Intercept)                93.53792638  3.07360557   30.433 < 0.0000000000000002
gesamt                      0.00013127  0.00001144   11.470 < 0.0000000000000002
bundeslandgruppeOst        -2.97052463  0.67934027   -4.373           0.0000157284
bundeslandgruppeSüd         3.82711383  0.62129041    6.160           0.0000000018
bundeslandgruppeWest        0.73609844  0.61691566    1.193                0.234
preisbereinigtes_einkommen  0.00010909  0.00012409    0.879                0.380

(Intercept)                ***
gesamt                     ***
bundeslandgruppeOst        ***
bundeslandgruppeSüd        ***
bundeslandgruppeWest
preisbereinigtes_einkommen
---
Signif. codes:  0 '***' 0.001 '**' 0.01 '*' 0.05 '.' 0.1 ' ' 1

Residual standard error: 3.958 on 394 degrees of freedom
Multiple R-squared:  0.425, Adjusted R-squared:  0.4177
F-statistic: 58.25 on 5 and 394 DF,  p-value: < 0.00000000000000022
```

Hier wird nun deutlich, dass das Bestimmtheitsmaß auf fast 42 % steigt, d. h. unser 2. Modell kann 42 % der Streuung des regionalen Preisindex erklären.

Solche mehrdimensionalen Zusammenhänge lassen sich mithilfe des „ggplot2"-Pakets visualisieren, ohne dass dafür eine mehrdimensionale Abbildung notwendig ist. Hierzu können wir weitere unabhängige Variablen durch unterschiedliche Farbgebung (colour), Größe (size) sowie Form (shape) in der zweidimensionalen Betrachtung des Zusammenhangs berücksichtigen. Dabei bieten sich Farbgebung und Größe vor allem für quantitative Merkmale an, während Farbgebung und Form für kategoriale Merkmale sinnvoll sind.

Wir definieren die zusätzlichen Variablen als weitere „Aesthetics" und betrachten die Bundeslandgruppen in unterschiedlicher Farbgebung und das preisbereinigte Einkommen in unterschiedlicher Größe.

3.3 Zusammenhänge visualisieren

```
studenten_neu |>
  ggplot(aes(x = gesamt, y = regionaler_preisindex_2022))+
  geom_point(aes(colour = bundeslandgruppe, size = preisbereinigtes_einkomm
en)) +
  labs(x = "Anzahl Studierende",
       y = "Regionaler Preisindex 2022",
       title = "Der Einfluss von Studierende auf Preise",
       caption = "Darstellung auf Basis von Goecke et al. (2022) und Statis
tische Ämter des Bundes (2022a)")+
  theme_classic()
```

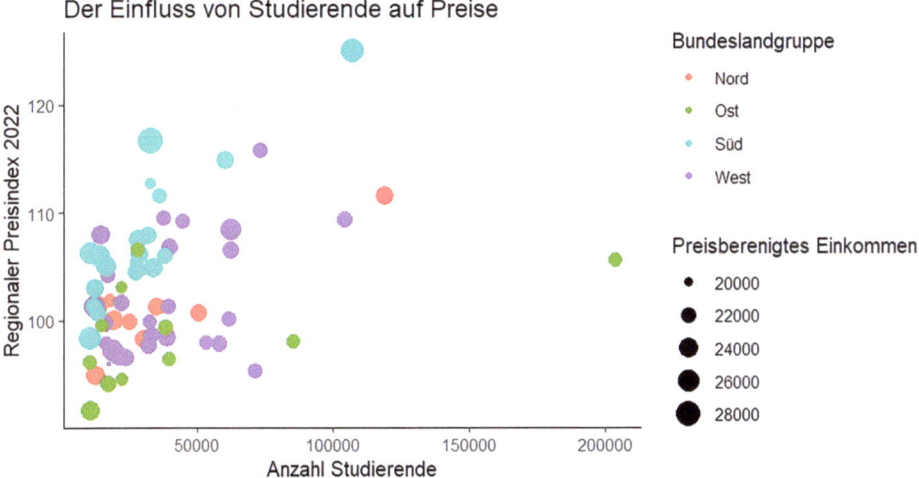

Darstellung auf Basis von Goecke et al. (2022) und Statistische Ämter des Bundes (2022a)

Die Visualisierung der Zusammenhänge macht insbesondere den Zusammenhang mit der Bundeslandgruppe deutlich. So sind die Bundesländer der Bundeslandgruppe Süd tendenziell durch einen höheren, die Bundesländer der Bundeslandgruppe Ost durch einen niedrigeren und die beiden anderen Bundeslandgruppen durch einen mittleren regionalen Preisindex gekennzeichnet. Aufgrund der Fülle an Datenpunkten bei einer Anzahl von 0 Studierenden wird der Einfluss der Kaufkraft nicht unmittelbar ersichtlich. Vor diesem Hintergrund filtern wir die Daten, um mit Landkreisen und kreisfreien Städten von mindestens 10.000 Beobachtungen zwar weniger, dafür aber erkennbare Einflussgrößen zu erhalten. Beim finalen Feinschliff lassen sich in den „labs()" zudem die Beschriftungen der Legenden durch size = „Preisbereinigtes Einkommen" und colour = „bundeslandgruppe" anpassen.

```
stundenten_neu |>
  filter(gesamt>10000) |>
  ggplot(aes(x=gesamt,y=regionaler_preisindex_2022))+
  geom_point(aes(colour=bundeslandgruppe,size=preisbereinigtes_einkommen))+
  labs(x="Anzahl Studierende",
       y="Regionaler Preisindex 2022",
       title="Der Einfluss von Studierende auf Preise",
       caption="Darstellung auf Basis von Goecke et al. (2022) und Statisti
sche Ämter des Bundes (2022a)",
       size="Preisbereinigtes Einkommen",
       colour="Bundeslandgruppe")+
  theme_classic()
```

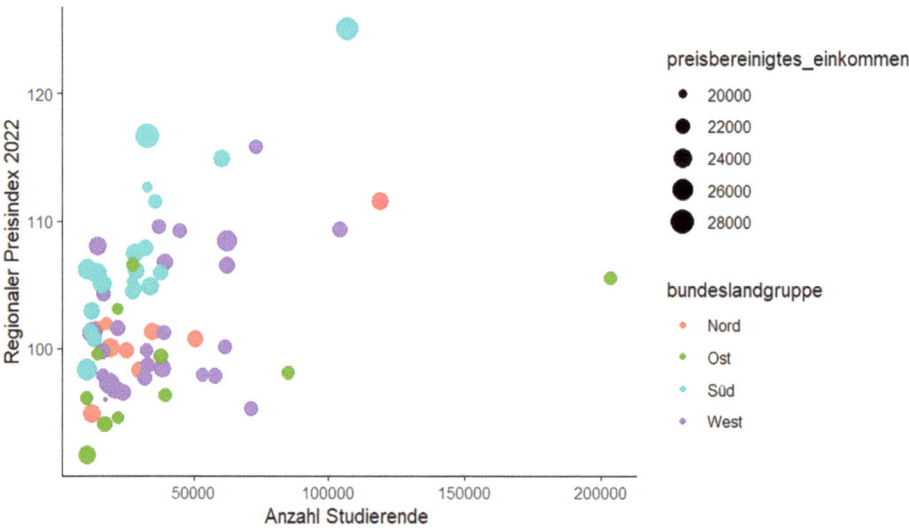

Hier zeigt sich nun auch graphisch der Zusammenhang mit der Kaufkraft, da größere Datenpunkte und damit größere Kaufkraft mit einem Anstieg des regionalen Preisindex einhergehen. Wir stellen also fest, dass die Kaufkraft einen Zusammenhang mit dem regionalen Preisniveau aufweist.

3.4 Übungsaufgaben zu Kap. 3

Aufgabe 3.1: Verteilungen visualisieren
Laden Sie den Datensatz „datensatz_final".

(a) Bilden Sie einen neuen Datensatz „data_fachgebiete", indem Sie Ihre Daten nach Fachgebieten gruppieren. (Hinweis: Filtern Sie Ihre Daten hierzu auf die Fachgebiete ohne „Insgesamt").

3.4 Übungsaufgaben zu Kap. 3

(b) Nutzen Sie Ihren Datensatz „data_fachgebiete" aus Aufgabe (a) und generieren Sie ein Balkendiagramm, indem Sie die Schritte 1 bis 3 der „Grammar of Graphics" durchführen. Erläutern Sie Ihre Beobachtungen.
(c) Gestalten Sie den Feinschliff zu Ihrer Graphik aus (b), indem Sie neben der Beschriftung der Achsen und einer geeigneten Überschrift unterschiedliche „themes" verwenden. Erläutern Sie Ihre Beobachtungen.
(d) Nutzen Sie die Variable „nominales Einkommen" aus dem „datensatz_final.csv". Gestalten Sie einen Boxplot, indem Sie alle 5 Schritte der „Grammar of Graphics" durchgehen. Beschreiben Sie Ihre Beobachtungen und berechnen Sie die Antennenenden (links und rechts).
(e) Gestalten Sie auf Basis des Boxplots aus (d) einen gruppierten Boxplot für die Bundeslandgruppen „Nord", „Ost", „Süd" und „West". (Hinweis: Orientieren Sie sich zur Bildung der neuen Variable Bundeslandgruppe am Abschn. 3.3.2).
(f) Gestalten Sie zur Abbildung aus (e) einen Violinplot. Beschreiben und vergleichen Sie die Abbildungen aus (e) und (f). Was kann der Violinenplot im Gegensatz zum Boxplot aussagen? Erläutern Sie kurz vor dem Hintergrund Ihrer Graphik.

Aufgabe 3.2: Zusammenhänge visualisieren

Laden Sie den Datensatz „datensatz_final" als „studenten", indem Sie auf das Fachgebiet „Insgesamt" filtern.

(a) Betrachten Sie den Zusammenhang zwischen dem regionalen Preisindex als abhängige und das preisbereinigte Einkommen als unabhängige Variable. Zeichnen Sie ein Streudiagramm, indem Sie die Schritte 1 bis 3 der „Grammar of Graphics" nutzen. Erläutern Sie Ihre Beobachtungen.
(b) Gestalten Sie den Feinschliff zu Ihrer Graphik aus (a), indem Sie neben der Beschriftung der Achsen und einer geeigneten Überschrift das „theme_classic" verwenden. Erläutern Sie Ihre Beobachtungen.
(c) Ergänzen Sie zu Ihrer Graphik aus (b) die Schätzgerade, indem Sie den Schritt 4 der „Grammar of Graphics" weiter ausgestalten. Erläutern Sie Ihre Beobachtungen.
(d) Ergänzen Sie mit der Variable „gesamt" als weitere unabhängige Variable Ihre Grafik aus (b). Wie können Sie diese weitere unabhängige Variable visualisieren? Probieren Sie verschiedene Ausgestaltungsformen (colour, shape, size) und beschreiben Sie Ihre Beobachtungen. (Hinweis: Filtern Sie das Fachgebiet „Insgesamt" aus Ihrem Datensatz vorher heraus).
(e) Wie könnten Sie zusätzlich noch die Bundeslandgruppen berücksichtigen und visualisieren? Setzen Sie Ihre Überlegung in der Graphik aus (d) um und erläutern Sie Ihre Beobachtungen. (Hinweis: Orientieren Sie sich zur Bildung der neuen Variable Bundeslandgruppe am Abschn. 3.3.2).
(f) Führen Sie zu Ihren beiden linearen Modellen aus (c) und (d) eine Regressionsanalyse durch. Wie bewerten Sie die Zusammenhänge vor diesem Hintergrund? Erläutern Sie kurz unter Zuhilfenahme der Graphik aus (d).

Literatur

Goecke, Henry/Henger, Ralph/Schröder, Bjarne/Schröder, Christoph/Wendt, Jan (2023), Regionaler Preisindex für Deutschland – ein neuer Erhebungssatz mit Big Data, Gutachten in Zusammenarbeit mit dem Bundesinstitut für Bau-, Stadt- und Raumforschung (BBSR) im Bundesamt für Bauwesen und Raumordnung (BBR), Köln.

Statistische Ämter des Bundes und der Länder (2022a), Studierende nach Geschlecht, Nationalität und Fächergruppen – regionale Tiefe: Kreise und kreisfreie Städte, WS 2015/16-WS 2021/22, https://www.regionalstatistik.de/genesis//online?operation=table&code=21311-01-01-4&bypass=true&levelindex=1&levelid=1701421593094#abreadcrumb. [31.01.2025]

Statistische Ämter des Bundes und der Länder (2022b), Einkommensverteilung (Kreise), 2.4 Verfügbares Einkommen der privaten Haushalte einschl. der privaten Organisationen ohne Erwerbszweck, https://www.statistikportal.de/de/vgrdl/ergebnisse-kreisebene/einkommen-kreise [31.01.2025]

Weiterführende Literatur

Healy, Kieran (2018) Data Visualization: A Practical Introduction, Princeton University Press: Princeton und Oxford.

Kabacoff, Robert (2024) Modern Data Visualization with R, CRC Press: Boca Raton.

Wickham, Hadley/Cetinkaya-Rundel, Mine/Grolemund, Garrett (2024), R für Data Science: Daten importieren, bereinigen, umformen und visualisieren, 2. Aktualisierte Auflage, O'Reilly: Paderborn.

Weiterführende Visualisierungen mit ggplot, gganimate und stargazer

4

Die betrachteten Visualisierungen in Kap. 3 zeigen nur einen Bruchteil der vielfältigen Visualisierungs möglichkeiten. Vor diesem Hintergrund sollen weiterführende Visualisierungen mit ggplot2, animierte Visualisierungen mit gganimate, tabellarische Visualisierungen mit stargazer sowie das Visualisieren und Analysieren von Geodaten mit dem „sf"-Paket weitere Möglichkeiten aufzeigen.

Wir laden beide Datensätze: (1) In der Regel verwenden wir den Datensatz „studenten", der den Datensatz auf „insgesamt" filtert und damit nicht nochmal zwischen den Fachgebieten differenziert und (2) den Datensatz „fachgebiete", der den Datensatz ohne „insgesamt" filtert und damit eine Differenzierung zwischen den Fachgebieten erlaubt.

```
studenten <- read_csv("Daten/datensatz_final.csv") |>
  filter(fachgebiet=="Insgesamt")

fachgebiete <- read_csv("Daten/datensatz_final.csv") |>
  filter(fachgebiet!="Insgesamt")
```

Ergänzende Information Die elektronische Version dieses Kapitels enthält Zusatzmaterial, auf das über folgenden Link zugegriffen werden kann [https://doi.org/10.1007/978-3-658-48015-8_4].

4.1 Weiterführende Visualisierungen mit ggplot

Neben den bereits angedeuteten Visualisierungen in Form weiterer geometrischer Objekte ("geoms") in Abschn. 3.2.3, wollen wir uns mit der Nutzung von „facet-wrap()" sowie „geom_text()" beschäftigen.

4.1.1 Die Nutzung von facet_wrap()

Die Nutzung von „facet-wrap()" erlaubt das Visualisieren mehrerer analoger Abbildungen nach einem kategorialen Merkmal. Vor allem bei Jahresdaten bietet „facet_wrap()" die Option Daten im Zeitverlauf zu betrachten. Auch für anderer kategoriale Merkmale ist auf diese Weise ein Vergleich der Verteilungen oder Zusammenhänge je nach Merkmalsausprägung möglich. Wir betrachten hierzu die Visualisierung eines Balkendiagramms sowie eines Streudiagramms.

In einem zweiten Schritt fügen wir dem gruppierten Datensatz nach Bundesland und Fachgebiet eine Spalte mit den Bundeslandgruppen hinzu, die die Bundesländer nach den Bundeslandgruppen Nord, Ost, Süd und West einordnet. Hierzu nutzen wir neben dem „mutate()"-Befehl zum Bilden einer neuen Variable den „case_when()"-Befehl, um die Bundeslandgruppen nach Fällen zuzuordnen. Für die Zuordnung der Bundesländer zu Bundeslandgruppen nutzen wir %in%-Option, um die Fälle zu unterscheiden. Mit der %in%-Option wird überprüft, ob sich der jeweilige Wert einer Variable in einer Liste an Vergleichswerten (z. B. Bremen, Hamburg, Niedersachen oder Schleswig-Holstein) wiederfindet.

```
studenten_2 <- fachgebiete |>
  group_by(bundesland, fachgebiet) |>
  summarise(summe_studierende = sum(gesamt)) |>
  arrange(desc(summe_studierende))

studenten_2neu <- studenten_2 |>
  mutate(bundeslandgruppe = case_when(
  bundesland %in% c("Bremen", "Hamburg", "Niedersachsen", "Schleswig-Holstein") ~ "Nord",
  bundesland %in% c("Berlin", "Brandenburg", "Mecklenburg-Vorpommern", "Sachsen", "Sachsen-Anhalt", "Thüringen") ~ "Ost",
  bundesland %in% c("Bayern", "Baden-Württemberg") ~ "Süd",
    TRUE ~ "West"))
```

Im Anschluss betrachten wir ein Balkendiagramm für die Anzahl der Studierenden nach Fachgebiet, ohne nach den Bundesländern oder -gruppen zu differenzieren und orientieren uns hierzu am Abschn. 3.2.1.

4.1 Weiterführende Visualisierungen mit ggplot

```
studenten_2neu |>
ggplot(aes(x=reorder(fachgebiet, summe_studierende), y = summe_studierende)
) +
  geom_col() +
  coord_flip() +
  labs(x = "Fachgebiet",
       y = "Anzahl der Studierende",
       title = "Anzahl Studierende nach Fachgebiet",
       subtitle = "In welchem Fach studieren die meisten Menschen?",
       caption = "Eigene Berechnungen unter Verwendung von Statistische Ämt
er des Bundes (2022a)") +
  theme_classic()
```

Anzahl Studierende nach Fachgebiet
In welchem Fach studieren die meisten Menschen?

Eigene Berechnungen unter Verwendung von Statistische Ämter des Bundes (2022a)

Die „facet_wrap()"-Option erlaubt nun das aufteilen des Balkendiagramms nach Bundeslandgruppe, indem mit „facet_wrap(„bundeslandgruppe")" lediglich eine weitere Zeile hinzugefügt wird.

```
studenten_2neu |>
ggplot(aes(x = reorder(fachgebiet, summe_studierende), y = summe_studierend
e)) +
  geom_col() +
  coord_flip() +
  facet_wrap("bundeslandgruppe") +
  labs(x = "Fachgebiet",
       y = "Anzahl der Studierende",
       title = "Anzahl Studierende nach Fach und Bundeslandgruppe",
       subtitle = "In welchem Fach studieren die meisten Menschen?",
       caption = "Eigene Berechnungen unter Verwendung von Statistische Ämt
er des Bundes (2022a)") +
  theme_classic()
```

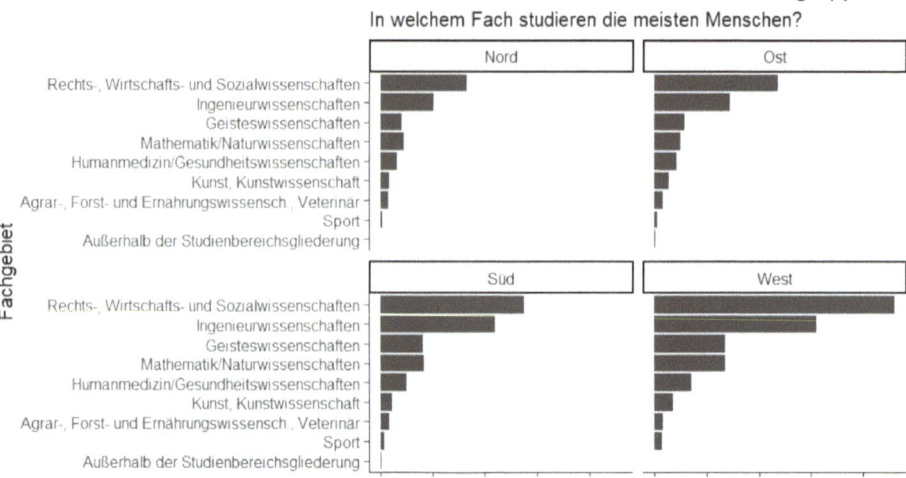

Eigene Berechnungen unter Verwendung von Statistische Ämter des Bundes (2022a)

Hier wird nun unmittelbar deutlich, dass die meisten Studierenden in der Bundeslandgruppe „West" studieren. Die Sortierung folgt nahezu vollständig der Sortierung in der aggregierten Betrachtung, mit Ausnahme der Bundeslandgruppen „Nord" und „Süd", in denen mehr Studierende Mathematik als Geisteswissenschaften studieren. Insgesamt erlaubt der „facet_wrap()" damit vergleichende Betrachtungen von Verteilungen nach Gruppen.

Daneben lässt sich ein „facet_wrap()" auch gut für Zusammenhänge einsetzen. Hierzu greifen wir nun auf unseren Datensatz „studenten" zurück. Wir betrachten erneut den Zusammenhang zwischen dem regionalen Preisindex und der Anzahl Studierenden und nutzen den „facet_wrap" nach Bundeslandgruppe.

```
studenten_2 <- studenten |>
  mutate(bundeslandgruppe = case_when(
  bundesland %in% c("Bremen", "Hamburg", "Niedersachsen", "Schleswig-Holstein") ~ "Nord",
  bundesland %in% c("Berlin", "Brandenburg", "Mecklenburg-Vorpommern", "Sachsen", "Sachsen-Anhalt", "Thüringen") ~ "Ost",
  bundesland %in% c("Bayern", "Baden-Württemberg") ~ "Süd",
    TRUE ~ "West"))

studenten_2 |>
  ggplot()+
  geom_point(aes(x = gesamt, y = regionaler_preisindex_2022))+
  facet_wrap("bundeslandgruppe") +
  labs(x = "Anzahl Studierende",
       y = "Regionaler Preisindex 2022",
       title = "Der EInfluss von Studierende auf Preise",
       caption = "Eigene Darstellung auf Basis von Goecke et al. (2022) und Statistische Ämter des Bundes (2022a)") +
  theme_classic()
```

4.1 Weiterführende Visualisierungen mit ggplot   105

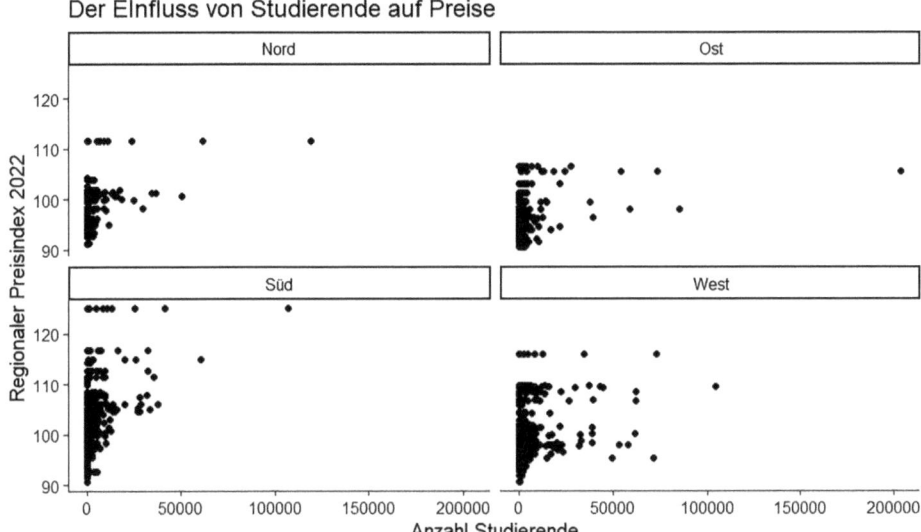

Eigene Darstellung auf Basis von Goecke et al. (2022) und Statistische Ämter des Bundes (2022a)

Aus den vier Streudiagrammen sind nun unmittelbar vergleichende Betrachtungen nach Bundeslandgruppe möglich. Beispielsweise wird deutlich, dass im Westen nicht nur die meisten Studierenden leben, sondern auch eine relativ breite Streuung entlang der x-Achse beobachtet werden kann. Im Süden sind es überwiegend kleinere Hochschulen, wobei die Streuung des regionalen Preisindex hier deutlich größer ist, zumal die teuersten Landkreise und kreisfreien Städte in Bayern und Baden-Württemberg beheimatet sind. Im Osten wird durch den Hochschulstandort Berlin der Ausreißer des Datensatzes ersichtlich.

4.1.2 Die Nutzung von geom_text

Eine sehr nützliche Visualisierungsmöglichkeit stellt das Beschriften von Abbildungen mit „geom_text()" dar. Auch hier wollen wir die Nutzung dieser Möglichkeit im Zusammenhang mit einem Balkendiagramm sowie einem Streudiagramm konzentrieren. Da es sich bei „geom_text()" um ein weiteres geometrisches Objekt handelt, dass man einer „ggplot"-Visualisierung hinzufügen kann, werden wir „geom_text()" im Kontext des vierten Schritts der „Grammar of Graphics" (Abschn. 3.1) anwenden.

Wir betrachten zunächst ein Balkendiagramm für die Anzahl Studierende nach Bundesländern und greifen dabei auf den Datensatz „studenten" zurück. Hierzu gruppieren wir die Daten nach Bundesland und betrachten schließlich die Summe der Studierenden. Damit wir die Studierendenzahlen nicht doppelt zählen, sollten wir in einem ersten Schritt auf das Fachgebiet „Insgesamt" filtern. Mit dem „arrange()"-Befehl bringen wir die Daten schließlich in die bekannte absteigende Sortierung.

```
studenten_2 <- studenten |>
  group_by(bundesland) |>
  summarise(summe_studierende = sum(gesamt)) |>
  arrange(desc(summe_studierende))
```

Es wird wieder deutlich, dass die meisten Studierenden im Bundesland Nordrhein-Westfalen studieren, gefolgt von Bayern und Baden-Württemberg. Die Visualisierung der Studierendenzahlen erfolgt nun mithilfe eines Balkendiagramms, weil es sich bei der Anzahl Studierende um ein diskretes Merkmal handelt. Zur Beschriftung der einzelnen Balken mit den entsprechenden Werten der Anzahl der Studierenden nutzen wir den „geom_text()"-Befehl und geben mit „aes()" an, welche Variable als „label" genutzt werden soll – hier die Summe der Studierenden.

```
studenten_2 |>
ggplot(aes(x=reorder(bundesland,summe_studierende),y=summe_studierende))+
  geom_col()+
  geom_text(aes(label=summe_studierende))+
  coord_flip()+
  labs(x="Bundesland",
       y="Anzahl der Studierende",
       title="Anzahl Studierende nach Bundesland",
       subtitle="In welchem Bundesland studieren die meisten Menschen?",
       caption = "Eigene Berechnungen unter Verwendung von Statistische Ämter des Bundes (2022a)")+
  theme_classic()
```

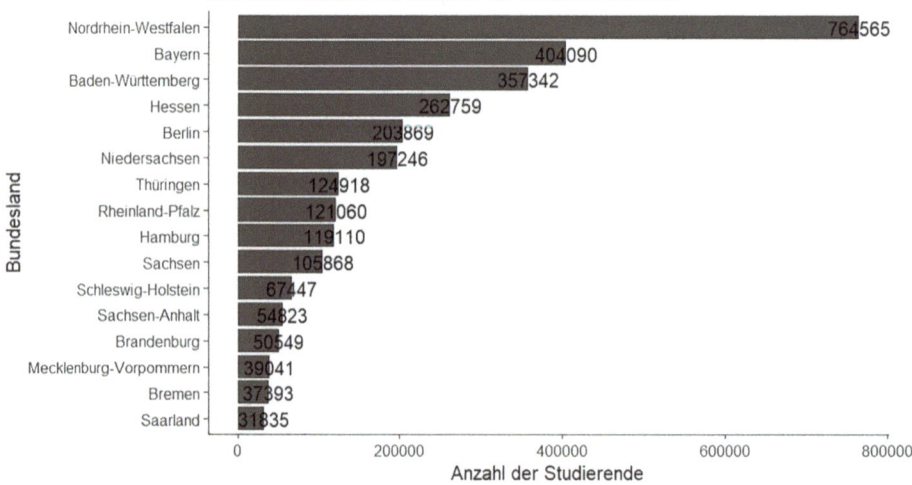

4.1 Weiterführende Visualisierungen mit ggplot

Es wird deutlich, dass die Werte teilweise von den Balken verdeckt werden und damit schlecht lesbar sind. Um die Zahlenwerte neben den Balken zu positionieren können wir die Werte in der Horizontalen mit „hjust" verschieben. Ein „hjust" größer als 0,5 verschiebt den Zahlenwert dabei nach links, ein „hjust" unter 0,5 nach rechts. Hier nutzen wir einen Wert von $-0,1$, um die Zahlen rechts neben den Balken zu positionieren. Als Farbe ("color") wählen wir schwarz. Da ein Verschieben der Beschriftung nach rechts dazu führen würde, dass der Zahlenwert des oberen Balkens teilweise nicht mehr lesbar wäre, passen wir mit „limits" die Achse mit „scale_y_continuous()" entsprechend an und wählen als Maximum einen Wert von 100.000. Beim letzten Schritt ist dabei zu antizipieren, dass durch den nachfolgenden „coord_flip()"-Befehl die Achsen getauscht werden, sodass die x-Achse letztlich durch die Variable y definiert wird.

```
studenten_2 |>
ggplot(aes(x = reorder(bundesland,summe_studierende),y = summe_studierende)
) +
  geom_col() +
  geom_text(aes(label = summe_studierende), hjust=-0.1, color="black") +
  scale_y_continuous(limits=c(0, 1000000)) +
  coord_flip() +
  labs(x = "Bundesland",
       y = "Anzahl der Studierende",
       title = "Anzahl Studierende nach Bundesland",
       subtitle = "In welchem Bundesland studieren die meisten Menschen?",
       caption = "Eigene Berechnungen unter Verwendung von Statistische Ämter des Bundes (2022a)") +
  theme_classic()
```

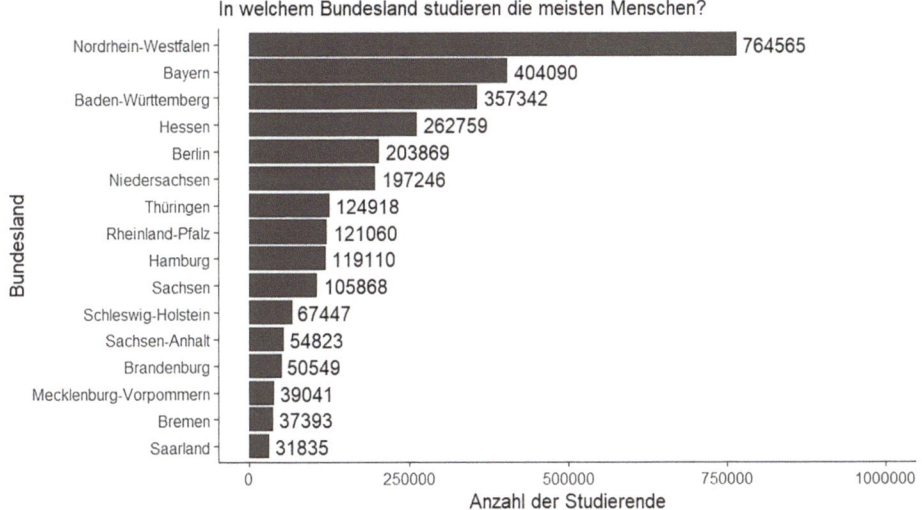

Die Visualisierung zeigt, dass die Zahlenwerte nun rechts neben den Balken positioniert und damit gut lesbar sind. Dadurch gewinnt unser Balkendiagramm aus Kap. 3 nochmal erheblich an Aussagekraft, zumal aufgrund der Skalierung der x-Achse vor allem graduelle Unterschiede im unteren Bereich kaum erkennbar wären.

Neben dem Balkendiagramm wollen wir die Punkte in einem Streudiagramm beschriften und greifen hierzu auf den mehrdimensionalen Zusammenhang aus Kap. 3 zurück. Wir erinnern uns: Wir betrachten den Zusammenhang zwischen dem regionalen Preisindex als abhängige bzw. zu erklärende Variable (y) und der Anzahl Studierende als unabhängige bzw. erklärende Variable. In der mehrdimensionalen Betrachtung fügen wir die Bundeslandgruppen sowie das preisbereinigte Einkommen als unabhängige Variablen hinzu. Bevor wir an das Visualisieren gehen, bilden wir zunächst die neue Variable „bundeslandgruppe" unter Nutzung des „case_when()"-Befehls.

```
studenten_neu <- studenten |>
  mutate(bundeslandgruppe = case_when(
    bundesland %in% c("Bremen", "Hamburg", "Niedersachsen", "Schleswig-Holst
    ein") ~ "Nord",
    bundesland %in% c("Berlin", "Brandenburg", "Mecklenburg-Vorpommern", "Sa
chsen", "Sachsen-Anhalt", "Thüringen") ~ "Ost",
    bundesland %in% c("Bayern", "Baden-Württemberg") ~ "Süd",
      TRUE ~ "West"))
```

Wir nutzen den neu gebildeten Datensatz „studenten_neu" zur Visualisierung des mehrdimensionalen Zusammenhangs. Im vierten Schritt der „Grammar of Graphics" (Abschn. 3.1) ergänzen wir mit „geom_text()" ein weiteres geometrisches Objekt neben „geom_point()".

```
studenten_neu |>
  ggplot(aes(x = gesamt, y = regionaler_preisindex_2022, label = kreisname)
) +
  geom_point(aes(colour = bundeslandgruppe, size = preisbereinigtes_einkomm
en)) +
  geom_text() +
  labs(x = "Anzahl Studierende",
       y = "Regionaler Preisindex 2022",
       title = "Der Einfluss von Studierende auf Preise",
       caption = "Darstellung auf Basis von Goecke et al. (2022) und Statis
tische Ämter des Bundes (2022a)") +
  theme_classic()
```

4.1 Weiterführende Visualisierungen mit ggplot

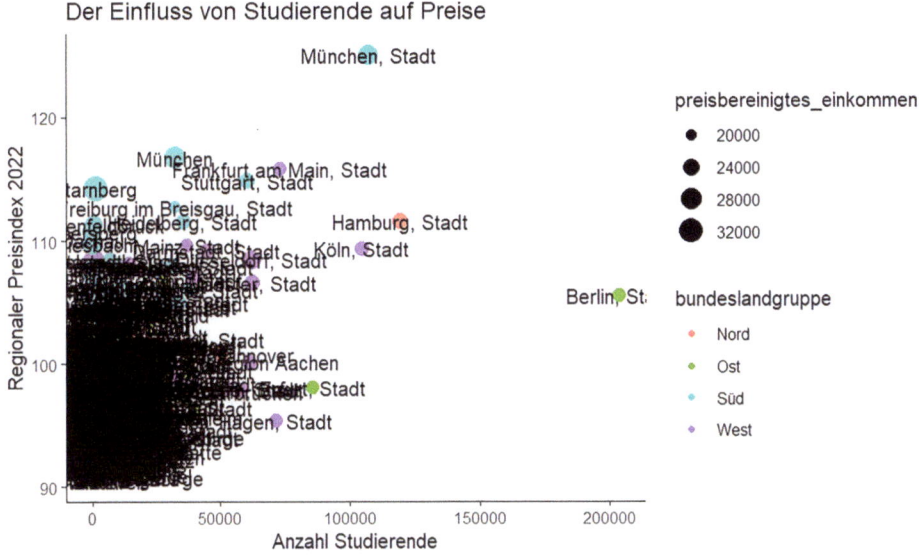

Darstellung auf Basis von Goecke et al. (2022) und Statistische Ämter des Bundes (2022a)

In der Visualisierung erkennt man aufgrund der Fülle an Landkreisen und kreisfreien Städte kaum etwas. Vor diesem Hintergrund sollten wir die Beschriftung auf einzelne Ausreißerwerte begrenzen. Hierzu nutzen wir den „subset()"-Befehl und betrachten als „subset" Landkreise und kreisfreie Städte mit mehr als 75.000 Studierenden. Hier lohnt es sich, verschiedene Grenzwerte auszuprobieren, um eine möglichst aussagekräftige Visualisierung zu erhalten.[1] Als Position der Beschriftung wollen wir die Kreisnamen links unter dem Punkt erscheinen lassen und passen die Positionierung mit „hjust" für die horizontale und „vjust" für die vertikale Positionierung entsprechend an. Hier wählen wir jeweils einen Wert von 1. Auch für „vjust" gilt ein Wert von 0,5 als zentriert. Die Beschriftung der Legende passen wir im finalen Feinschliff analog zu Abschn. 3.3.2 an.

```
studenten_neu |>
  ggplot(aes(x=gesamt,y=regionaler_preisindex_2022,label=kreisname))+
  geom_point(aes(colour=bundeslandgruppe,size=preisbereinigtes_einkommen))+
  geom_text(data = subset(studenten_neu,subset = gesamt>75000),
            hjust=1, vjust=1)+
  labs(x="Anzahl Studierende",
       y="Regionaler Preisindex 2022",
       title="Der Einfluss von Studierende auf Preise",
       caption="Darstellung auf Basis von Goecke et al. (2022) und Statistische Ämter des Bundes (2022a)",
       colour="Bundeslandgruppe",
       size="Preisbereinigtes Einkommen")+
  theme_classic()
```

---

[1] In Abschn. 4.4 lernen wir die "top_n()"-Funktion kennen, die uns erlaubt, die höchsten n Beobachtungen auszuwählen. Diese Vorgehensweise wäre auch eine Alternative zur hier gezeigten numerischen Begrenzung der zu beschriftenden Beobachtungen.

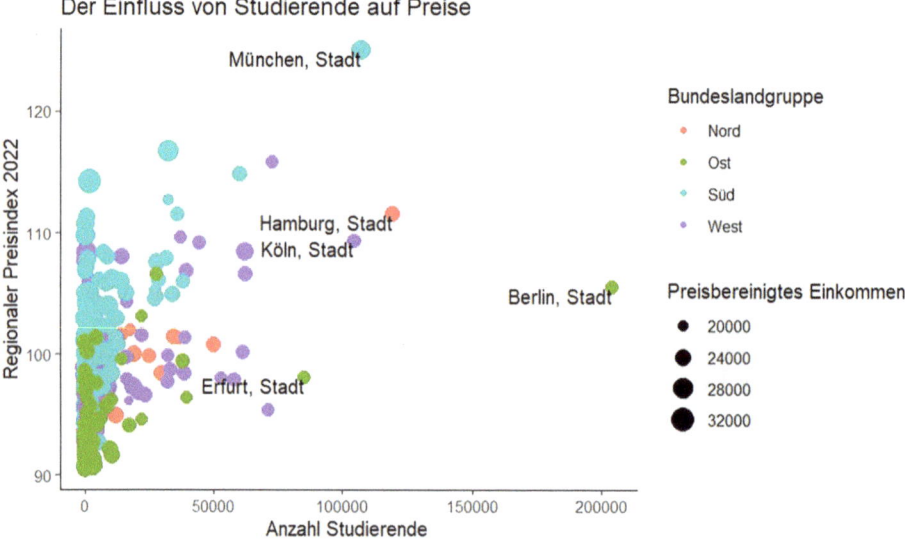

Darstellung auf Basis von Goecke et al. (2022) und Statistische Ämter des Bundes (2022a)

Die deutlich gestiegene Aussagekraft des Streudiagramms wird unmittelbar erkenntlich, da nun mit Berlin (Stadt), München (Stadt), Hamburg (Stadt), Köln (Stadt) und Erfurt (Stadt) die Landkreise bzw. kreisfreien Städte hervorgehoben werden, die durch besonders hohe Studierendenzahlen charakterisiert sind.

4.2 Animation von Graphiken mit gganimate

Neben der statischen Darstellung von Grafiken lassen sich diese auch animiert darstellen. Zur Animation von ggplot2-Visualisierungen nutzen wir das „gganimate"-Paket. Nach einmaliger Installation müssen wir das Paket mit dem „library()"-Befehl laden, um es nutzen zu können.

```
install.packages("gganimate")
library(gganimate)
```

4.2.1 Einfache Animationen für geom_col() und geom_point()

Zur Visualisierung einfacher Animationen greifen wir wieder auf das Balkendiagramm (geom_col()) und Streudiagramm (geom_point()) zurück. Selbstverständlich lassen sich die Animationen für beliebige weitere geometrische Objekte (geoms) nutzbar machen.

4.2 Animation von Graphiken mit gganimate

Bei der Betrachtung des Balkendiagramms (geom_col()) greifen wir erneut auf die Anzahl Studierende nach Bundesland zurück. Hierzu gruppieren (group_by()) wir unsere Daten nach Bundesland und betrachten in absteigender (arrange()) Sortierung die Summe der Studierenden.

```
studenten_2 <- studenten |>
  group_by(bundesland) |>
  summarise(summe_studierende = sum(gesamt)) |>
  arrange(desc(summe_studierende))
```

Zur Animation des Balkendiagramms greifen wir auf den Code aus dem Abschn. 4.1.2 zurück, um nicht nur die Balken, sondern auch die Beschriftungen zu betrachten. Zur Animation fügen wir nun lediglich eine Zeile mit „transition" hinzu. Für den Anfang lernen wir neben „transition_states()" auch „transition_manual()" kennen. Beide Befehle erlauben die Animation der Abbildung nach sog. „states", d. h. hier nach Bundesländern. Da wir nicht die einzelnen Balken separat anzeigen lassen wollen, sondern bereits angezeigte Balken in der Abbildung verbleiben, nutzen wir „transition_manual()" und stellen durch „cumulative=TRUE" sicher, dass die einzelnen Balken nacheinander jeweils nur ergänzt werden.

```
studenten_2 |>
ggplot(aes(x=reorder(bundesland,summe_studierende),y=summe_studierende,group=factor(bundesland)))+
  geom_col()+
  geom_text(aes(label=summe_studierende),hjust=-0.1,color="black")+
  scale_y_continuous(limits=c(0,1000000))+
  coord_flip()+
  transition_manual(bundesland,cumulative = TRUE)+
  labs(x="Bundesland",
       y="Anzahl der Studierende",
       title="Anzahl Studierende nach Bundesland",
       caption = "Eigene Berechnungen unter Verwendung von Statistische Ämter des Bundes (2022a)")+
  theme_classic()
```

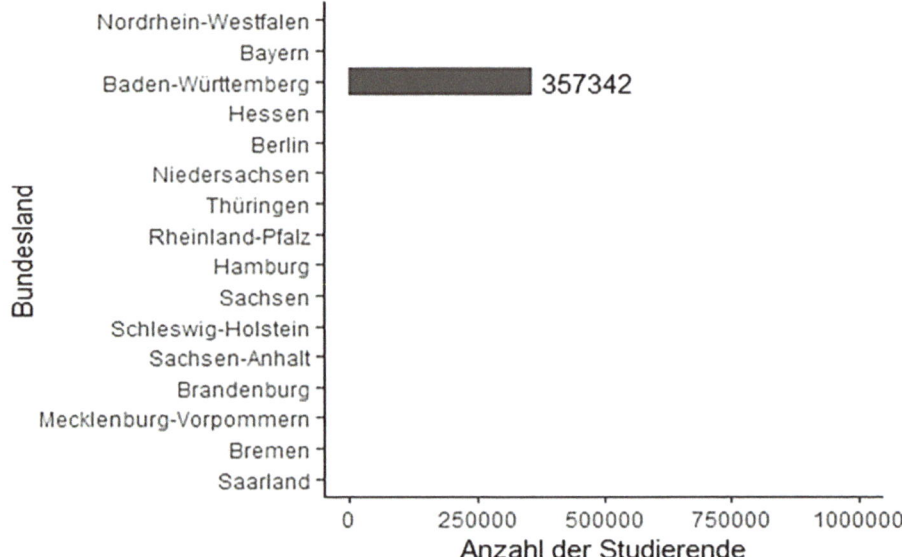

Eigene Berechnungen unter Verwendung von Statistische Ämter des Bundes (2022a)

Es wird deutlich, dass die Animation in alphabetischer Reihenfolge erfolgt. Zur besseren Nachvollziehbarkeit der Animation wäre eine Animation des Balkendiagramms in auf- oder absteigender Sortierung wünschenswert. Hierzu müssen wir die Variable „bundesland" mit „factor()" zunächst als Faktor definieren und mit „reorder()" die Bundesländer nach der Anzahl Studierende sortieren.

```
studenten_2 |>
ggplot(aes(x=reorder(bundesland,summe_studierende),y=summe_studierende,group=factor(bundesland)))+
  geom_col()+
  geom_text(aes(label=summe_studierende),hjust=-0.1,color="black")+
  scale_y_continuous(limits=c(0,1000000))+
  coord_flip()+
  transition_manual(factor(reorder(bundesland,summe_studierende)),cumulative=TRUE)+
  labs(x="Bundesland",
       y="Anzahl der Studierende",
       title="Anzahl Studierende nach Bundesland",
       caption = "Eigene Berechnungen unter Verwendung von Statistische Ämter des Bundes (2022a)")+
  theme_classic()
```

4.2 Animation von Graphiken mit gganimate

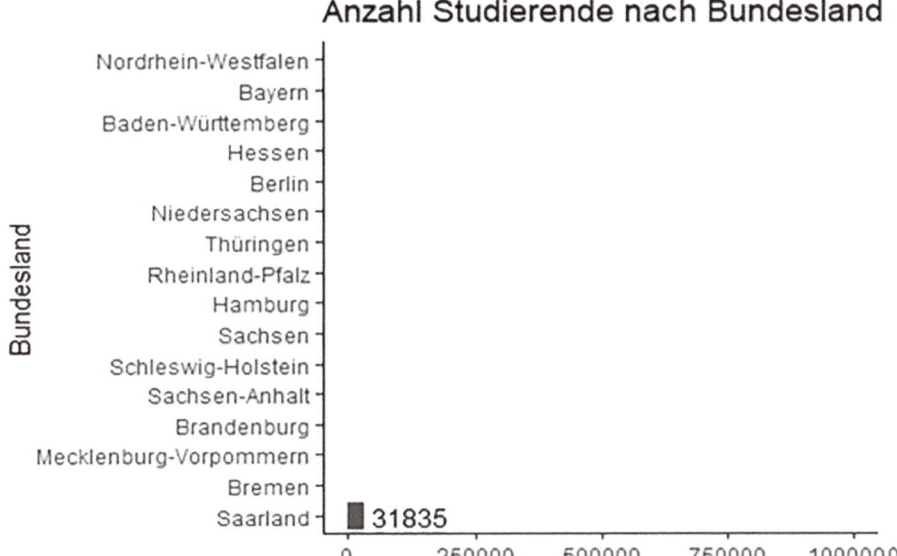

Eigene Berechnungen unter Verwendung von Statistische Ämter des Bundes (2022a)

Hier sind selbstverständlich auch weitere Einstellungen der Animation möglich, die wir uns im Abschn. 4.2.2 anschauen wollen.

Bei der Animation eines Streudiagramms (geom_point()) greifen wir auf unsere Betrachtung des Zusammenhangs zwischen dem regionalen Preisindex und der Anzahl Studierende nach Bundeslandgruppen aus Abschn. 4.1.2 zurück und bilden zur Vollständigkeit zunächst die Variable „bundeslandgruppe" mit „mutate()" und „case_when()" zur Fallunterscheidung.

```
studenten_neu <- studenten |>
  mutate(bundeslandgruppe = case_when(
  bundesland %in% c("Bremen", "Hamburg", "Niedersachsen", "Schleswig-Holst
  ein") ~ "Nord",
  bundesland %in% c("Berlin", "Brandenburg", "Mecklenburg-Vorpommern", "Sa
chsen", "Sachsen-Anhalt", "Thüringen") ~ "Ost",
  bundesland %in% c("Bayern", "Baden-Württemberg") ~ "Süd",
    TRUE ~ "West"))
```

Zur Animation des Streudiagramms greifen wir schließlich auf den „transition_states()"-Befehl zurück und definieren die Variable „bundeslandgruppe" als „state". Zur Übersicht welche Bundeslandgruppe gerade gezeigt wird, nutzen wir den „subtitle" und nutzen den „closest_state" in geschwungenen Klammern (sog. Akkoladen).

```
studenten_neu |>
  ggplot(aes(x=gesamt,y=regionaler_preisindex_2022,label=kreisname))+
  geom_point(aes(colour=bundeslandgruppe,size=preisbereinigtes_einkommen))+
  geom_text(data = subset(studenten_neu,subset = gesamt>75000),
            hjust=1, vjust=1)+
  transition_states(states=bundeslandgruppe)+
  labs(x="Anzahl Studierende",
       y="Regionaler Preisindex 2022",
       title="Der Einfluss von Studierende auf Preise",
       subtitle="Die Bundeslandgruppe {closest_state}")+
  theme_classic()
```

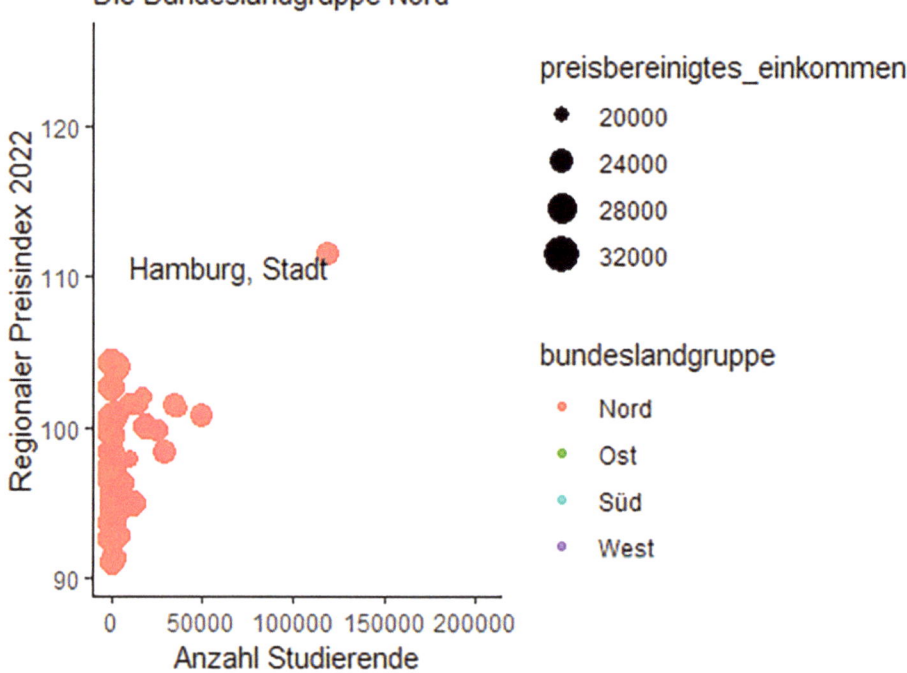

Aus der Animation geht auch nochmal der Zusammenhang zwischen dem regionalen Preisindex und dem preisbereinigten Einkommen hervor. So werden die Punkte der Punktewolke für die Bundeslandgruppen Süd und West tendenziell größer gegenüber den Punkten für die Bundeslandgruppen Ost und Nord. Letzteres zeigt nochmal, dass eher die Bundeslandgruppe als das preisbereinigte Einkommen einen Einfluss auf den regionalen Preisindex hat.

4.2.2 Weiterführende Animationen und Einstellungen

Zur Orientierung für weiterführende Animationen und verschiedene Einstellungen bietet sich wie bei anderen Paketen in R ein Blick in ein so genanntes „Cheat Sheet" an. Ein solches „Cheat Sheet" für das „gganimate"-Paket ist das nach Karl Hailperin (2019).

Wir greifen das „Cheat Sheet" von Hailperin (2019) auf, um die wesentlichen Funktionen des „gganimate"-Pakets aufzuzeigen. Die Funktionen des „gganimate"-Pakets lassen sich dabei in fünf Einstellungsmöglichkeiten untergliedern, wobei das „#" als Platzhalter für verschiedenste Einstellungsoptionen gelesen werden darf: (1) Mit „transition_#()" wählen wir aus, welche Variable in welcher Form die jeweilige „ggplot2"-Visualisierung animiert, (2) mit „view_#()" wählen wir, ob die Achsen sich mit den Daten verändern sollen, (3) mit „enter_#()" und „exit_#()" bestimmen wir, wie neue Daten zur Graphik hinzugefügt werden und diese verlassen, (4) „shadow_#()" erlaubt weiterführende Einstellungen für den Fall, dass alte/vorherige Daten in der Visualisierung verbleiben sollen und (5) mit „ease_#()" verändern wir die Art des Wechsels zwischen verschiedenen Datenwerten.

Für unsere Zwecke konzentrieren wir uns auf die Einstellungsoptionen aus (1), (3) und (5). Hierzu greifen wir auf unser animiertes Streudiagramm aus Abschn. 4.2.1 zurück. In (1) haben wir bereits „transition_manual()" und „transition_states()" kennengelernt. Andere „transitions" sind unter anderem „transition_layers()", wenn beispielsweise verschiedene geometrische Objekte bzw. „geoms" nacheinander animiert werden sollen, oder „transition_time()", das sich vor allem für Zeitreihen anbietet. Für „transition_states()" bei unserem Streudiagramm lässt sich nun auch die Geschwindigkeit der Animation nach den eigenen Vorstellungen einstellen. Dabei können wir mit „state_length" die Verweildauer für jeden „state" sowie mit „transition_length" den Wechsel zum jeweils nächsten „state" festlegen.

```
studenten_neu |>
  ggplot(aes(x=gesamt,y=regionaler_preisindex_2022,label=kreisname))+
  geom_point(aes(colour=bundeslandgruppe,size=preisbereinigtes_einkommen))+
  geom_text(data = subset(studenten_neu,subset = gesamt>75000),
            hjust=1, vjust=1)+
  transition_states(states=bundeslandgruppe,transition_length = 5,state_length = 1)+
  labs(x="Anzahl Studierende",
       y="Regionaler Preisindex 2022",
       title="Der Einfluss von Studierende auf Preise",
       subtitle="Die Bundeslandgruppe {closest_state}")+
  theme_classic()
```

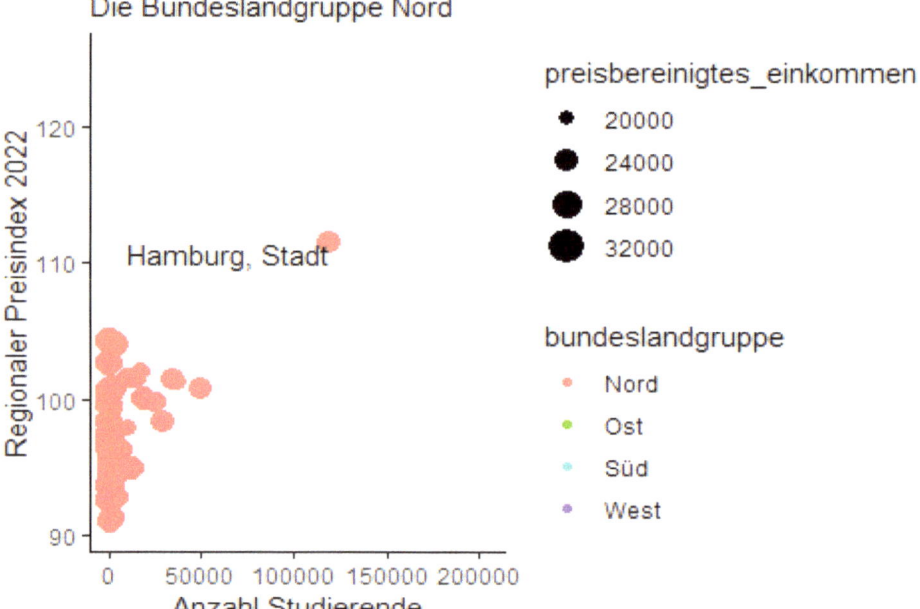

Mit „transition_length = 5" und „state_length = 1" verbringen wir dabei 5 Mal so lange bei einem Wechsel zum nächsten „state" als die Verweildauer beim „state".

Mit (3) „enter_#()" und „exit_#()" bestimmen wir, wie neue Daten zur Graphik hinzugefügt werden und diese verlassen. Mit „enter/exit_fade()", „enter_grow()/exit_shrink()", „enter/exit_fly()", „enter/exit_drift()" und „enter/exit_recolour()" sind den Möglichkeiten dabei kaum Grenzen gesetzt. Auch die Kombination verschiedener „enter_#()"- und „exit_#()"-Optionen sind möglich. Wir kombinieren hierzu „enter_fly()" mit „exit_shrink()". Durch Festlegen von „x_loc = 0" und „y_loc = 0" innerhalb von „enter_fly()" lassen wir die neuen Datenpunkte bei einem Wechsel zum nächsten „state" vom Nullpunkt aus einfliegen. Um diesen Wechsel bewusst wahrnehmen zu können, verlangsamen wir den Wechsel durch die bekannten Einstellungen für „transition_length" und „state_length" ein wenig. Mit „exit_shrink()" schrumpfen die Datenpunkte zunächst, bevor diese verschwinden. Schließlich können wir in (5) mit „ease_aes" die Beschriftungen innerhalb des Streudiagramms wie einen Ball hineinhüpfen lassen. Auch ein Heraushüpfen wäre mit „bounce-in-out" einstellbar. Weitere Optionen sind durch Eingabe von ?ease_aes einsehbar.

4.2 Animation von Graphiken mit gganimate

```
studenten_neu |>
  ggplot(aes(x=gesamt,y=regionaler_preisindex_2022,label=kreisname))+
  geom_point(aes(colour=bundeslandgruppe,size=preisbereinigtes_einkommen))+
  geom_text(data = subset(studenten_neu,subset = gesamt>75000),
            hjust=1, vjust=1)+
  transition_states(states=bundeslandgruppe,transition_length = 1, state_le
ngth = 3)+
  enter_fly(x_loc = 0,y_loc = 0)+
  exit_shrink()+
  ease_aes("bounce-in")+
  labs(x="Anzahl Studierende",
       y="Regionaler Preisindex 2022",
       title="Der Einfluss von Studierende auf Preise",
       subtitle="Die Bundeslandgruppe {closest_state}")+
  theme_classic()
```

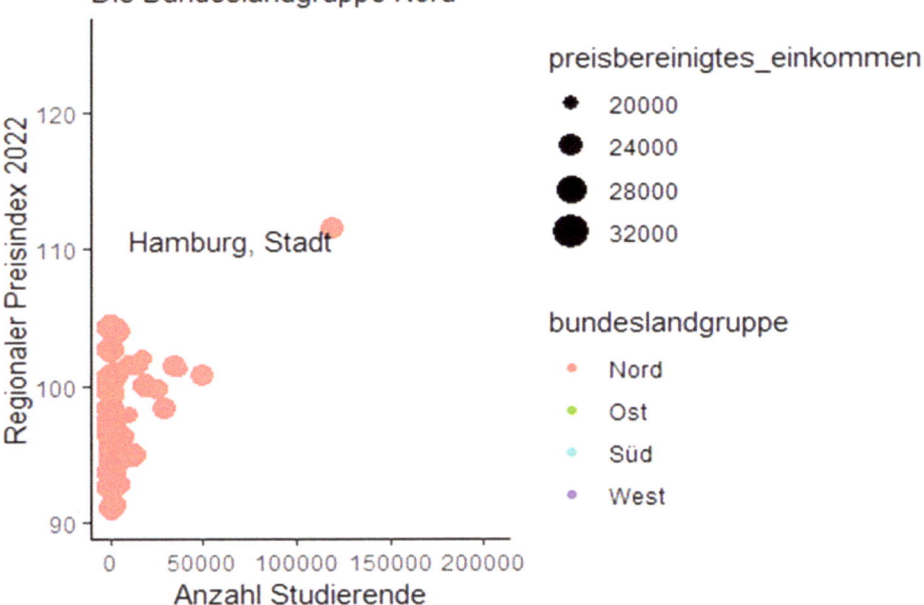

Abschließend können wir unsere Animation mit „anim_save()" abspeichern. Ohne weitere Bezeichnung – d. h. durch Zuführung der Animation mithilfe des Zuführungspfeils und entsprechende Benennung des Objekts – speichern wir dabei automatisch die zuletzt generierte Animation ab.

```
anim_save("Animation.gif")
```

Es wird deutlich, dass viele Einstellungsoptionen die Animation nach eigenen Vorstellungen und Bedürfnissen anpassbar machen. Dabei sollte beim „Ob" und „Wie" der Animation auf die Zielgruppe geachtet werden, um den Blick für den Zweck der eigenen Datenkommunikation immer in den Vordergrund zu stellen.

4.3 Visualisierungen von Tabellen mit stargazer

Bisher haben wir R-Outputs nicht weiter formatiert und als gegeben angenommen. Vor allem für tabellarische Outputs aus R kann das zu unsauberen Tabellen führen, deren Lesbarkeit und damit auch Interpretierbarkeit erheblich eingeschränkt sein kann. Hierzu lernen wir das „stargazer"-Paket von Hlavac (2022) kennen, das sehr einfach und schnell Tabellen erstellt. Wir betrachten sowohl Tabellen für die explorative als auch für die inferenzstatistische Analyse.

Um das „stargazer"-Paket nutzen zu können müssen wir dieses einmalig installieren und anschließend zur Verwendung des Pakets aus der Bibliothek laden. Den Datensatz „studenten" definieren wir als „dataframe", damit „stargazer" hierauf zurückgreifen kann.

```
install.packages(„stargazer")
library(stargazer)
studenten <- data.frame(studenten)
```

4.3.1 Einfache explorative Tabellen

Für einen jeden Einstieg in die explorative Analyse eignet sich ein Überblick über den Datensatz – insbesondere über Lage- und Streuung der quantitativen Merkmale. Die bisher kennengelernten Möglichkeiten mit dem „inspect()"-Befehl aus dem „mosaic"-Paket und dem „summary()"-Befehl können für die Arbeiten in R zwar nützlich sein, sind allerdings für eine publizierbare Analyse häufig weniger geeignet. Insbesondere weil die Änderbarkeit und Formatierbarkeit dieser Outputs nicht gegeben ist.

Auch wenn die Grundeinstellungen im „stargazer"-Paket ähnlich zu anderen vergleichbaren Paketen (apsrtable, memisc, outreg und xtable) das LaTeX-Format ist, sind Exporte in andere Formate möglich. Neben dem Export in das txt-Format, sind auch Exporte in html-Format möglich, die u. a. für das Arbeiten mit „Word" editierbare Tabellen ausgeben.

4.3 Visualisierungen von Tabellen mit stargazer

Eine Übersichtstabelle mit den wichtigsten Lage- und Streuungsmaßzahlen für die quantitativen Merkmale unseres „studenten"-Datensatzes erhalten wir mit dem „stargazer()"-Befehl. In Klammern ist neben dem Datensatz vor allem der „type" und Outputname sowie -pfad mit „out" zu definieren.

```
stargazer(studenten, out="../Output/Exploration_1.html")
```

Statistic	N	Mean	St. Dev.	Min	Max
ags	400	8,286.572	3,746.996	1,001	16,077
gesamt	400	7,354.788	18,530.850	0	203,869
ausland_gesamt	400	1,101.410	3,314.771	0	46,144
deutsch_gesamt	400	6,253.377	15,432.510	0	157,725
männlich_gesamt	400	3,665.705	9,029.279	0	98,868
männlich_ausland	400	587.565	1,713.073	0	22,929
männlich_deusch	400	3,078.140	7,433.115	0	75,939
weiblich_gesamt	400	3,689.082	9,662.010	0	105,001
weiblich_ausland	400	513.845	1,634.437	0	23,215
weiblich_deutsch	400	3,175.238	8,133.879	0	81,786
regionaler_preisindex_2022	400	98.186	5.187	90.496	125.089
preisindex_fur_wohnkosten_2022	400	94.138	16.682	68.016	180.937
preisindex_ohne_wohnkosten_2022	400	99.853	0.707	98.305	104.218
preisbereinigtes_einkommen	400	24,615.310	1,858.558	18,886	32,831
preisniveau	400	98.186	5.187	90.496	125.089
nominales_einkommen	400	24,175.580	2,345.811	17,923.710	37,514.730

Die gespeicherte Tabelle können wir über den Ordner „Output" in unserem R-Projekt abrufen und erhalten obige Tabelle. Über „Öffnen mit" lässt sich die Abbildung auch im Word-Format öffnen und bietet damit gestalterisch beliebige Möglichkeiten zur Formatierung der Tabelle.

Die Tabelle zeigt, dass weitere Gestaltungsmöglichkeiten geboten sind. So können wir der Tabelle mit „title" eine Überschrift geben. Auch die Nachkommastellen der verschiedenen Metriken sind uneinheitlich, wodurch die Anschaulichkeit der Tabelle eingeschränkt ist. Mit „title" ändern wir die Überschrift und mit „digits" die Anzahl der Nachkommastellen.

```
stargazer(studenten,title = "Explorative Statistik des Datensatzes", digits = 1, out= "../Output/Exploration_2.html")
```

Exploration unseres Datensatzes

Statistic	N	Mean	St. Dev.	Min	Max
gesamt	400	7,354.8	18,530.9	0	203,869
ausland_gesamt	400	1,101.4	3,314.8	0	46,144
deutsch_gesamt	400	6,253.4	15,432.5	0	157,725
männlich_gesamt	400	3,665.7	9,029.3	0	98,868
männlich_ausland	400	587.6	1,713.1	0	22,929
männlich_deusch	400	3,078.1	7,433.1	0	75,939
weiblich_gesamt	400	3,689.1	9,662.0	0	105,001
weiblich_ausland	400	513.8	1,634.4	0	23,215
weiblich_deutsch	400	3,175.2	8,133.9	0	81,786
regionaler_preisindex_2022	400	98.2	5.2	90.5	125
preisindex_fur_wohnkosten_2022	400	94.1	16.7	68.0	181
preisindex_ohne_wohnkosten_2022	400	99.9	0.7	98.3	104
preisbereinigtes_einkommen	400	24,615.3	1,858.6	18,886	32,831
preisniveau	400	98.2	5.2	90.5	125
nominales_einkommen	400	24,175.6	2,345.8	17,923.7	37,515

Auch die Auswahl einzelner Variablen ist ohne den Umweg über den „select()"-Befehl möglich. Unter Zuhilfenahme der Vektorschreibweise „c()" in eckigen Klammern können einzelne Merkmale schnell und einfach ausgewählt werden. Wir betrachten hierzu beispielhaft die Merkmale „gesamt", „männlich_gesamt" und „weiblich_gesamt". Auch ein Umbenennen der Variablennamen mit „covariat.label()" ist möglich und sinnvoll, schließlich wurde mit dem „clean names()"-Befehl aus dem „janitor"-Paket eine einheitliche Schreibweise mit kleinen Buchstaben und „_" anstelle von Leerzeichen gewählt. Zur besseren Lesbarkeit schreiben wir die verschiedenen Schritte kommagetrennt in einzelne Zeilen.

```
stargazer(studenten[c("gesamt","männlich_gesamt","weiblich_gesamt")],
        title = "Explorative Statistik des Datensatzes",
        digits = 1,
        out="../Output/Exploration_3.html",
        covariate.labels = c("Anzahl Studierende","Anzahl männliche Studierende","Anzahl weibliche Studierende"))
```

4.3 Visualisierungen von Tabellen mit stargazer

Explorative Statistik des Datensatzes

Statistic	N	Mean	St. Dev.	Min	Max
Anzahl Studierende	400	7,354.8	18,530.9	0	203,869
Anzahl männliche Studierende	400	3,665.7	9,029.3	0	98,868
Anzahl weibliche Studierende	400	3,689.1	9,662.0	0	105,001

Die Tabelle zeigt, dass die Exploration der Daten übersichtlich gestaltet werden kann. Durch das Öffnen der Tabellen im „Word"-Format sind auch weiterführende Formatierungen schnell und einfach umsetzbar.

4.3.2 Einfache inferenzstatistische Tabellen

Auch für inferenzstatistische Outputs kann das „stargazer"-Paket saubere und weiterführend formatierbare Tabellen gestalten. Wir zeigen dies beispielhaft für die Regressionsanalyse. Hier erinnern wir uns, dass wir den Zusammenhang zwischen der abhängigen Variable (y) „regionaler_preisindex_2022" und der unabhängigen Variable (x) „gesamt" betrachtet haben. Wir nutzen den „lm()"-Befehl für unser „model_1" und lassen uns die Ergebnisse der Schätzgerade mit dem „summary()"-Befehl anzeigen.

```
model_1 <- lm(regionaler_preisindex_2022~gesamt,data=studenten)
summary(model_1)

Call:
lm(formula = regionaler_preisindex_2022 ~ gesamt, data = studenten)

Residuals:
     Min       1Q   Median       3Q      Max
-16.4702  -3.3689  -0.7392   3.1279  16.7935

Coefficients:
              Estimate Std. Error t value             Pr(>|t|)
(Intercept) 97.29496874 0.25185200 386.318 <0.0000000000000002 ***
gesamt       0.00012121 0.00001265   9.585 <0.0000000000000002 ***
---
Signif. codes:  0 '***' 0.001 '**' 0.01 '*' 0.05 '.' 0.1 ' ' 1

Residual standard error: 4.681 on 398 degrees of freedom
Multiple R-squared:  0.1875,    Adjusted R-squared:  0.1855
F-statistic: 91.88 on 1 and 398 DF,  p-value: < 0.00000000000000022
```

Daneben hatten wir mit „bundeslandgruppe" und „preisbereinigtes_einkommen" weitere unabhängige Variablen in den Modellen 2 und 3 hinzugefügt. Zur besseren Nachvollziehbarkeit bilden wir erneut zunächst die neue Variable „bundeslandgruppe" im Datensatz „studenten_2" und greifen in den linearen Modellen entsprechend auf diesen Datensatz zurück.

```
studenten_2 <- studenten |>
  mutate(bundeslandgruppe = case_when(
    bundesland %in% c("Bremen", "Hamburg", "Niedersachsen", "Schleswig-Holst
ein") ~ "Nord",
    bundesland %in% c("Berlin", "Brandenburg", "Mecklenburg-Vorpommern", "Sa
chsen", "Sachsen-Anhalt", "Thüringen") ~ "Ost",
    bundesland %in% c("Bayern", "Baden-Württemberg") ~ "Süd",
    TRUE ~ "West"))

model_2 <- lm(regionaler_preisindex_2022~gesamt+bundeslandgruppe,data=stude
nten_2)
model_3 <- lm(regionaler_preisindex_2022~gesamt+bundeslandgruppe+preisberei
nigtes_einkommen,data=studenten_2)
```

Eine vergleichende Betrachtung der verschiedenen Modelle war allerdings bisher nicht möglich, da R für jedes Modell eine einzelne Tabelle liefert.

Mithilfe des „stargazer"-Pakets lassen sich die Modelle nun schnell und einfach in eine gemeinsame und damit vergleichbare Tabelle überführen. Hierzu greifen wir mit dem „stargazer()"-Befehl einfach auf die zuvor gespeicherten linearen Modelle „model_1", „model_2" und „model_3" zurück.

```
stargazer(model_1,model_2,model_3, out = "../Output/Regression_1.html")
```

	Dependent variable:		
	regionaler_preisindex_2022		
	(1)	(2)	(3)
gesamt	0.0001***	0.0001***	0.0001***
	(0.00001)	(0.00001)	(0.00001)
bundeslandgruppeOst		-3.042***	-2.971***
		(0.674)	(0.679)
bundeslandgruppeSüd		3.967***	3.827***
		(0.600)	(0.621)
bundeslandgruppeWest		0.769	0.736
		(0.616)	(0.617)
preisbereinigtes_einkommen			0.0001
			(0.0001)
Constant	97.295***	96.204***	93.538***
	(0.252)	(0.504)	(3.074)
Observations	400	400	400
R^2	0.188	0.424	0.425
Adjusted R^2	0.186	0.418	0.418
Residual Std. Error	4.681 (df = 398)	3.957 (df = 395)	3.958 (df = 394)
F Statistic	91.876*** (df = 1; 398)	72.662*** (df = 4; 395)	58.250*** (df = 5; 394)
Note:			*p**p***p<0.01

4.3 Visualisierungen von Tabellen mit stargazer

Weiterführende Einstellungen sind natürlich ebenfalls möglich. So können wir beispielsweise die abhängige Variable (engl. dependent variable) in der Spaltenüberschrift mit „dep.var.labels" benennen oder die Merkmalsnamen durch „covariat.labels" umbenennen. Zur besseren Lesbarkeit schreiben wir die verschiedenen Schritte kommagetrennt in einzelne Zeilen.

```
stargazer(model_1,model_2,model_3,
          out = "../Output/Regression_2.html",
          dep.var.labels = "Regionaler Preisindex 2022",
          covariate.labels = c("Anzahl Studierende","Bundeslandgruppe Ost",
"Bundeslandgruppe Süd","Bundeslandgruppe West","Preisbereinigtes Einkommen"
))
```

	Dependent variable:		
	Regionaler Preisindex 2022		
	(1)	(2)	(3)
Anzahl Studierende	0.0001***	0.0001***	0.0001***
	(0.00001)	(0.00001)	(0.00001)
Bundeslandgruppe Ost		-3.042***	-2.971***
		(0.674)	(0.679)
Bundeslandgruppe Süd		3.967***	3.827***
		(0.600)	(0.621)
Bundeslandgruppe West		0.769	0.736
		(0.616)	(0.617)
Preisbereinigtes Einkommen			0.0001
			(0.0001)
Constant	97.295***	96.204***	93.538***
	(0.252)	(0.504)	(3.074)
Observations	400	400	400
R^2	0.188	0.424	0.425
Adjusted R^2	0.186	0.418	0.418
Residual Std. Error	4.681 (df = 398)	3.957 (df = 395)	3.958 (df = 394)
F Statistic	91.876*** (df = 1; 398)	72.662*** (df = 4; 395)	58.250*** (df = 5; 394)
Note:			*p **p ***p<0.01

Die Tabelle zeigt, dass die Regression ebenfalls übersichtlich gestaltet werden kann und vor allem die verschiedenen Modelle vergleichend betrachten werden können. So wird beispielsweise durch die Hinzunahme der unabhängigen Variable „bundeslandgruppe" der deutliche Sprung im Erklärungsgehalt des linearen Modells in Form des Bestimmtheitsmaßes R² ersichtlich. Durch das Öffnen der Tabellen im „Word"-Format sind weiterführende Formatierungen schnell und einfach umsetzbar.

4.4 Das Arbeiten und Visualisieren mit Geodaten

Die Verarbeitung von Geodaten und deren Darstellung in thematischen Karten bieten eine weitere Facette aus der Visualisierungs-Toolbox, die visuell beeindruckend ist und gleichzeitig viele Informationen kommunizieren kann. Die Arbeit und die Visualisierung von Geodaten knüpfen nahtlos an die bereits erlernten Inhalte aus den vorangegangen Kapiteln an. Das nachfolgende Kapitel bietet eine komprimierte Einführung in die Erstellung von Karten und weiterführende Analysen mit Geodaten unter Verwendung der bekannten Daten.

4.4.1 Einführung

Geodaten werden in verschiedenen Formaten gespeichert und zur Verfügung gestellt. Ein häufig verwendetes Format sind sogenannte „Shapefiles". Ein Shapefile ist keine einzelne Datei, sondern besteht aus mehreren Dateien, die im selben Ordner gespeichert werden. Die zentralen Geometriedaten werden in der Datei mit der Endung .shp gespeichert. Für das korrekte Laden der Shapefiles werden aber alle Dateien benötigt und sollten nicht gelöscht werden.

In der wirtschaftswissenschaftlichen Analyse werden meist Punktdaten oder sogenannte Polygone visualisiert.

- Punkt: Ein Punkt ist ein geometrisches Objekt, das im zweidimensionalen Raum durch eine X- und eine Y-Koordinate definiert wird.
- Polygon: Ein Polygon beschreibt eine geschlossene Form, die durch eine verbundene Folge von XY-Koordinatenpaaren definiert wird. Das erste und letzte Koordinatenpaar sind dabei identisch und alle übrigen Koordinatenpaare kommen jeweils nur einmalig vor.

4.4.2 Kartenvisualisierungen (Bundesland- und Kreisebene)

Wollen wir die bekannten Daten – etwa den regionalen Preisindex für alle Landkreise und kreisfreien Städte – auf einer Karte visualisieren, muss zunächst das entsprechende Shapefile geladen werden.

Shapefiles können aus verschiedenen Quellen geladen werden. Eine mögliche Quelle sind die Kreisgrenzen von 2022 von ESRI. Diese können hier heruntergeladen werden:

4.4 Das Arbeiten und Visualisieren mit Geodaten

https://opendata-esridech.hub.arcgis.com/maps/3c239851863b4cb6adf086532e90a826

Beim Herunterladen der Daten ist es für unseren Anwendungsfall wichtig, dass man die Option „Shapefile" auswählt, da auch andere Formate angeboten werden (z. B. „CSV", „GeoJSON" oder „KML"). Nach dem Herunterladen des Ordners, können diese im „Daten"-Ordner unseres R-Projects abgelegt und geladen werden.

Für das Laden der Daten wird eine weitere Bibliothek benötigt, die zunächst installiert und dann geladen wird.

```
install.packages("sf")
library(sf)
Linking to GEOS 3.9.3, GDAL 3.5.2, PROJ 8.2.1; sf_use_s2() is TRUE
```

Die Bibliothek „sf" oder „Simple Features for R" beinhaltet ein standardisiertes Verfahren, um räumliche Vektordaten zu verarbeiten. Für das Laden eines Shapefiles wird der Befehl „st_read" verwendet und die Datei mit der Endung .shp im relevanten Ordner ausgewählt.

```
kreise <- st_read("../Daten/Kreisgrenzen_2022_395926844045507403/KRS_2022.shp")
```

Beim Einlesen eines Shapefiles werden einige Infos in komprimierter Form angegeben, darunter die Anzahl an Objekten (hier 400 Landkreise und kreisfreie Städte), die Art der Geometrien (hier ein so genanntes Multipolygon, also eine Sammlung mehrere Polygone) und die Projektion (WGS 84).

Die Daten des Shapefiles können dann in gewohnter Weise in der ggplot-Logik verwendet und visualisiert werden. Für die Darstellung von simple features (sf) Objekten kann „geom_sf" verwendet werden. Hierfür ist die Definition der „geometry" notwendig. In unserem Shapefile heißt die entsprechende Spalte ebenfalls „geometry".

```
kreise |>
  ggplot(aes(geometry = geometry)) +
  geom_sf() +
  theme_void()
```

Wollen wir die Karte der Landkreise und kreisfreien Städte jetzt mit Informationen füllen, müssen wir die Daten des Shapefiles mit den bisher genutzten Daten verschneiden. Hierzu nutzen wir den bereits kennengelernten (siehe Abschn. 2.2) „left_join()"-Befehl.

```
geodaten <-
  kreise |>
  left_join(studenten, by = c("AGS" = "ags"))
```

Mit diesen Daten lässt sich dann mit wenigen Befehlen eine erste Deutschlandkarte erstellen, in denen die Landkreise und kreisfreien Städten mit Informationen des regionalen Preisindex befüllt werden.

4.4 Das Arbeiten und Visualisieren mit Geodaten

```
geodaten |>
  ggplot(aes(geometry = geometry,
    fill = regionaler_preisindex_2022)) +
  geom_sf() +
  theme_void()
```

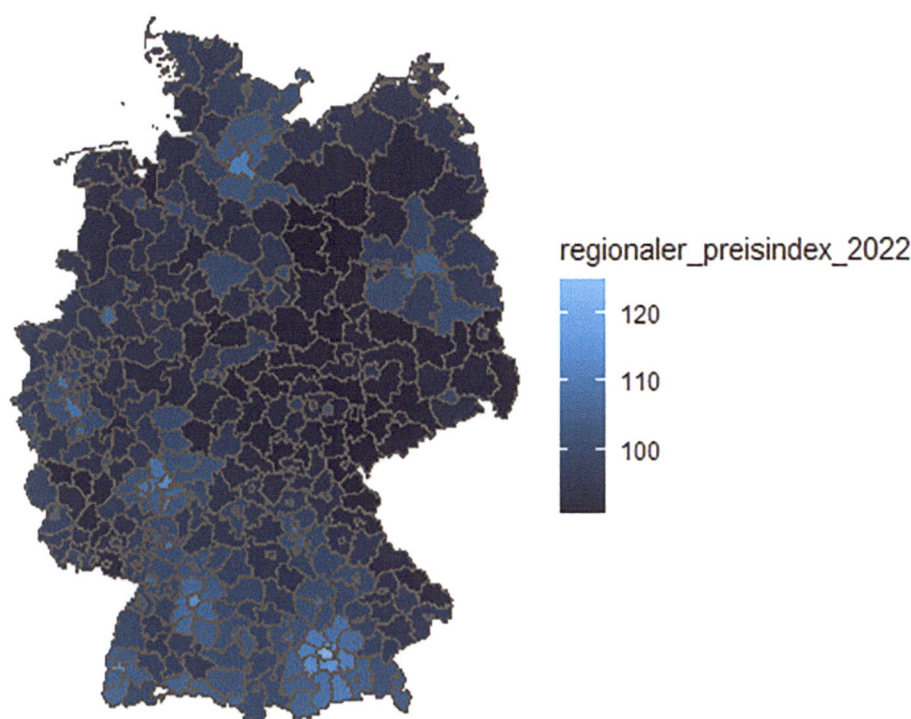

Für eine ansprechendere Visualisierung können, wie bereits erlernt, verschiedene ggplot-Optionen angepasst werden. Hierfür werden die Ränder der Landkreise entfernt (color=NA) und mit „scale_fill_gradient()" eigene Farben für die Farbskala der Werte des regionalen Preisindex definiert. Zusätzlich wird die Überschrift der Legende angepasst.

```
geodaten |>
  ggplot(aes(geometry = geometry,
             fill = regionaler_preisindex_2022)) +
  geom_sf(color = NA,
          size = 0.1) +
  theme_void() +
  scale_fill_gradient(low = "#DEEBF7",
                      high = "#2e4964",
                      name = "Regionaler Preisindex")
```

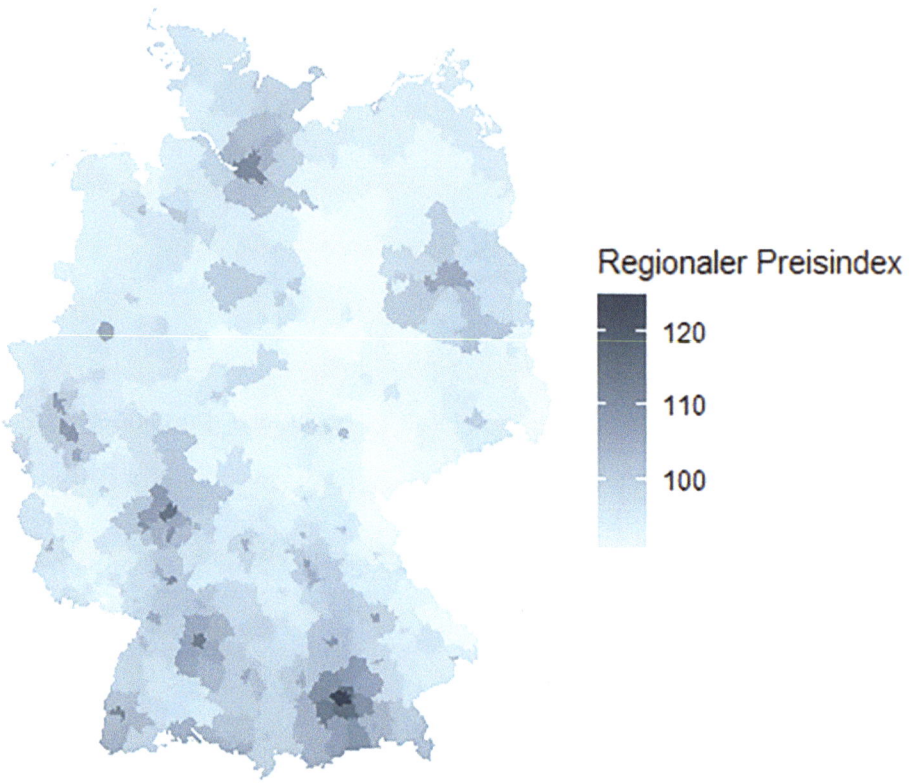

Die abgebildete Grafik zeigt, wie mit wenigen Handgriffen eine publikationsreife Karte erzeugt werden kann. Wie so häufig gibt es eine Vielzahl an möglichen Erweiterungen und optionalen Befehlen, die je nach Bedarf die Darstellung ergänzen können.

Eine Erweiterung wäre beispielsweise die zusätzliche Darstellung der Bundeslandgrenzen. Genau wie beim Shapefile für die Grenzen der 400 Landkreise und kreisfreien Städte kann das Shapefile für die Bundesländer heruntergeladen und im Ordner „Daten" abgelegt werden. Der Link zum Herunterladen ist:

https://opendata-esridech.hub.arcgis.com/datasets/3f802674f4af4d58805b3e11ce5b35bd_0/explore?location=50.966787%2C10.454033%2C6.26

```
bundesländer <- st_read("../Daten/LAN_2021_1215376939629871846/LAN_2021.shp")
```

Anschließend kann eine weitere Ebene in der bisherigen Grafik erzeugt werden, indem ein weiteres „geom_sf" hinzugefügt wird. Wichtig hierbei ist die Option „fill = NA", da ansonsten die existierenden Ebenen überschrieben werden.

4.4 Das Arbeiten und Visualisieren mit Geodaten

```
geodaten  |>
  ggplot(aes(geometry = geometry)) +
  geom_sf(aes(fill = regionaler_preisindex_2022),
          color = NA,
          size = 0.1) +
  geom_sf(data = bundesländer,
          fill = NA) +
  theme_void() +
  scale_fill_gradient(low = "#DEEBF7",
                      high = "#2e4964",
                      name = "Regionaler Preisindex")
```

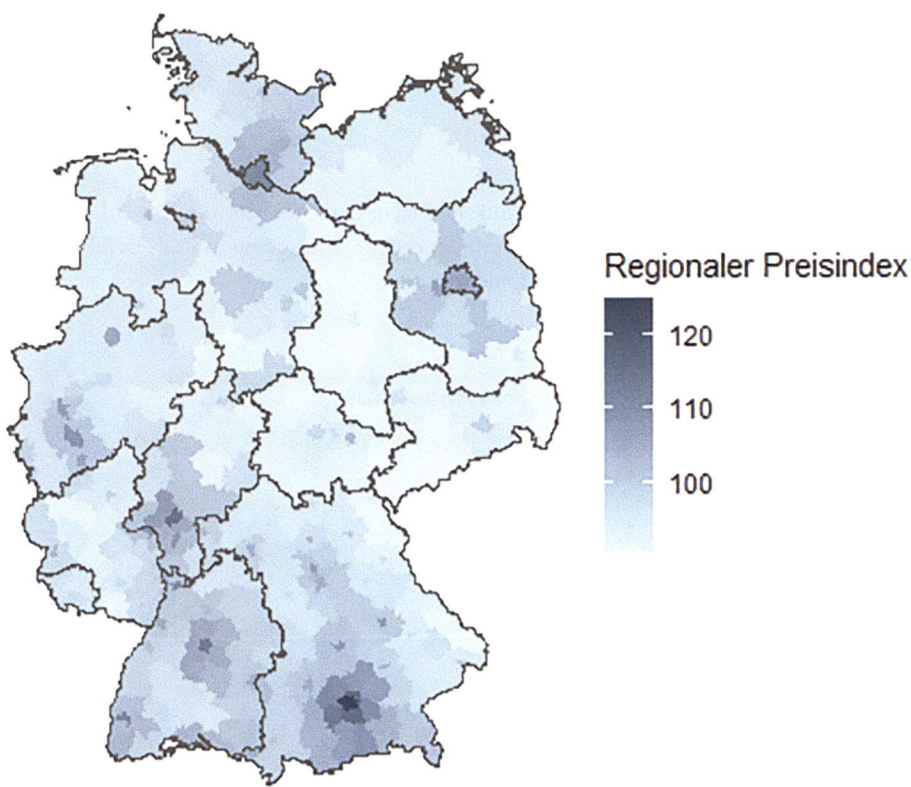

Zuletzt können auch Textinhalte auf Karten dargestellt werden. Ein möglicher Anwendungsfall wäre etwa die Darstellung der Top-5 Landkreise und kreisfreien Städte mit den höchsten Werten beim regionalen Preisindex. Zunächst erstellen wir dafür einen Datensatz, der nur diese Top-5 enthält.

```
top_5 <-
  geodaten |>
  top_n(5, regionaler_preisindex_2022)
```

Da für die Darstellung von Text auf Karten ein Koordinatenpaar benötigt wird, berechnen wir die Zentroiden der jeweiligen Polygone (Umrisse der Landkreise und kreisfreien Städte). Weil „geom_text" X- und Y-Koordinaten benötigt, werden die mit „st_centroid" berechneten Zentroide mit „st_coodinates" in ebensolche überführt.

```
top_5 <-
  top_5 |>
  mutate(centroid = st_centroid(geometry))

top_5 <-
  top_5 |>
  cbind(st_coordinates(top_5$centroid))
```

Im Anschluss wird die bekannte Grafik inklusive der Label für die Top-5 Landkreise und kreisfreien Städte erzeugt. Hierzu greift der ergänzende „geom_text()"-Befehl auf den zuvor erzeugten Datensatz der Top-5-Landkreise zurück.

```
geodaten  |>
  ggplot(aes(geometry = geometry)) +
  geom_sf(aes(fill = regionaler_preisindex_2022),
          color = NA,
          size = 0.1) +
  geom_sf(data = bundesländer,
          fill = NA) +
  geom_text(data = top_5, aes(
    x = X,
    y = Y,
    label = region),
    col = "black",
    size = 3) +
  theme_void() +
  scale_fill_gradient(low = "#DEEBF7",
                      high = "#2e4964",
                      name = "Regionaler Preisindex")
```

4.4 Das Arbeiten und Visualisieren mit Geodaten

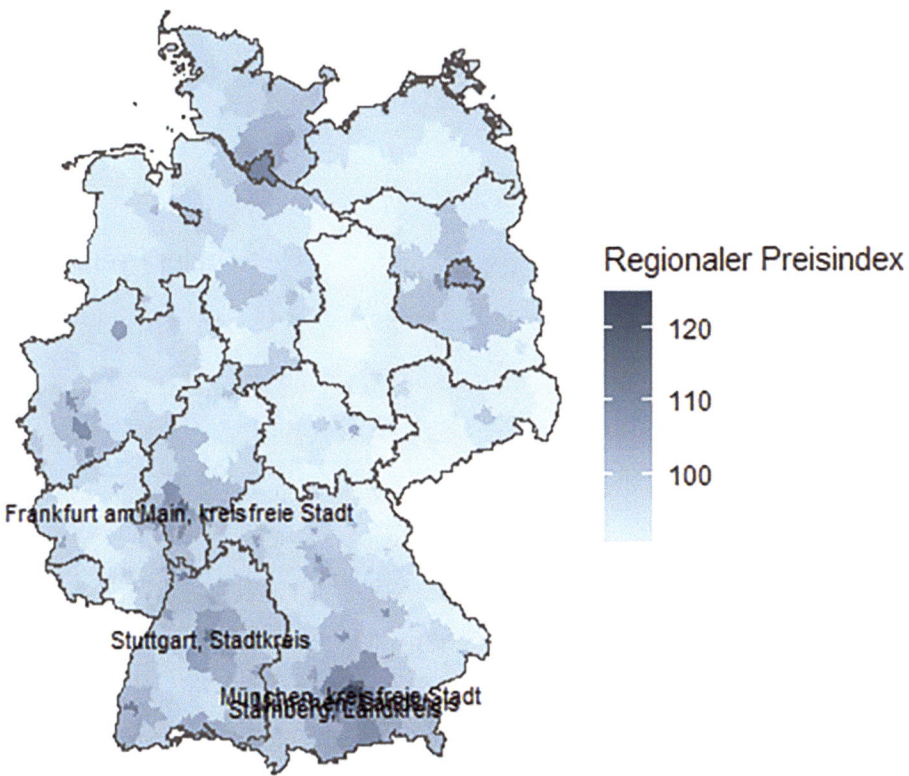

Weil sich im Raum München drei Label überlagern und damit die Beschriftungen der Kreise bzw. kreisfreien Städte unlesbar machen, kann auf eine weitere Bibliothek zurückgegriffen werden: „ggrepel". Hierin enthalten ist die Funktion „geom_text_repel", die automatisch überlagernde Label auseinanderzieht.[2]

```
geodaten   |>
  ggplot(aes(geometry = geometry)) +
  geom_sf(aes(fill = regionaler_preisindex_2022),
          color = NA,
          size = 0.1) +
  geom_sf(data = bundesländer,
          fill = NA) +
  ggrepel::geom_text_repel(data = top_5, aes(
    x = X,
    y = Y,
    label = region),
    col = "black",
    size = 3) +
  theme_void() +
  scale_fill_gradient(low = "#DEEBF7",
                      high = "#2e4964",
                      name = "Regionaler Preisindex")
```

---

[2] Das Paket „ggrepel" ist einmalig zu installieren. Für eine Wiederholung siehe Abschn. 1.2.3.

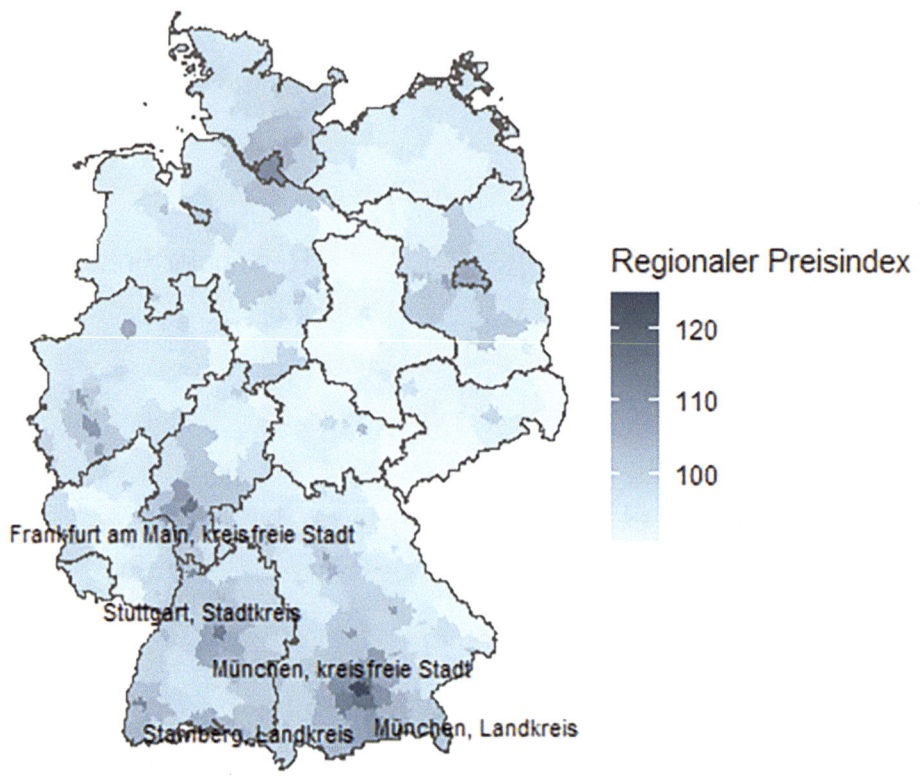

4.4.3 Weiterführende Analysen mit Geodaten

Es gibt zahlreiche weiterführende Möglichkeiten mit Geodaten zu arbeiten. Dazu zählen etwa die räumliche Modellierung von Geodaten (z. B. Clustering[3] oder die Betrachtung von Spill-Over-Effekten über direkte oder indirekte räumliche Nachbarn) oder die Erstellung einer interaktiven Visualisierung. Da die Behandlung solcher Themen schnell den Rahmen einer kompakten Einführung ins Thema übersteigt, werden diese hier lediglich angeschnitten.

Im Folgenden wird veranschaulicht, wie die bekannten Daten in eine interaktive Abbildung überführt werden können. Dafür wird auf die „leaflet"-Bibliothek[4] zurückgegriffen, die eine Schnittstelle zur Open-Source-Resource Leaflet darstellt. Diese war ursprünglich für JavaScript – eine weitere Programmiersprache – konzipiert. Da „leaflet" aber unzählige Optionen und Module bietet, die in einem eigenen Buch diskutiert werden könnten, werden hier lediglich die Grundfunktionen erläutert.

---

[3] Siehe hierzu weiterführend Abschn. 5.2.
[4] Das Paket „leaflet" ist einmalig zu installieren. Für eine Wiederholung siehe Abschn. 1.2.3.

4.4 Das Arbeiten und Visualisieren mit Geodaten

Das folgende Skript erstellt mit Hilfe der leaflet-Bibliothek eine interaktive Abbildung der regionalen Preisdaten für alle Landkreise und kreisfreien Städte in Deutschland. Das Skript ist kommentiert, enthält aber viele Befehle, die hier nicht im Detail erläutert werden können. Es lohnt sich, das Skript selbst auszuführen und die angegebenen Funktionen und Parameter zu verändern, um ein besseres Gefühl für „leaflet" in R zu bekommen.[5]

```r
library(leaflet)

leaflet_data <-
  geodaten |>
  # Einstellung der Kartenprojektion
  st_transform(crs = 4326) |>
  # Vereinfachung des shapefiles für ein schnelleres Laden
  rmapshaper::ms_simplify()

# Erstellung von Labeln mit Html-Tags
labels <- sprintf(
  "<strong>%s</strong><br/> Regionaler Preisindex: %g",
  leaflet_data$GEN, leaflet_data$regionaler_preisindex_2022) |>
  lapply(htmltools::HTML)

# Erstellung einer eigenen Farbpalette
bins <- c(90, 95, 100, 105, 110, 115, 120, Inf)
pal <- colorBin("YlOrRd",
                domain = leaflet_data$regionaler_preisindex_2022,
                bins = bins)

map <-
  leaflet(leaflet_data) %>%
  # Einstellungs des Anfangszooms und der Position der Karte
  setView(lng = 10.065627,
          lat = 51.153053,
          zoom = 6) %>%
  # Hinzufügen der Hintergrundkarte
  addProviderTiles(providers$OpenStreetMap.DE) |>
  # Hinzufügen der Grenzen Landkreise und kreisfreien Städte und Füllung mit
  # den Werten des Regionalpreisindex
  addPolygons(color = "#444444",
              weight = 1,
              smoothFactor = 0.5,
              opacity = 1.0,
              fillOpacity = 0.8,
              fillColor = ~pal(leaflet_data$regionaler_preisindex_2022),
              highlightOptions = highlightOptions(color = "white", weight = 2,
                                                  bringToFront = TRUE),
              label = labels)

map
```

---

[5] Die Pakete „rmapshaper" und „htmltools" sind einmalig zu installieren. Für eine Wiederholung siehe Abschn. 1.2.3.

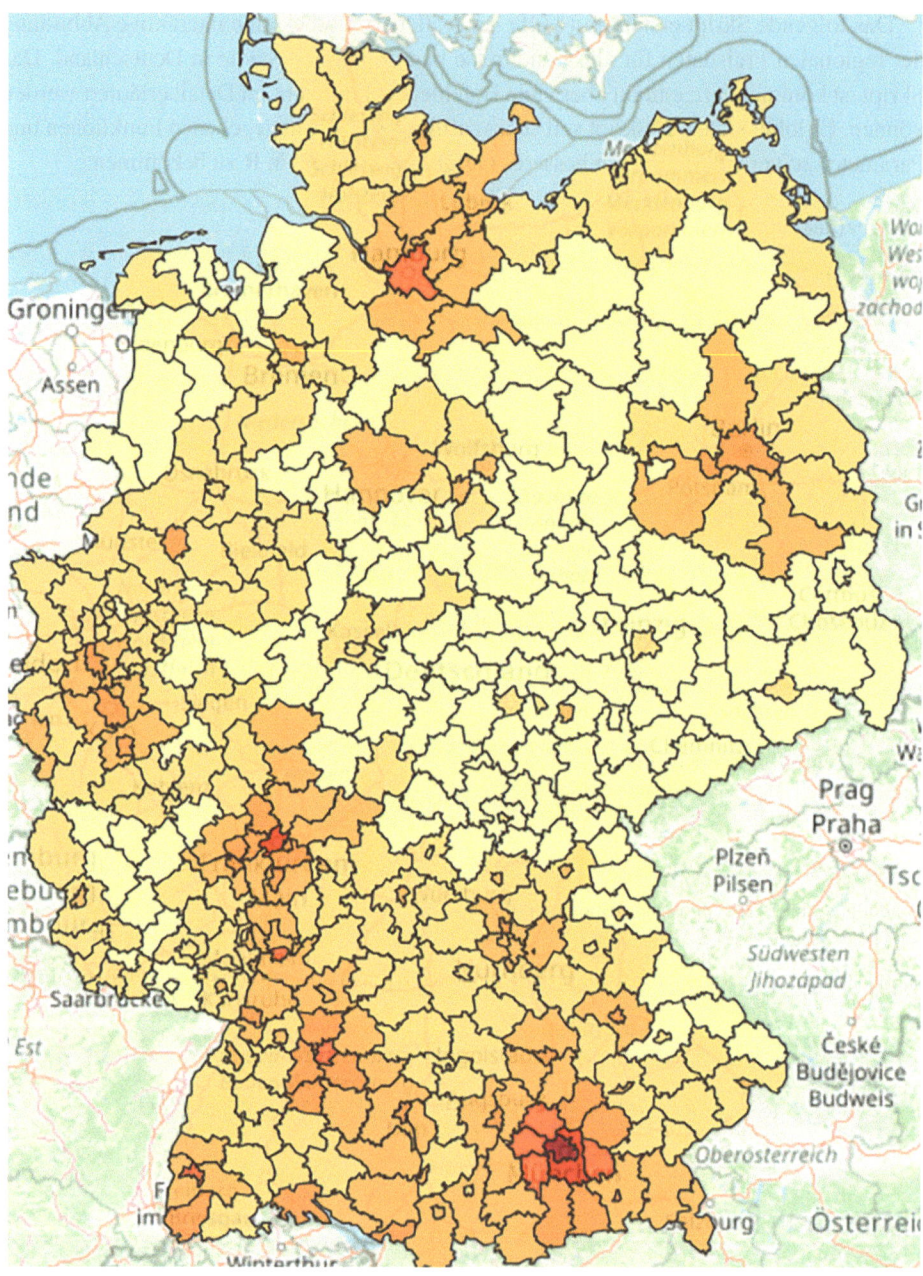

Eine zentrale Funktion stellt „ms_simplify()" aus der „rmapshaper"-Bibliothek dar. Die Bibliothek kann wie gewohnt über den „install.packages()"-Befehlt installiert werden. Da Shapefiles mit Multipolygonen schnell sehr groß werden können und dadurch das Laden einer interaktiven Abbildung erheblich verlangsamt werden kann, wir das Shapefile über „ms_simplify()" verkleinert.

Die Erstellung der Label erfolgt über Html-Tags innerhalb der Funktion „sprintf()", die einen Vektor aus formatiertem Text und Informationen aus Variablen übergeben kann. Zusätzlich enthält das Skript die Erstellung einer eigenen Farbpalette mit Hilfe der „colorBin()"-Funktion.

Im letzten Schritt wird dann mit dem leaftlet-Paket die interaktive Abbildung erzeugt. Wichtig sind hier die Befehle „addProviderTiles()" – hierdurch wird die Hintergrundkarte mit Städtenamen und der Darstellung des Geländes erzeugt – und „addPolygons()", wodurch die Grenzen der Landkreise und kreisfreien Städte gezeichnet und befüllt werden. Für die Füllung wird die erzeugte Farbpalette mit den Werten des regionalen Preisindex übergeben. Viele der weiteren Optionen wie „smoothFactor", „opacity" oder „highlightOptions" verändern die Darstellung und können nach Belieben angepasst werden.

Anschließend kann die so erstellte Karte gespeichert werden. Über den „saveWidget()"-Befehl aus der „htmlwidgets"-Bibliothek[6] kann die Visualisierung etwa als Html-Datei gespeichert werden und in eine Website eingebettet werden. Wichtig ist hierbei die Option „selfcontained = TRUE", damit die Html-Datei alle notwendigen Daten enthält und ohne weitere Abhängigkeiten gelesen werden kann.

```
htmlwidgets::saveWidget(map,
                        file = "../interaktive_karte_regionale_preise.html",
                        selfcontained = TRUE)
```

4.5 Übungsaufgaben zu Kap. 4

Aufgabe 4.1: Weiterführende Visualisierungen mit ggplot
Laden Sie den den Datensatz „datensatz_final".

(a) Bilden Sie einen neuen Datensatz „data_fachgebiete", indem Sie Ihre Daten nach Fachgebieten gruppieren. (Hinweis: Filtern Sie Ihre Daten hierzu auf die Fachgebiete ohne „Insgesamt").
(b) Nutzen Sie Ihren Datensatz „data_fachgebiete" aus Aufgabe (a) und generieren Sie ein Balkendiagramm.
(c) Ergänzen Sie Ihre Gruppierung aus (a) durch eine Gruppierung nach Fachgebieten und Bundesländern. Nutzen Sie nun den „facet_wrap()"-Befehl und betrachten Sie das Balkendiagramm aus (b) nach Bundesländern. Beschreiben Sie Ihre Beobachtungen.
(d) Nutzen Sie Ihr Balkendiagramm aus Aufgabe (b) und beschriften Sie die Balken mit den entsprechenden Zahlenwerten. Erläutern Sie kurz, was dabei zu beachten ist.
(e) Betrachten Sie abschließend den einfachen Zusammenhang zwischen dem regionalen Preisindex als abhängige und dem preisbereinigten Einkommen als unabhängige Variable. Visualisieren Sie den Zusammenhang durch ein einfaches Streudiagramm. (Hinweis: Filtern Sie hierzu Ihre Daten auf das Fachgebiet „Insgesamt").

---

[6] Das Paket „saveWidget" ist einmalig zu installieren. Für eine Wiederholung siehe Abschn. 1.2.3.

(f) Nutzen Sie das Streudiagramm aus Aufgabe (e) und beschriften Sie die stärksten Ausreißer. Bilden Sie hierzu ein geeignetes „subset" und positionieren Sie die Beschriftungen zentriert unter den Punkten. Erläutern Sie kurz, was dabei zu beachten ist.

Aufgabe 4.2: Animationen mit „gganimate"
Laden Sie den Datensatz „datensatz_final".

(a) Bilden Sie einen neuen Datensatz „data_fachgebiete", indem Sie Ihre Daten nach Fachgebieten und Bundesländern gruppieren.
(b) Nutzen Sie Ihren Datensatz „data_fachgebiete" aus Aufgabe (a) und generieren Sie ein Balkendiagramm.
(c) Nutzen Sie nun das Balkendiagramm aus Aufgabe (b) und gestalten Sie eine Animation nach Bundesländern. Berücksichtigen Sie im „subtitle" dabei die Animation der Bundeslandnamen. Erläutern Sie kurz, was Sie dabei beachten müssen.
(d) Welche weiteren Einstellungsmöglichkeiten kennen Sie? Erläutern Sie kurz.

Aufgabe 4.3: Visualisierung von Tabellen mit „stargazer"
Laden Sie den Datensatz „datensatz_final" und filtern Sie nach dem Fachgebiet „Insgesamt".

(a) Generieren Sie mithilfe des „stargazer"-Pakets einen Überblick zur explorativen Statistik Ihres Datensatzes. Erläutern Sie Ihre Beobachtungen.
(b) Geben Sie Ihrer Tabelle aus (a) eine geeignete Überschrift und lassen Sie sich die Variablen ohne Nachkommastellen angeben. Welche weiteren Einstellungsmöglichkeiten gibt es. Erläutern Sie kurz. (Hinweis: Tippen Sie „?stargazer" in die Konsole zur Hilfestellung).
(c) Wählen Sie auf Basis Ihrer Tabelle aus Aufgabe (d) die Variablen „regionaler_preisindex_2022", „preisindex_fur_wohnkosten_2022" und „preisindex_ohne_wohnkosten_2022" aus. Ändern Sie die Variablennamen in Ihrer Tabelle. Erläutern Sie kurz Ihre Beobachtungen.
(d) Betrachten Sie den Zusammenhang zwischen dem regionalen Preisindex als abhängige und das preisbereinigte Einkommen als unabhängige Variable. Führen Sie eine Regressionsanalyse für Ihr „model_1" durch und interpretieren Sie.
(e) Fügen Sie die Bundesländer als „model_2" und die Anzahl Studierende als „model_3" hinzu und lassen Sie sich die drei Modelle mithilfe des „stargazer"-Pakets vergleichend nebeneinander visualisieren. Interpretieren Sie.
(f) Nutzen Sie die weiteren Einstellungsmöglichkeiten des „stargazer()"-Befehls, um Ihre Tabelle aus Aufgabe (e) in eine publizierbare Form zu bringen. Öffnen Sie die Tabelle abschließend als „Word"-Dokument und erläutern Sie Ihre Beobachtungen.

Aufgabe 4.4: Das Arbeiten mit und visualisieren von Geodaten
Laden Sie den Datensatz „geodaten.rds" über den Befehl „read_rds()".

(a) Generieren Sie eine Deutschlandkarte, in der die Verteilung der Gesamtzahl der Studierenden (Variable gesamt) nach Kreisen und kreisfreien Städte wiedergegeben wird. Erläutern Sie Ihre Beobachtungen.
(b) Passen Sie Ihre Grafik aus (a) so an, dass nicht die Kreis- sondern nur die Bundeslandgrenzen sichtbar werden. Was müssen Sie dabei beachten?
(c) Passen Sie die Farbgebung so an, dass die Kreise je nach Anzahl Studierender von grau bis schwarz eingefärbt werden.
(d) Bilden Sie einen Datensatz „top_7" für die sieben größten Hochschulstandorte und beschriften Sie Ihre Abbildung aus (b) entsprechend. Was müssen Sie dabei beachten? Beschreiben Sie Ihre Beobachtungen.

Literatur

Goecke, Henry/Henger, Ralph/Schröder, Bjarne/Schröder, Christoph/Wendt, Jan (2023), Regionaler Preisindex für Deutschland – ein neuer Erhebungssatz mit Big Data, Gutachten in Zusammenarbeit mit dem Bundesinstitut für Bau-, Stadt- und Raumforschung (BBSR) im Bundesamt für Bauwesen und Raumordnung (BBR), Köln.

Hailperin, Karl (2019). Animate ggplots with gganimate::cheat sheet, package version 1.0.3, https://rstudio.github.io/cheatsheets/gganimate.pdf. [31.01.2025]

Hlavac, Marek (2022). stargazer: Well-Formatted Regression and Summary Statistics Tables. R package version 5.2.3., https://CRAN.R-project.org/package=stargazer. [31.01.2025]

Statistische Ämter des Bundes und der Länder (2022a), Studierende nach Geschlecht, Nationalität und Fächergruppen – regionale Tiefe: Kreise und kreisfreie Städte, WS 2015/16-WS 2021/22, https://www.regionalstatistik.de/genesis//online?operation=table&code=21311-01-01-4&bypass=true&levelindex=1&levelid=1701421593094#abreadcrumb. [31.01.2025]

Statistische Ämter des Bundes und der Länder (2022b), Einkommensverteilung (Kreise), 2.4 Verfügbares Einkommen der privaten Haushalte einschl. der privaten Organisationen ohne Erwerbszweck, https://www.statistikportal.de/de/vgrdl/ergebnisse-kreisebene/einkommen-kreise [31.01.2025]

Weiterführende Literatur

Healy, Kieran (2018) Data Visualization: A Practical Introduction, Princeton University Press: Princeton und Oxford.

Kabacoff, Robert (2024) Modern Data Visualization with R, CRC Press: Boca Raton.

Sievert, Carson (2020) Interactive Web-Based Data Visualization with R, plotly and shiny, CRC Press: Boca Raton.

Einführung in die simulationsbasierte Inferenzstatistik und „Machine Learning" mit R

Wir laden beide Datensätze: (1) In der Regel verwenden wir den Datensatz „studenten", der den Datensatz auf „insgesamt" filtert und damit nicht nochmal zwischen den Fachgebieten differenziert und (2) den Datensatz „fachgebiete", der den Datensatz ohne „insgesamt" filtert und damit eine Differenzierung zwischen den Fachgebieten erlaubt.

```
studenten <- read_csv("Daten/datensatz_final.csv") |>
  filter(fachgebiet=="Insgesamt")

fachgebiete <- read_csv("Daten/datensatz_final.csv") |>
  filter(fachgebiet!="Insgesamt")
```

5.1 Simulationsbasierte Inferenzstatistik

In Abschn. 1.4.2 und im Verlauf des Lehrbuchs haben wir bei der inferenzstatistischen Datenanalyse immer wieder auf so genannte parametrische Testverfahren zurückgegriffen – ohne diese weitergehend zu hinterfragen oder zu diskutieren. Hierzu gingen wir beim Schließen (engl. to infer) von der Stichprobe auf die Grundgesamtheit bisher davon aus, dass die Eigenschaften der Stichprobe und der Grundgesamt derselben Wahrscheinlichkeitsverteilung folgen – in der Regel der Normalverteilung. Zur Beurteilung, ob die zu prüfende Nullhypothese verworfen werden kann, haben wir uns schließlich dem p-Wert bedient. Der p-Wert beschreibt dabei den kritischen Wert der Irrtumswahrscheinlichkeit, ab der wir die Nullhypothese verwerfen können. In der Regel liegt der kritische Wert zum Verwerfen der Nullhypothese bei 5 %, d. h. liegt der p-Wert bei höchstens 5 % verwerfen wir unsere Nullhypothese und sprechen von einem signifikanten Ergebnis oder Effekt.

Diese Argumentation unter Rückgriff auf den p-Wert steht aber aus mehreren Gründen in der Kritik (Hirschauer et al. 2015; Nuzzo 2014): (1) Die Verwendung des p-Werts ist als alleiniges Maß für die empirische Evidenz gegen die Nullhypothese oft ungeeignet und kann damit zu Missverständnissen führen. Auch das Gleichsetzen des p-Werts mit dem Begriff der Irrtumswahrscheinlichkeit, d. h. die Wahrscheinlichkeit, die Nullhypothese zu verwerfen, obwohl diese richtig ist, oder das Gleichsetzen mit der Signifikanz wird in der Literatur besonders kritisch gesehen (Nuzzo 2014). (2) Daneben kann das so genannte „p-hacking", d. h. die gezielte Suche nach Auswertungen, die zu statistisch signifikanten Ergebnissen führen, zu Verzerrungen führen und Fehlinterpretationen begünstigen (Hirschauer et al. 2015). So zeigen die Beiträge von Ziliak/McCloskey (2008) und Krämer (2011) die Verbreitung solcher Fehlinterpretationen in besonders renommierten Zeitschriften, wie dem „American Economic Review" oder dem „German Economic Review". Die p-Wert Diskussion in der wissenschaftlichen Literatur veranlasste gar das renommierte „Journal Basic and Applied Social Psychology" im März 2015 dazu auf die Angabe des p-Wertes zu verzichten (Trafimow und Marks 2015).

Vor diesem Hintergrund kann die Verwendung von Simulationen in der Inferenzstatistik sinnvoll sein, weil es sich bei den Simulationen um keine parametrischen Testverfahren handelt, d. h. diese sind zum Beispiel nicht auf die Normalverteilung der Daten angewiesen. Im Gegensatz zu parametrischen Testverfahren, die sich auf einen einzelnen p-Wert zur Testentscheidung verlassen, erlauben Simulationen die Betrachtung einer Verteilung von vielen (in der Regel 10.000) Teststatistiken unter der Nullhypothese, was damit ein umfassenderes Bild der Daten liefert. In diesem Zusammenhang betrachten wir neben dem Permutationsverfahren auch das Bootstrapverfahren, das der Bestimmung eines Konfidenzintervalls dient, in dem die gesuchte Eigenschaft (z. B. Mittelwert) mit einer bestimmten Wahrscheinlichkeit liegt.

5.1.1 Bootstrap

Mithilfe des Bootstrapverfahrens lassen sich simulationsbasiert Konfidenzintervalle bestimmen, in denen ein Parameter (z. B. Mittelwertdifferenz (diffmean), Regressionskoeffizient (lm)) mit beliebig prozentualer Wahrscheinlichkeit liegt. Im Gegensatz zum asymptotischen Konfidenzintervall wird dabei nicht ein Intervall vor dem Hintergrund einer Prüfgröße berechnet, sondern ein Intervall vor dem Hintergrund einer Verteilung von (in der Regel 10.000) Prüfgrößen.

Das Bootstrapverfahren zieht hierzu 10.000 Bootstrap-Stichproben aus der gegebenen Stichprobe mit Zurücklegen. Dabei besteht jede Bootstrap-Stichprobe aus so vielen Beobachtungen wie die ursprüngliche Stichprobe. Vor dem Hintergrund unseres Datensatzes bedeutet dies, dass jede Bootstrapstichprobe aus 400 Beobachtungen besteht. Das Zurücklegen jeder Beobachtung beim Ziehen der Stichproben sorgt aber dafür, dass sich die Zusammensetzung im Einzelfall unterscheidet. Schließlich kann es sein, dass in der einen Stichprobe der Landkreis München gar nicht und im nächsten Fall zehn Mal gezogen wird. Abb. 5.1 verdeutlicht die Vorgehensweise des Bootstrapverfahrens.

Bootstrap:

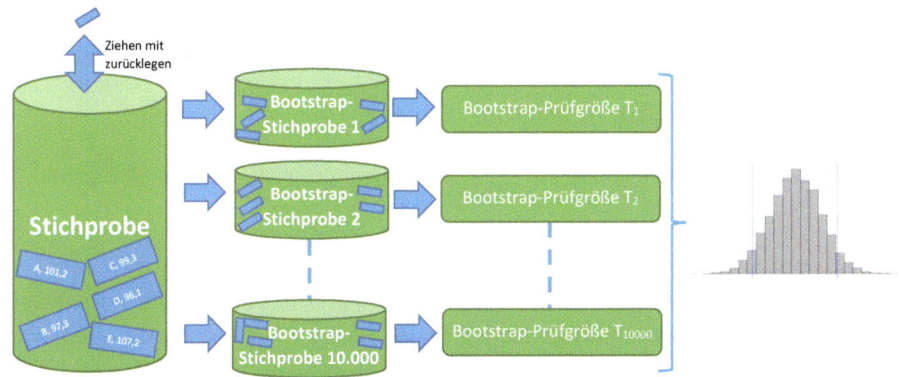

Abb. 5.1 Vorgehensweise beim Bootstrapverfahren

Es wird deutlich, dass 10.000 Bootstrap-Stichproben aus der ursprünglichen Stichprobe gezogen werden. Für jede der 10.000 Stichproben berechnen wir eine Prüfgröße – also z. B. die Mittelwertdifferenz (diffmean) beim regionalen Preisindex zwischen Ost- und Westdeutschland oder den Regressionskoeffizienten (lm) beim Einfluss der Studierendenanzahl eines Landkreises auf den regionalen Preisindex. Am Ende entscheidet schließlich die Verteilung der 10.000 Prüfgrößen (siehe Histogramm in Abb. 5.1) über linken und rechten Randwerte des Konfidenzintervalls (siehe vertikale Linien in Abb. 5.1).

Berechnen wir dabei ein zweiseitiges Konfidenzintervall, in dem der gesuchte Parameter (Mittelwertdifferenz, Regressionskoeffizient) mit 90 %-iger Wahrscheinlichkeit liegt, so betrachten wir das 5 %- und das 95 %-Quantil der Bootstrapverteilung. Bei einem Konfidenzniveau von 95 % entsprechend das 2,5 %- und das 97,5 %-Quantil bzw. bei 99 % das 0,5 %- und das 99,5 %-Quantil der Bootstrapverteilung.

Die einzelnen Schritte lassen sich dabei zu einem einfachen Schema zusammenfassen, die Orientierung bei der Durchführung des Bootstrapverfahrens geben:

(1) *Schritt 1:* Wir schaffen mit „set.seed()" zunächst Reproduzierbarkeit.
(2) *Schritt 2:* Wir ziehen 10.000 (do(10000)) Stichproben mit Zurücklegen (resample()).
(3) *Schritt 3:* Für jede der 10.000 Stichproben berechnen wir die zu betrachtende Prüfgröße (z. B. diffmean(), lm() usw.).
(4) *Schritt 4:* Wir betrachten die Verteilung der Prüfgröße (Bootvtlg) und berechnen die entsprechenden Quantile (quantile()) für das gesuchte Intervall.

Zur Veranschaulichung berechnen wir zunächst ein 90-%-Konfidenzintervall für die Mittelwertdifferenz. Wir bleiben bei unserem Beispiel und betrachten den Unterschied im mittleren Preisindex zwischen Ost- und Westdeutschland. Hierzu bilden wir zunächst die

Variable Bundesregion und unterscheiden mit dem „case_when()"-Befehl zwischen Ostdeutschland und Westdeutschland, wobei die Bundesländer Brandenburg, Mecklenburg-Vorpommern, Sachsen, Sachsen-Anhalt und Thüringen Ostdeutschland und der Rest Westdeutschland definieren.[1]

```
studenten_neu <- studenten |>
    mutate(bundesregion=case_when(
    bundesland %in% c("Brandenburg","Mecklenburg-Vorpommern","Sachsen","Sachsen-Anhalt","Thüringen"~"Ostdeutschland",
    TRUE~"Westdeutschland"))
```

Wir nutzen den neuen Datensatz „studenten_neu" und berechnen ein 90-%-Konfidenzintervall für die Mittelwertdifferenz des regionalen Preisindex zwischen Ost- und Westdeutschland mithilfe des Bootstrapverfahrens. Hierzu sorgen wir in Schritt 1 zunächst mit dem „set.seed()"-Befehl für Reproduzierbarkeit, d. h. hierüber können wir die Bootstrap-Simulation reproduzieren. Schließlich werden durch jede Bootstrap-Simulation neue Bootstrap-Stichproben und damit neue Prüfgrößen gezogen, sodass sich die Verteilung der Prüfgrößen (Bootstrapverteilung) von Simulation zu Simulation (geringfügig) unterscheiden.

In Schritt 2 ziehen wir mit „do()" insgesamt 10.000 Bootstrap-Stichproben für die mittlere Preisindexdifferenz („diffmean()", kurz dm) und ziehen dabei mit Zurücklegen („resample"). Zur Veranschaulichung betrachten wir die Prüfgröße für die ersten sechs Bootstrap-Stichproben mit dem „head()"-Befehl.

```
set.seed(1234)
Bootvtlg_dm <- do(10000)*
    diffmean(regionaler_preisindex_2022~bundesregion,data=resample(studenten_neu))

head(Bootvtlg_dm)
  diffmean
1 4.720605
2 5.189787
3 4.973981
4 5.523723
5 5.373095
6 5.209551
```

So wird deutlich, dass in der ersten Bootstrap-Stichprobe der mittlere Unterschied des regionalen Preisindex zwischen Ost- und Westdeutschland bei 4,72 Indexpunkten, bei der zweiten Bootstrap-Stichprobe bei 5,19 Indexpunkten usw. liegt.

---

[1] Berlin als Sonderfall – mit West- und Ostberlin – wird zur Vereinfachung zu Westdeutschland gezählt, zumal der heutige Landkreis nicht mehr in Ost und West unterteilt wird.

5.1 Simulationsbasierte Inferenzstatistik

Führen wir das Bootstrapverfahren (ohne „set.seed()") erneut durch, so wird eine neue Simulation und damit neue Bootstrap-Stichproben und -Prüfgrößen gezogen.

```
Bootvtlg_2 <- do(10000)*
  diffmean(regionaler_preisindex_2022~bundesregion,data=resample(studenten_neu))

head(Bootvtlg_2)

  diffmean
1 5.122167
2 4.798614
3 4.949292
4 4.816419
5 5.085354
6 5.292189
```

Nutzen wir hingegen den „set.seed"-Befehl, so wird der Sinn und Zweck der Reproduzierbarkeit unmittelbar deutlich. Schließlich werden nun exakt dieselben Bootstrap-Stichproben und damit -Prüfgrößen simuliert, wie zuvor.

```
set.seed(1234)
Bootvtlg_dm <- do(10000)*
  diffmean(regionaler_preisindex_2022~bundesregion,data=resample(studenten_neu))

head(Bootvtlg_dm)

  diffmean
1 4.720605
2 5.189787
3 4.973981
4 5.523723
5 5.373095
6 5.209551
```

Wir betrachtet nun die Bootstrapverteilung (Bootvtlg_dm), um die Verteilung der 10.000 Mittelwertdifferenzen für den regionalen Preisindex zwischen Ost- und Westdeutschland zu visualisieren. Dabei berechnen wir mit „quantile()" in 4. und letztem Schritt vor dem Hintergrund eines Konfidenzniveaus von 90 % das 5-%- und 95-%-Quantil der Bootstrapverteilung. Wir visualisieren beide Randwerte des Konfidenzintervalls durch eine vertikale Linie („geom_vline()"). Dabei sollten wir die „Aesthetics" in der ersten „ggplot()"-Zeile definieren, da beide geometrischen Objekte „geom_histogram()" und „geom_vline" hierauf zurückgreifen.

```
q <- quantile(~diffmean,probs=c(0.05,0.95),data=Bootvtlg_dm)
q

      5%       95%
4.381907 5.927574

Bootvtlg_dm |>
  ggplot(aes(diffmean))+
  geom_histogram()+
  geom_vline(xintercept = q, color="blue")
```

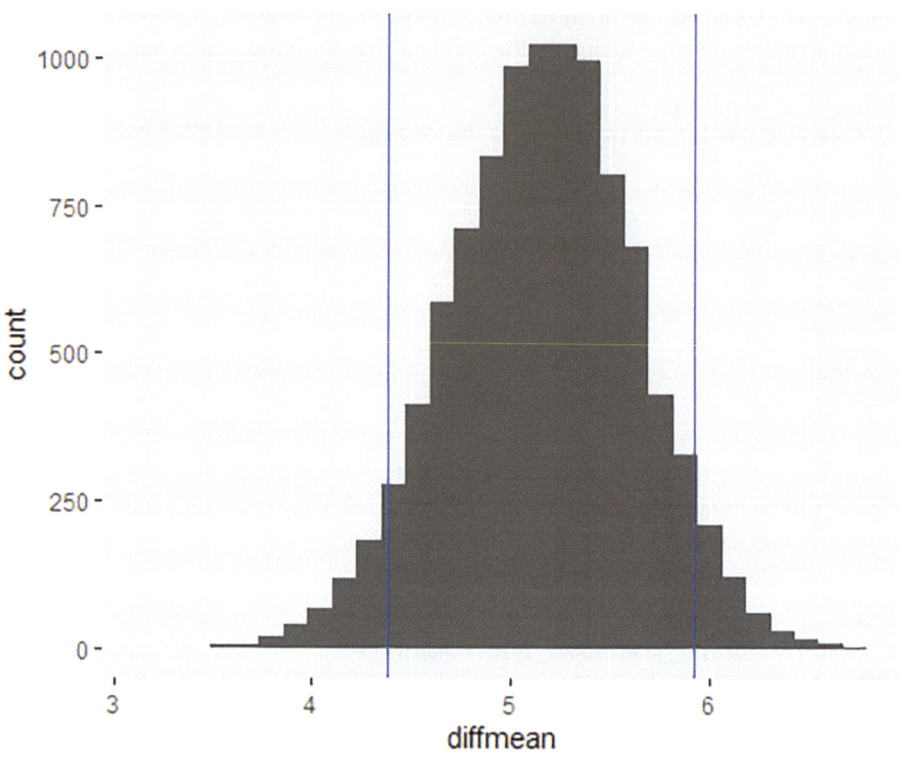

Die beiden vertikalen Linien verdeutlichen schließlich den linken und rechten Randwert des 90-%-Konfidenzintervalls. Entsprechend liegt die Mittelwertdifferenz des regionalen Preisindex zwischen Ost- und Westdeutschland mit einer Wahrscheinlichkeit von 90 % zwischen 4,38 und 5,93 Indexpunkten.

Analog ergeben sich die Überlegungen zur Bootstrap-Simulation bei der Bestimmung eines Konfidenzintervalls für den Regressionskoeffizienten. Zur Veranschaulichung betrachten wir den Zusammenhang zwischen dem regionalen Preisindex und der Anzahl Studierender. Hierzu berechnen wir zunächst ein lineares Modell („lm()") und beachten, dass der regionale Preisindex als abhängige Variable (y) und dann die Anzahl Studierende (gesamt) als unabhängige Variable (x) folgt.

5.1 Simulationsbasierte Inferenzstatistik

```
model_1 <- lm(regionaler_preisindex_2022~gesamt,data=studenten)
summary(model_1)


Call:
lm(formula = regionaler_preisindex_2022 ~ gesamt, data = studenten)

Residuals:
     Min       1Q   Median       3Q      Max
-16.4702  -3.3689  -0.7392   3.1279  16.7935

Coefficients:
              Estimate  Std. Error  t value             Pr(>|t|)
(Intercept) 97.29496874 0.25185200  386.318 <0.0000000000000002 ***
gesamt       0.00012121 0.00001265    9.585 <0.0000000000000002 ***
---
Signif. codes:  0 '***' 0.001 '**' 0.01 '*' 0.05 '.' 0.1 ' ' 1

Residual standard error: 4.681 on 398 degrees of freedom
Multiple R-squared:  0.1875,    Adjusted R-squared:  0.1855
F-statistic: 91.88 on 1 and 398 DF,  p-value: < 0.00000000000000022
```

Es wird deutlich, dass der Effekt der Studierenden hoch signifikant (p-Wert = 0), aber mit 0,00012 Indexpunkten relativ klein ist. D. h. jeder Studierende erhöht den regionalen Preisindex um 0,00012 Indexpunkte.

Nun wollen wir ein 90-%-Konfidenzintervall für den Regressionskoeffizienten bestimmen, in dem unser wahrer Parameter mit einer Wahrscheinlichkeit von 90 % liegt. Der einzige Unterschied zur Betrachtung der Vorgehensweise zuvor ist die Prüfgröße – da wir nun nicht mehr „diffmean", sondern „lm" betrachten. Zur Veranschaulichung betrachten wir wieder die ersten sechs Bootstrap-Stichproben.

```
set.seed(1235)
Bootvtlg_lm <- do(10000)*
  lm(regionaler_preisindex_2022~gesamt,data=resample(studenten))

head(Bootvtlg_lm)
  Intercept      gesamt    sigma r.squared        F numdf dendf .row .index
1 96.95714 0.00018168240 4.519447 0.2634573 142.36246     1   398    1      1
2 97.05177 0.00011697721 4.620755 0.2094148 105.42457     1   398    1      2
3 97.28514 0.00013994966 5.128045 0.2640699 142.81222     1   398    1      3
4 97.38570 0.00013718307 4.545933 0.2276313 117.29791     1   398    1      4
5 97.66351 0.00014517449 4.585353 0.1846376  90.12649     1   398    1      5
6 97.68689 0.00007790326 4.676614 0.1286596  58.76753     1   398    1      6
```

Es wird deutlich, dass das Bootstrapverfahren nun für jede der 10.000 Bootstrap-Stichproben ein lineares Modell (also eine Regressionsanalyse) rechnet. Der Regressionskoeffizient für den Effekt der Anzahl Studierende auf den regionalen Preisindex wird nun in Spalte 2 unter „gesamt" deutlich. Entsprechend zeigt Bootstrap-Stichprobe 1, dass jeder Studierende den regionalen Preisindex um 0,000181 Indexpunkte erhöht usw. Da wir uns nur für die Spalte „gesamt" interessieren, berechnen wir das 90 %-Konfidenzintervall durch Rückgriff auf die Spalte (~) „gesamt" und berechnen entsprechend das 5-%- und 95-%-Quantil der Bootstrapverteilung (Bootvtlg_lm).

```
quantile(~gesamt,probs=c(0.05,0.95),data=Bootvtlg_lm)
         5%           95%
0.00008336954 0.00017961398
```

Folglich erhöht jeder Studierende in einem Landkreis bzw. einer kreisfreien Stadt den regionalen Preisindex mit einer Wahrscheinlichkeit von 90 % zwischen 0,000083 und 0,000180 Indexpunkten.

5.1.2 Permutation

Mithilfe des Permutationsverfahrens sind nicht nur simulationsbasierte Intervallschätzungen möglich, sondern auch Punktschätzungen. Im Gegensatz zum asymptotischen Vorgehen wird dabei eine Testentscheidung nicht von der Berechnung einer Prüfgröße abhängig gemacht, sondern vielmehr von einer Verteilung von (in der Regel 10.000) Prüfgrößen.

Wir betrachten für unsere Zwecke dabei das Permutationsverfahren im Zusammenhang mit Punktschätzungen für Mittelwertdifferenzen (diffmean()) sowie für Regressionskoeffizienten (lm()). Dabei zieht das Permutationsverfahren 10.000 Stichproben aus unserer ursprünglichen Stichprobe ohne Zurücklegen. Hierzu teilen wir die zu betrachtenden Merkmale auf zwei Stichproben auf und ordnen jeder quantitativen Merkmalsausprägung (siehe Abb. 5.2, linke Stichprobe) zufällig ein anderes Merkmal (siehe Abb. 5.2, rechte Stichprobe) hinzu. Auf diese Weise simulieren wir gewissermaßen aufgrund der Unabhängigkeit der beiden Merkmalsstichproben die Situation unter der Nullhypothese, d. h. als hätten die beiden Merkmale nichts miteinander zu tun. Wir sprechen vor diesem Hintergrund auch von der Nullverteilung.

Analog zum Bootstrapverfahren werden auf diese Weise 10.000 Stichproben gezogen und für jede der 10.000 Stichproben eine Prüfgröße berechnet. Schließlich betrachten wir die Verteilung der 10.000 Stichproben (Histogramm in Abb. 5.2) und vergleichen diese mit der entsprechenden Prüfgröße in der ursprünglichen Stichprobe. Auf diese Weise vergleichen wir

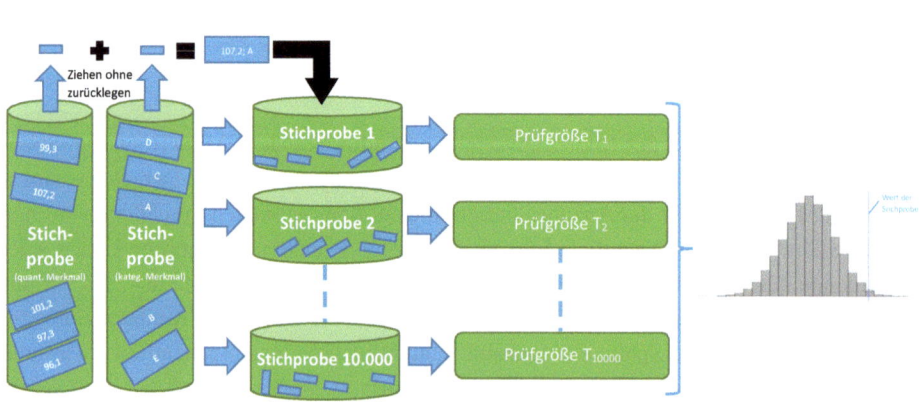

Abb. 5.2 Vorgehensweise beim Permutationsverfahren. (Für diffmean)

5.1 Simulationsbasierte Inferenzstatistik

quasi die hypothetische Welt (Situation unter der Nullhypothese, d. h. die Merkmale sind unabhängig) mit der Realität. Liegt der Stichprobenwert eher mittig der Nullverteilung, spricht das für ein Beibehalten der Nullhypothese, sodass die Merkmale unabhängig voneinander sind. Liegt der Stichprobenwert indes im „Tail" der Verteilung, so spricht diese Situation für ein Verwerfen der Nullhypothese, d. h. die Merkmale sind nicht unabhängig voneinander.

Die einzelnen Schritte lassen sich dabei zu einem einfachen Schema zusammenfassen, die Orientierung bei der Durchführung des Bootstrapverfahrens geben:

(1) Schritt 1: Wir schaffen mit „set.seed()" zunächst Reproduzierbarkeit.
(2) Schritt 2: Wir ziehen 10.000 (do(10000)) Stichproben ohne Zurücklegen (shuffle()).
(3) Schritt 3: Für jede der 10.000 Stichproben berechnen wir die zu betrachtende Prüfgröße (z. B. diffmean(), lm() usw.).
(4) Schritt 4: Wir vergleichen die Verteilung der Prüfgröße (Nullvtlg) mit der Prüfgröße aus der ursprünglichen Stichprobe zur Testentscheidung.

Analog zum Bootstrapverfahren betrachten wir die Mittelwertunterschiede des regionalen Preisindex zwischen Ost- und Westdeutschland und nutzen hierzu die neu gebildete Variable bundesregion (siehe Abschn. 5.1.1). Auch hier setzen wir zur Reproduzierbarkeit zunächst einen Seed mit dem „set.seed()"-Befehl (Schritt 1). Über die Zahl 1235 können wir anschließend dieselben Werte unserer Simulation wieder ziehen und damit reproduzieren. Anschließend ziehen wir in Schritt 2 mit „do()" 10.000 Stichproben ohne Zurücklegen (shuffle()) und berechnen für jede der 10.000 Stichproben als Prüfgröße die jeweilige Mittelwertdifferenz (diffmean()) in Schritt 3. Das Permutieren mithilfe des „shuffle()"-Befehls zeigt nochmal, dass wir jedem regionalen Preisindex zufällig eine Bundesregion zuordnen, als wären Preisindex und Bundesregion vollkommen unabhängig voneinander. Mit „head()" lassen wir uns die ersten 6 Mittelwertunterschiede der gezogenen Stichproben anzeigen.

```
set.seed(1235)
Nullvtlg <- do(10000)*
  diffmean(regionaler_preisindex_2022~shuffle(bundesregion),data=studenten_
neu)

head(Nullvtlg)
    diffmean
1   0.4576114
2   0.3017813
3   0.3571666
4   0.1019644
5  -0.5421153
6  -0.1860970
```

Die Prüfgrößen der ersten 6 Stichproben zeigen bereits die Tendenz in unserer hypothetischen Welt. Da die Mittelwertunterschiede alle sehr nahe an 0 liegen, spiegeln die Werte die Situation unter der Nullhypothese wider, d. h. $H_0: \mu_O - \mu_W = 0$.

Anschließend berechnen wir in Schritt 4 die Mittelwertdifferenz in unserer ursprünglichen Stichprobe und erhalten eine Differenz von 5,17 – ein Wert, der sehr weit weg von 0 ist.

```
diffmean(regionaler_preisindex_2022~bundesregion,data=studenten_neu)
diffmean
5.173551
```

Wir speichern den Stichprobenwert und lassen uns diesen im Vergleich als vertikale Linie (geom_vline) in das Histogramm der Nullverteilung (Nullvtlg) einzeichnen.

```
dm <- diffmean(regionaler_preisindex_2022~bundesregion,data=studenten_neu)
dm

diffmean
5.173551

Nullvtlg |>
  ggplot(aes(x=diffmean))+
  geom_histogram(color="black",fill="grey")+
  geom_vline(xintercept = dm, color="blue")
```

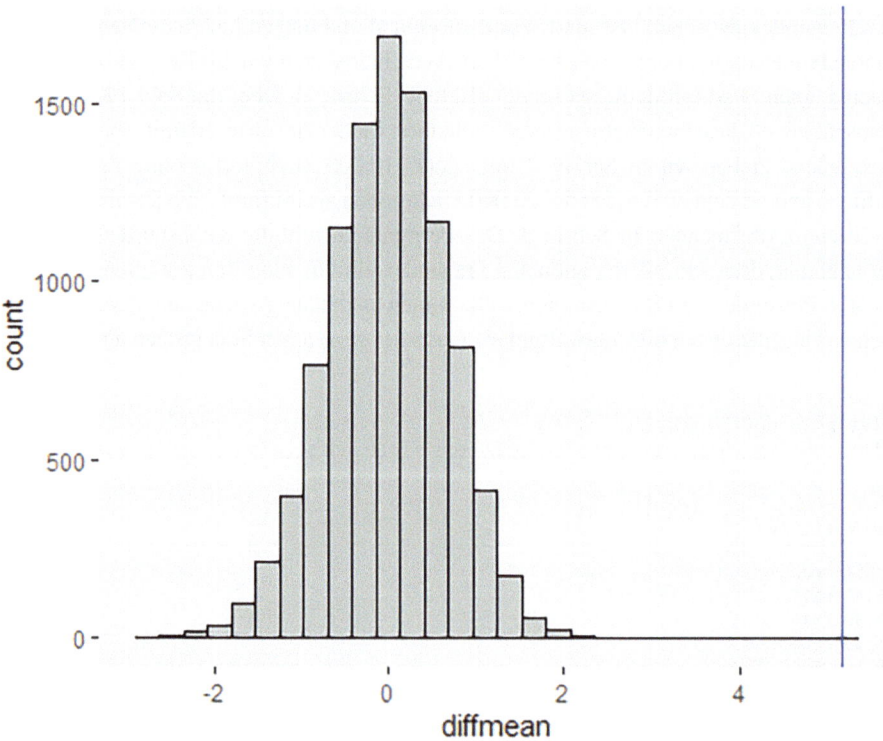

Die graphische Visualisierung zeigt nun die hypothetische Welt unter der Nullhypothese (Histogramm) im Vergleich zur Realität (vertikale Linie) aus der tatsächlichen Stichprobe. Da der Stichprobenwert weit entfernt von der Nullverteilung liegt, können wir die Nullhypothese verwerfen und damit feststellen, dass der regionale Preisindex und die Bundesregion nicht un-

5.1 Simulationsbasierte Inferenzstatistik

abhängig sind. Das positive Vorzeichen weist indes darauf hin, dass der Preisindex in westdeutschen Regionen im Schnitt höher ist als in Ostdeutschland.

Analog ergeben sich die Überlegungen zum Permutationsverfahren für die Regressionsanalyse. Wir betrachten hierzu den Zusammenhang zwischen dem regionalen Preisindex (regionaler_preisindex_2022) und der Anzahl Studierende (gesamt). Wir nutzen zunächst das asymptotische Regressionsmodel, lassen uns die Parameter mithilfe des „lm()"-Befehls berechnen und speichern das Ergebnis unter Modell 1. Wir erinnern uns hierzu an Abschn. 1.4.2.

```
model_1 <- lm(regionaler_preisindex_2022~gesamt,data=studenten)
summary(model_1)


Call:
lm(formula = regionaler_preisindex_2022 ~ gesamt, data = studenten)

Residuals:
    Min      1Q  Median      3Q     Max
-16.4702 -3.3689 -0.7392  3.1279 16.7935

Coefficients:
             Estimate  Std. Error  t value         Pr(>|t|)
(Intercept) 97.29496874 0.25185200 386.318 <0.0000000000000002 ***
gesamt       0.00012121 0.00001265   9.585 <0.0000000000000002 ***
---
Signif. codes:  0 '***' 0.001 '**' 0.01 '*' 0.05 '.' 0.1 ' ' 1

Residual standard error: 4.681 on 398 degrees of freedom
Multiple R-squared:  0.1875,    Adjusted R-squared:  0.1855
F-statistic: 91.88 on 1 and 398 DF,  p-value: < 0.00000000000000022
```

Modell 1 verdeutlicht noch einmal, dass wir einen hoch signifikanten Einfluss der Anzahl Studierende auf den regionalen Preisindex feststellen, zumal wir für einen p-Wert von 0 % die Nullhypothese definitiv verwerfen können. Ein Steigungsparameter in Höhe von 0,00012 zeigt allerdings auch, dass der Effekt relativ klein ist, d. h. pro 10.000 Studierende steigt der regionale Preisindex um 1,7 Indexpunkte.

Wir wenden wieder die ersten drei Schritte des Permutationsverfahrens an und ziehen 10.000 Stichproben ohne Zurücklegen. Wir speichern die Parameter unserer Schätzgeraden für die 10.000 linearen Modelle anschließend als Nullvtlg_2.

```
set.seed(1236)
Nullvtlg_2 <- do(10000)*
  lm(regionaler_preisindex_2022~shuffle(gesamt),data=studenten)
```

Im Code wird nochmal deutlich, was das Permutationsverfahren simuliert. Es ordnet jedem regionalen Preisindex eines Kreises/einer kreisfreien Stadt zufällig eine Anzahl der Studierenden zu und simuliert damit unmittelbar die Verteilung unter der Nullhypothese – die bekanntlich aussagt, dass der Steigungsparameter null ist. Diese hypothetische Welt vergleichen wir nun im 4. Schritt unseres Schemas mit dem Steigungsparameter aus Modell 1, d. h. dem Steigungsparameter der „Realität". Da wir nur den Steigungsparameter aus Modell 1 betrachten, geben wir R durch [2] zu verstehen, dass wir nur den Steigungsparameter in Spalte 2 betrachten.

```r
# Effekt in Modell 1
effekt <- abs(coef(model_1))[2]
effekt
```

```
    gesamt
0.0001212144
```

```r
# Graphische Visualisierung
Nullvtlg_2 |>
  ggplot(aes(x=gesamt))+
  geom_histogram(color="black",fill="grey")+
  geom_vline(xintercept = effekt)+
  labs(x="Steigungsparameter der Nullverteilung vs. Realität",
       y="Anzahl")+
  theme_minimal()
```

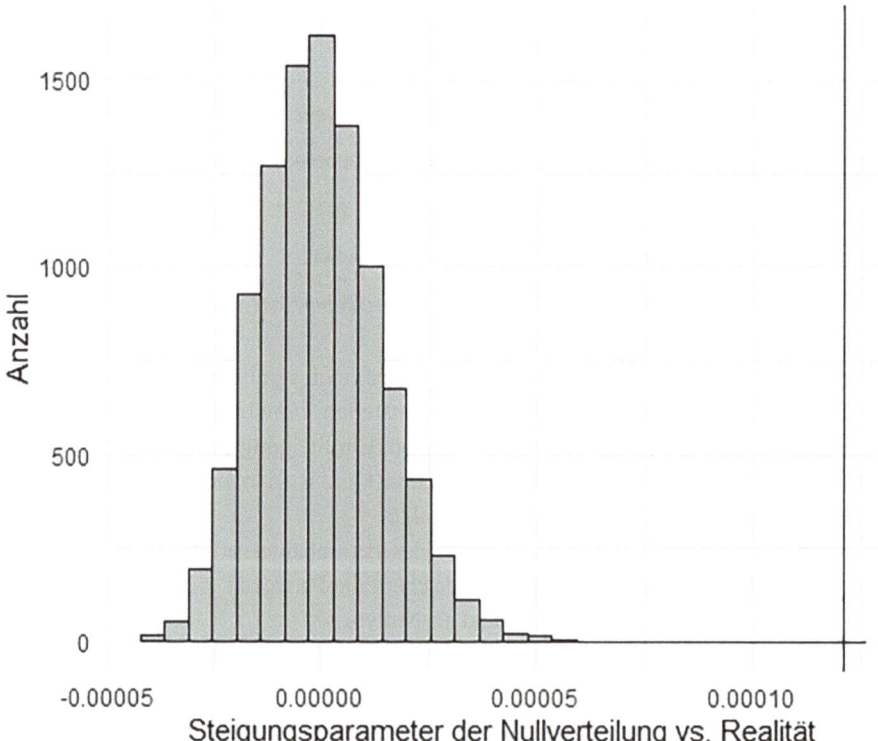

Es wird deutlich, dass der Steigungsparameter aus unserem Datensatz mit deutlichem Abstand von der hypothetischen Verteilung unter der Nullhypothese (Nullverteilung) entfernt liegt, sodass die Nullhypothese verworfen werden kann. Damit kommen wir zu dem Ergebnis, dass die Anzahl Studierende einen hoch signifikanten Einfluss auf den regionalen Preisindex hat.

5.2 Machine Learning mit R

Während sich die statistischen Verfahren, die bisher im Lehrbuch diskutiert wurden, fast ausschließlich mit Inferenz beschäftigen („Welchen Einfluss hat X auf Y?"), ist das Hauptziel von Machine Learning die Vorhersage („Gegeben des Wertes für X, was ist der wahrscheinlichste Wert für Y?"). Wie der Name verspricht, geht es hier um das „Lernen" aus Daten, um genaue Vorhersagen treffen zu können. Dafür kommen verschiedene Algorithmen und Verfahren zum Einsatz. Interessanterweise kann auch die bekannte lineare und logistische Regression als Machine-Learning-Verfahren verwendet werden. Diese werden häufig als sogenanntes „Baseline Model" – als Referenzmodell – für anspruchsvollere Verfahren verwendet. Im Folgenden werden die Grundzüge vom Machine Learning anhand einfacher Beispiele erläutert. Für die weiterführende Auseinandersetzung mit dem Thema werden im Anschluss Literaturhinweise gegeben.

Eines der häufigsten Probleme beim Machine Learning ist die sogenannte Klassifikation. Ein Beispiel ist etwa die Klassifikation von Spam-E-Mails („Handelt es sich bei der E-Mail um Spam oder nicht?"). Neben Klassifikationsproblemen gibt es auch die bekannten Regressionsprobleme, also die Vorhersage von Werten auf einer kontinuierlichen Skala. Für die Lösung dieser Probleme können verschiedene Verfahren angewendet werden. Diese lassen sich grob in „überwachtes" („supervised") und „unüberwachtes" („unsupervised") Machine Learning einteilen. Der größte Unterschied zwischen diesen Gruppen besteht in den verwendeten Daten. Während beim überwachten Lernen Trainingsdaten eingesetzt werden (hier gibt es korrekt klassifizierte Daten, die zum Training des Modells verwendet werden können), gibt es beim unüberwachten Lernen keine Trainingsdaten.

Übliche Verfahren für überwachtes Lernen sind etwa:

- Lineare Regression
- Logistische Regression
- Support Vector Machines
- Boosting (XGBoost)
- Random Forests
- Neuronale Netze

Unüberwachtes Lernen wird häufig für das Clustern von Daten verwendet oder für die Reduktion von Komplexität in Daten. Methoden, die dabei zum Einsatz kommen sind etwa:

- K-Means Clustering
- Hierarchical Clustering
- Principal Component Analysis (PCA)
- Convolutional Neural Networks (CNN)

Im Folgenden soll anhand eines Beispiels ein Regressions- und ein Klassifikationsproblem veranschaulicht werden. Ein großer Unterschied zwischen beiden Problemen besteht in der Evaluation des verwendeten Modells.

5.2.1 Regression

Als Beispiel für ein Regressionsproblem soll nachfolgend das regionale Preisniveau vorhergesagt werden. Dafür nehmen wir in einem fiktiven Beispiel an, dass wir die Daten nicht für alle Landkreise und kreisfreien Städte haben. Deshalb soll ein Modell entwickelt werden, dass die fehlenden Daten bestmöglich vorhersagen kann. Hierfür unterteilen wir unsere bekannten Daten zunächst in Trainings- und Testdaten. Da hier Trainingsdaten vorliegen, handelt es sich um überwachtes Lernen.

Um Trainings- und Testdatensätze zu erstellen, kann eine zufällige Stichprobe an Beobachtungen aus den bekannten Daten gezogen werden. Hierfür werden 80 % der Beobachtungen als Trainingsdaten und 20 % als Testdaten verwendet. Im nachfolgenden Code wird über die Funktion „sample()" eine Stichprobe gezogen. Der Befehl „set.seed()" wird analog zu den Simulationsverfahren aus Abschn. 5.1 dazu benutzt, um die Stichprobe replizierbar zu machen. Wenn die gleiche Zahl in der Funktion übergeben wird, ist auch die Stichprobe dieselbe. Mit „seq_len(nrow())" bilden wir hierzu Zeilennummern, auf die wir beim Filtern der Trainings- und Testdaten zurückgreifen. Entsprechend filtert „filter(row_number() %in% train_ind)" auf die Zeilennummern der Stichprobe für die Trainingsdaten und „filter(!row_number() %in% train_ind)" auf den Rest der Zeilennummern (außerhalb der Stichprobe) für die Testdaten.

```
ML_data <- studenten

# Zufällige Stichprobe von Beobachtungen für die Trainingsdaten
set.seed(1337)
train_ind <- sample(seq_len(nrow(ML_data)),size = round(0.8*nrow(ML_data),0
))

# Erstellen von Trainingsdatensatz
train <- ML_data |>
  filter(row_number() %in% train_ind) |>
  select(nominales_einkommen, gesamt)

# Erstellen von Testdatensatz
test <- ML_data |>
  filter(!row_number() %in% train_ind) |>
  select(nominales_einkommen, gesamt)

print(nrow(train))

[1] 320

print(nrow(test))

[1] 80
```

Wir sehen, dass ein neuer Datensatz „train" mit 320 Beobachtungen und ein neuer Datensatz „test" mit 80 Beobachtungen erzeugt wurde. Die Trainingsdaten werden nun dazu verwendet das Modell zu trainieren, die Testdaten, um das Modell zu evaluieren.

Zusätzlich zu den Variablen oder „Features", wie diese im Machine Learning Kontext genannt werden, die in das Modell eingehen, müssen auch die vorherzusagenden Werte

5.2 Machine Learning mit R

(„Outcome") in manchen Modellen getrennt übergeben werden. Deshalb werden diese Vektoren getrennt von den Features erzeugt. Mit „pull()" ziehen wir hierzu den regionalen Preisindex (regionaler_preisindex_2022) als Vektor. Für die nachfolgende Regression wird zudem ein Datensatz erzeugt („train_regression"), der sowohl die Features als auch das Outcome enthält, indem mit dem „cbind()"-Befehl beide Spalten verbunden werden.

```
train_outcomes <- ML_data |>
  filter(row_number() %in% train_ind) |>
  pull(regionaler_preisindex_2022)

test_outcomes <- ML_data |>
  filter(!row_number() %in% train_ind) |>
  pull(regionaler_preisindex_2022)

train_regression <- cbind(train, train_outcomes)
```

Die Trainingsdaten können jetzt verwendet werden, um mittels Machine Learning das regionale Preisniveau vorherzusagen. Üblicherweise werden ML-Modelle mit einer größeren Anzahl an Beobachtungen trainiert, um Werte für eine noch viel größere Anzahl an unbekannten Beobachtungen vorherzusagen. Für eine grobe Einführung in das Thema ist die überschaubare Anzahl an Beobachtungen in unserem Beispiel aber ausreichend und vereinfacht die Nachvollziehbarkeit der angewendeten Methoden.

Wir starten zunächst mit einer einfachen linearen Regression. Diese kann, wie bereits erläutert, auch im Kontext von Machine Learning eingesetzt werden und dient häufig als leicht zu trainierendes Modell, bei dem die Ergebnisse schon sehr gut sein können. Hier übergeben wir das nominale Einkommen in einem Landkreis oder einer kreisfreien Stadt und die Anzahl an Studierenden als Features in das Modell und versuchen damit, das regionale Preisniveau vorherzusagen.

Anschließend können wir dieses Modell nutzen, um Werte für bisher unbekannte Daten vorherzusagen. Hierfür nutzen wir die „predict()"-Funktion. Wir speichern die Ergebnisse als „Data Frame" – einer Datenstruktur in R, die eine Tabelle darstellt.

```
model <- lm(train_outcomes ~ nominales_einkommen + gesamt,
            data = train_regression)

predict <- predict(model, test)

outcome_df <- data.frame(cbind(predict, test_outcomes))

head(outcome_df)
   predict test_outcomes
1 99.16293     100.57768
2 99.51404     100.03924
3 98.11930      93.65814
4 98.71932      98.34133
5 98.09792      96.45803
6 97.07790      94.93170
```

Diese vorhergesagten Werte können wir dann neben die tatsächlichen Werte legen und überprüfen, wie gut das Modell diese vorhergesagt hat. Die tatsächlichen Werte (Y-Achse) und die vorhergesagten Werte können auch graphisch dargestellt werden.

```
ggplot(outcome_df, aes(x = predict, y = test_outcomes)) +
  geom_point() +
  geom_abline(color = "blue") +
  theme_minimal()
```

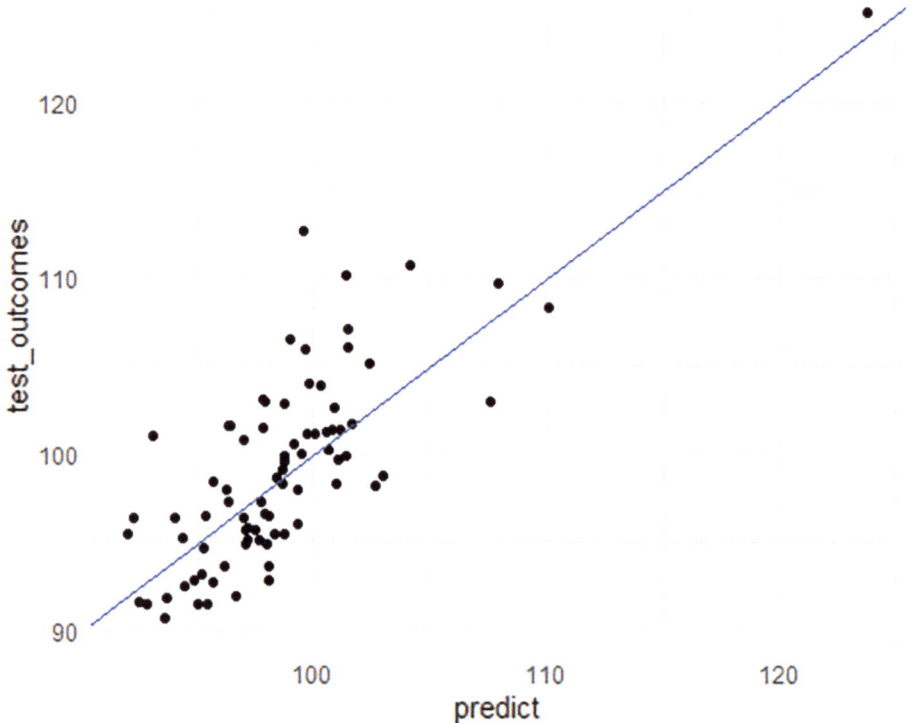

Für eine Evaluation des Modells können verschiedene Metriken berechnet werden. Hier kurz vorgestellt werden der „Mean squared error" (MSE) und der „Root mean squared error" (RMSE).

MSE: Der MSE wird berechnet als die durchschnittlichen quadrierten Differenzen zwischen den vorhergesagten und den tatsächlichen Werten. Gl. (5.1) zeigt die Berechnung:

$$MSE = \frac{1}{n}\sum_{i=1}^{n}(y_i - \hat{y}_i)^2 \qquad (5.1)$$

RMSE: Für eine bessere Interpretation der Werte kann die Wurzel aus dem MSE gezogen werden. Je niedriger der Wert, desto besser kann das Modell die Werte vorhersagen. Gl. (5.2) zeigt die Berechnung:

5.2 Machine Learning mit R

$$RMSE = \sqrt{MSE} \qquad (5.2)$$

Diese Werte können in R leicht berechnet werden.

```
mse_regression <- mean((outcome_df$test_outcomes - outcome_df$predict)^2)
rmse_regression <- sqrt(mse_regression)

print(rmse_regression)

[1] 3.594376
```

Der RMSE-Wert von 3,6 kann so interpretiert werden, dass das Modell im Durchschnitt 3,6 Punkte über oder unter dem tatsächlichen Wert liegt. Bei einem Minimum von 90 und einem Maximum von 125 des regionalen Preisindex könnte der Wert sicher besser sein, letztlich ist die Bewertung von Evaluationsmetriken aber immer subjektiv. Nützlich sind diese aber immer für den Vergleich verschiedener Modelle.

Im Folgenden wird deshalb noch ein zweites Modell trainiert. Hierfür wird auf einen häufig verwendeten Machine Learning Algorithmus zurückgegriffen: XGBoost. XGBoost liegt das sogenannte „Gradient Boosting Framework" zugrunde und beruht auf Entscheidungsbäumen und Regularisierung. Wichtig für fortgeschrittenere Algorithmen ist das Tuning der Hyperparameter. Hyperparameter sind externe Konfigurationsvariablen (z. B. die Anzahl der Zweige in Entscheidungsbäumen), die ein Modell stark verändern können. Dafür werden häufig viele verschiedene Modelle trainiert und das Beste ausgewählt. Für die kompakte Darstellung in diesem Lehrbuch wird allerdings auf Hyperparameter-Tuning verzichtet.[2]

```
model_xgb <- xgboost::xgboost(data = as.matrix(train),
                              label = as.double(train_outcomes) - 1,
                              nround = 100,
                              objective = "reg:squarederror",
                              verbose = 0)

pred_boost <- predict(model_xgb, as.matrix(test), type = "prob")
outcome_df <- data.frame(cbind(outcome_df, pred_boost))

mse_xgb <- mean((outcome_df$test_outcomes - outcome_df$pred_boost)^2)
rmse_xgb<- sqrt(mse_xgb)

print(rmse_xgb)

[1] 4.300009
```

Betrachtet man nun die RMSE-Werte der beiden Modelle, fällt auf, dass das einfache Regressionsmodell tatsächlich einen besseren Wert hat (3,6) als das XGBoost-Modell (4,3).

Um die Ergebnisse von Machine Learning Modellen zu verbessern, gibt es verschiedene Möglichkeiten. Einige Beispiele sind:

---

[2] Das Paket „xgboost" ist einmalig zu installieren. Für eine Wiederholung siehe Abschn. 1.2.3.

- die Verwendung eines anderen Modells,
- die Kombination verschiedener Modelle,
- die Auswahl besserer Hyperparameter,
- das Nutzen von mehr Trainingsdaten,
- das Hinzufügen weiterer Features,
- oder die Kombination oder Anreicherung von Features.

Als Beispiel wird im folgenden Codeausschnitt ein weiteres Feature „Bundesland" zum Modell hinzugefügt. Hierzu nutzen wir den bekannten „select()"-Befehl und wählen einfach drei anstelle von zwei Variablen aus. Wir speichern das neue Modell als „model_update".

```r
# Erstellen von Trainingsdatensatz
train <- ML_data |>
  filter(row_number() %in% train_ind) |>
  select(nominales_einkommen, gesamt, bundesland)

train_regression <- cbind(train, train_outcomes)
# Erstellen von Testdatensatz
test <- ML_data |>
  filter(!row_number() %in% train_ind) |>
  select(nominales_einkommen, gesamt, bundesland)

model_update <- lm(train_outcomes ~ nominales_einkommen + gesamt + bundesland,
                   data = train_regression)

predict <- predict(model_update, test)

outcome_df <- data.frame(cbind(predict, test_outcomes))
mse_regression_update <- mean((outcome_df$test_outcomes - outcome_df$predict)^2)
rmse_regression_update <- sqrt(mse_regression_update)

paste("RMSE Regression v1:", round(rmse_regression, 2))

[1] "RMSE Regression v1: 3.59"

paste("RMSE Regression v2:", round(rmse_regression_update, 2))

[1] "RMSE Regression v2: 3.29"
```

In der Evaluation sehen wir, dass sich durch die Hinzunahme eines weiteren Features der RMSE-Wert von 3,6 auf 3,3 verbessert hat.

5.2.2 Klassifikation

Neben der Vorhersage von Werten auf einer kontinuierlichen Skala werden häufig verschiede Klassen vorhergesagt. Beispiele hierfür sind die Erkennung von Spam-E-Mails, die Kennzeichnung betrügerischer Aktivitäten in einer Bank oder die Identifikation verschiedener Tiere bei der Bilderkennung. Wie bereits erwähnt, können hierfür verschiedene Algorithmen genutzt werden (z. B. logistische Regression, Naive Bayes oder Entscheidungsbäume).

Ein großer Unterschied zwischen Regressions- und Klassifikationsproblemen beim Machine Learning besteht in der Evaluation. Während bei Regressionsproblemen kontinuierliche Werte vorhergesagt werden, sind es bei der Klassifikation festgelegte Klassen. Das Ergebnis kann dabei entweder binär sein (z. B. „Spam" oder „Kein Spam") oder aus mehreren Klassen bestehen (z. B. „Hund", „Katze" oder „Maus" bei der Bilderkennung). Wenn diese Klassen von einem Modell vorhergesagt werden, gibt es generell vier verschiedene Möglichkeiten, wie das Ergebnis aussehen kann:

- **True Positive (TP):** Es wird vorhergesagt, dass eine Beobachtung zu einer Klasse gehört und sie gehört tatsächlich zu dieser Klasse.
- **True Negative (TN):** Es wird vorhergesagt, dass eine Beobachtung nicht zu einer Klasse gehört und sie gehört tatsächlich nicht zu dieser Klasse.
- **False Positive (FP):** Es wird vorhergesagt, dass eine Beobachtung zu einer Klasse gehört, obwohl sie tatsächlich nicht zu dieser Klasse gehört.
- **False Negative (FN):** Es wird vorhergesagt, dass eine Beobachtung nicht zu einer Klasse gehört, obwohl sie zu dieser Klasse gehört.

Basierend auf der Anzahl an auftretenden Fällen in allen vier Klassen (TP, TN, FP, FN) können verschiedene Metriken berechnet werden, mit Hilfe derer sich Klassifikationsmodelle evaluieren und vergleichen lassen. Typischerweise werden hierfür die sogenannte Precision, der Recall und der F1-Wert zur Evaluation herangezogen. Je nach Anwendungsfall gibt es eine Reihe weiterer Evaluationsmetriken, die aber an dieser Stelle nicht vertieft werden sollen.[3]

- **Precision:** Der Anteil von True Positives (TP), an allen Beobachtungen, die der Klasse zugeordnet wurden. Gl. (5.3) zeigt die Berechnung:

$$Precision = \frac{TP}{TP + FP} \tag{5.3}$$

---

[3] Hierzu zählen beispielsweise die Accuracy, Specificity, der Mathews Correlation Coefficient (MCC) oder der Logarithmic Loss (Log-Loss).

- **Recall:** Der Anteil von True Positives, an allen tatsächlichen Beobachtungen, die der Klasse hätten zugeordnet werden müssen. Gl. (5.4) zeigt die Berechnung:

$$Recall = \frac{TP}{TP + FN} \tag{5.4}$$

Der F1-Wert ist ein Wert, der beide Metriken schließlich zusammenfasst und es so ermöglicht, ein Modell als Ganzes zu evaluieren.

- **F1-Wert:** Harmonisches Mittel aus Precision und Recall, das heißt wir rechnen

$$F1 = 2 \cdot \frac{Precision \cdot Recall}{Precision + Recall} \tag{5.5}$$

Für die Illustration eines Klassifikationsproblems wird erneut ein fiktives Beispiel konstruiert. Nehmen wir dafür an, es gäbe anstelle der genauen Werte des regionalen Preisindex lediglich zwei Klassen: überdurchschnittliches und unterdurchschnittliches Preisniveau. Hierfür verwenden wir ein neues Feature „preisniveau_klasse", welches weiter oben bereits erstellt wurde. Die jeweiligen Outcome-Features werden dafür mit den neuen Werten überschrieben. Zusätzlich zur gesamten Anzahl an Studierenden pro Landkreis oder kreisfreier Stadt nehmen wir hier auch die Anzahl der ausländischen und der männlichen Studierenden in die Trainingsdaten mit auf.

```
# Erstellen neuer Trainings- und Testdaten
train <- ML_data |>
  filter(row_number() %in% train_ind) |>
  select(nominales_einkommen, gesamt, ausland_gesamt, männlich_gesamt)

test <- ML_data |>
  filter(!row_number() %in% train_ind) |>
  select(nominales_einkommen, gesamt, ausland_gesamt, männlich_gesamt)

# Erstellen neuer Outcomes mit binären Klassen
train_outcomes <- ML_data |>
  filter(row_number() %in% train_ind) |>
  pull(preisniveau_klasse)

test_outcomes <- ML_data |>
  filter(!row_number() %in% train_ind) |>
  pull(preisniveau_klasse)

train_regression <- cbind(train, train_outcomes)
```

Für die Klassifikation der Daten verwenden wir zunächst einen einfachen Entscheidungsbaum (Decision Tree). Entscheidungsbäume können sowohl für Klassifikations- als auch für Regressionsprobleme verwendet werden und haben den Vorteil, dass sie gute Vorhersagen

5.2 Machine Learning mit R

treffen können und gleichzeitig intuitiv zu interpretieren sind. Ein einfacher Entscheidungsbaum unterteilt die Daten in immer kleinere Untergruppen. Hierfür werden algorithmisch Werte für die Features bestimmt, an welchen sich die Daten am besten aufteilen lassen, um die Zielklassen oder -werte vorherzusagen. Um diese Logik zu veranschaulichen, schauen wir uns ein einfaches Beispiel an. Hierzu betrachten wir die „train_outcomes" als Outcome und alle anderen Variablen („~.") aus dem „train_regression"-Datensatz als Features.[4]

```
# Training von Entscheidungsbaum-Modell
model_tree <- partykit::ctree(as.factor(train_outcomes) ~ ., data = train_r
egression)

# Vorhersage mit Modell auf Testdaten
predict_dt <- predict(model_tree , test)
outcome <- data.frame(cbind(as.character(predict_dt ) , test_outcomes))

plot(model_tree, type = "simple")
```

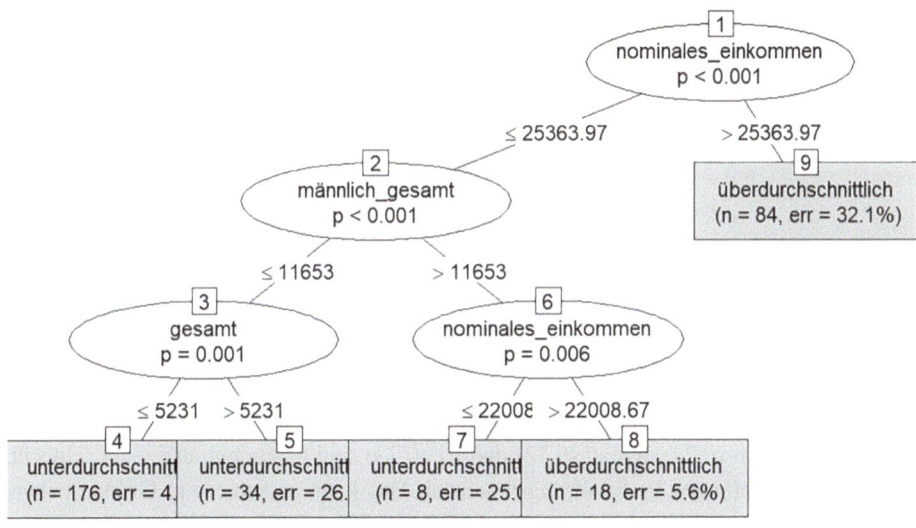

Hier wird ein Entscheidungsbaum trainiert, der die beiden Klassen des Preisniveaus „überdurchschnittlich" und „unterdurchschnittlich" vorhersagen soll. Die Grafik illustriert die Funktionsweise eines solchen Modells. Der erste Split wird über das nominale Einkommen durchgeführt. Ist das nominale Einkommen in einem Landkreis oder einer kreisfreien Stadt größer als 25.364 €, wird ein überdurchschnittliches Preisniveau vorhergesagt. Ist es kleiner oder gleich 25.364 €, werden weitere Splits durchgeführt. Als nächstbestes Feature wird die Anzahl der männlichen Studierenden herangezogen. Ist die Anzahl der

---

[4] Das Paket „partykit" ist einmalig zu installieren. Für eine Wiederholung siehe Abschn. 1.2.3.

männlichen Studierenden kleiner oder gleich 11.968 wird das Preisniveau nach einem weiteren Split als „unterdurchschnittlich" klassifiziert, ist die Anzahl größer wird erneut über das nominale Einkommen geplittet. Dieser Prozess kann prinzipiell immer weiter fortgeführt werden. Dadurch kann es aber zu sogenanntem „Overfitting" kommen, d. h. das Modell passt sehr gut auf die Trainingsdaten, kann aber nicht generalisieren und macht dadurch sehr schlechte Vorhersagen für unbekannte Testdaten.

Im Anschluss an das Training können wir das Modell mit den diskutierten Metriken evaluieren. Hierfür berechnen wir manuell die Werte für True Positives, False Positives, False Negatives und True Negatives und daraus schließlich die Precision, den Recall und den F1-Wert.

```
# Berechnung der Evaluationsmetriken
TP <- sum(outcome$V1 == "überdurchschnittlich" &
          outcome$test_outcomes == "überdurchschnittlich")
FP <- sum(outcome$V1 == "überdurchschnittlich" &
          outcome$test_outcomes == "unterdurchschnittlich")
FN <- sum(outcome$V1 == "unterdurchschnittlich" &
          outcome$test_outcomes == "überdurchschnittlich")
TN <- sum(outcome$V1 == "unterdurchschnittlich" &
          outcome$test_outcomes == "unterdurchschnittlich")

Precision <- TP / (TP + FP)
Recall <- TP / (TP + FN)
F1 <- 2 * (Precision * Recall) / (Precision + Recall)

paste("Modell: Entscheidungsbaum. Precision: ", round(Precision, 2),
      "/ Recall: ", round(Recall, 2), "/ F1: ", round(F1, 2))

[1] "Modell: Entscheidungsbaum. Precision:  0.74 / Recall:  0.72 / F1:  0.73"
```

Wir stellen fest, dass der Anteil der „True Positives" an allen Beobachtungen, die dieser Klasse zugeordnet werden, bei 74 % liegt. Der Anteil der „True Positives" an allen tatsächlichen Beobachtungen in dieser Klasse ist 72 %. Daraus ergibt sich ein Mittel von 0,73. Die Werte für Precision (0,74), Recall (0,72) und F1 (0,73) sind insgesamt also nicht schlecht, aber es besteht durchaus Verbesserungspotenzial. Das kann verschiedene Gründe haben. Neben der Tatsache, dass die Anzahl an Trainingsdaten und vor allem an Features in unserem Beispiel sehr gering ist, haben Entscheidungsbäume auch das Problem, dass die Vorhersagequalität häufig nicht sehr gut ist. Denn die Vorhersagen können eine hohe Varianz aufweisen und einzelne Features können sehr starken Einfluss auf die Vorhersagen haben. Die Lösung hierfür ist nicht nur einen, sondern mehrere Entscheidungsbäume zu erstellen (z. B. über Bagging, Boosting oder Random Forest).

Random Forest ist ein Machine-Learning-Verfahren, bei dem mehrere Entscheidungsbäume gebildet werden, in welchen eine zufällige Auswahl an Features verwendet wird. Die Vorhersagen von allen Entscheidungsbäumen werden dann in eine einzelne Vorhersage übertragen. Abb. 5.3 verdeutlicht dieses Vorgehen. Aus den Testdaten wird eine beliebige

5.2 Machine Learning mit R

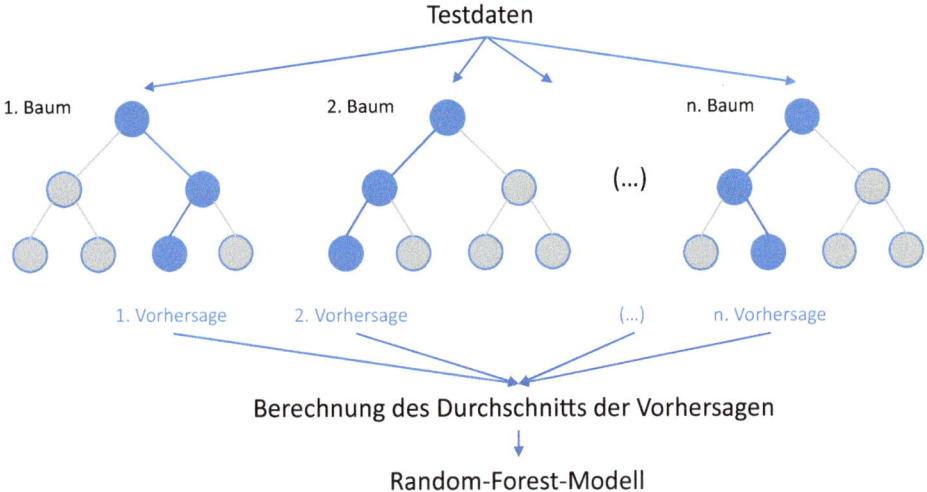

Abb. 5.3 Beispielhaftes Random-Forest-Modell

Anzahl an Entscheidungsbäumen gebildet, die jeweils zu unterschiedlichen Vorhersagen führen können und im Anschluss in eine gemittelte Vorhersage übergeben.

Für das Training eines Random-Forest-Algorithmus verwenden wir den „randomForest()" Befehl aus der gleichnamigen Bibliothek.[5] „mtry" gibt die Anzahl an Features an, die randomisiert in jeweils einen Entscheidungsbaum aufgenommen werden sollen und „ntree" die Anzahl an verschiedenen Entscheidungsbäumen, die erstellt werden sollen. Für das Trainieren eines Random-Forest-Modells gibt es eine Reihe weiterer Hyperparameter, die theoretisch angepasst werden können.

---

[5] Das Paket „randomForest" ist einmalig zu installieren. Für eine Wiederholung siehe Abschn. 1.2.3.

```
set.seed(1337)
rf_fit<-randomForest::randomForest(as.factor(train_outcomes) ~ .,
                                    data = train,
                                    mtry=sqrt(ncol(train)-1),
                                    ntree=5)

pre <- predict(rf_fit , test)
outcome <- data.frame(cbind(as.character(pre) , test_outcomes))

TP <- sum(outcome$V1 == "überdurchschnittlich" &
          outcome$test_outcomes == "überdurchschnittlich")
FP <- sum(outcome$V1 == "überdurchschnittlich" &
          outcome$test_outcomes == "unterdurchschnittlich")
FN <- sum(outcome$V1 == "unterdurchschnittlich" &
          outcome$test_outcomes == "überdurchschnittlich")
TN <- sum(outcome$V1 == "unterdurchschnittlich" &
          outcome$test_outcomes == "unterdurchschnittlich")

Recall <- TP / (TP + FN)
Precision <- TP / (TP + FP)
F1 <- 2 * (Precision * Recall) / (Precision + Recall)
paste("Modell: Random Forest. Precision: ", round(Precision, 2),
      "/ Recall: ", round(Recall, 2), "/ F1: ", round(F1, 2))

[1] "Modell: Random Forest. Precision:  0.75 / Recall:  0.75 / F1:  0.75"
```

In den Evaluationsmetriken sehen wir, dass das Random-Forest-Ensemble leicht bessere Werte aufweist als der einfache Entscheidungsbaum (F1-Wert von 0,75 gegenüber 0,73 beim einfachen Entscheidungsbaum). Insgesamt bringt der neue Algorithmus aber keine merkliche Verbesserung. Das liegt daran, dass die meisten Features in unseren Trainingsdaten nur wenig zur Vorhersage beitragen können. Abseits des nominalen Einkommens sind viele der anderen Features nur bedingt hilfreich. Zusätzliche Features wie etwa die Bevölkerungsdichte oder der Anteil sozialversicherungspflichtig Beschäftigter in den Landkreisen und kreisfreien Städten könnten vermutlich mehr zur Vorhersage beitragen. Ein Aspekt, den wir in Abschn. 5.3 nochmal durch Ergänzung der Bevölkerungsdichte aufgreifen werden, mit überzeugenderen Ergebnissen (siehe Lösung in Abschn. 7.1.5).

Die vorangegangenen Beispiele zeigen eine sehr kompakte Einführung in das Thema Machine Learning. In vielen Fällen wurde allerdings nur an der Oberfläche gekratzt. Bei Interesse wird deshalb eine vertiefende Einarbeitung in das Thema empfohlen (siehe weiterführende Literatur).

5.3 Übungsaufgaben zu Kap. 5

Aufgabe 5.1: Simulationsbasierte Inferenzstatistik

Betrachten Sie den Datensatz „datensatz_final" und filtern Sie auf das Fachgebiet „Insgesamt".

(a) Sie vermuten, dass sich der Preisindex für Wohnkosten („preisindex_fur_wohnkosten_2022") im Schnitt nicht zwischen Ost- und Westdeutschland unterscheidet.

Nutzen Sie einen einfachen Mittelwertdifferenztest zur Prüfung Ihrer Hypothese. (Hinweis: Bilden Sie zunächst die Variable Region, indem Sie die Bundesländer in Ost- und Westdeutschland unterteilen)
(b) Bestimmen Sie für Ihre Vermutung aus (a) ein 90-%-Konfidenzintervall mithilfe des Bootstrapverfahrens. Was schließen Sie hieraus hinsichtlich Ihrer Vermutung? Interpretieren Sie.
(c) Nutzen Sie zu Ihrem Test aus (a) das Permutationsverfahren. Zu welcher Testentscheidung gelangen Sie hierbei? Erläutern Sie.
(d) Vergleichen Sie die Testverfahren von (a) und (c). Welchen Vorteil hat die simulationsbasierte Inferenzstatistik aus (c) gegenüber dem asymptotischen Verfahren aus (a)? Erläutern Sie.
(e) Betrachten Sie den Zusammenhang zwischen der Variable „preisindex_fur_wohnkosten_2022" und „preisbereinigtes_Einkommen". Führen Sie eine einfache Regression durch und interpretieren Sie die Parameter der Schätzgeraden.
(f) Bestimmen Sie ein 95-%-Konfidenzintervall für den Steigungsparameter aus (e) mithilfe des Bootstrapverfahren. Interpretieren Sie das Ergebnis.
(g) Nutzen Sie zu Ihrem Test aus (e) das Permutationsverfahren. Was vergleichen Sie hierbei miteinander? Zu welcher Testentscheidung kommen Sie hier?

Aufgabe 5.2: Machine Learning – Regression
Betrachten Sie den Datensatz „ML_data".

(a) Erstellen Sie eine zufällige Stichprobe für die Trainingsdaten, indem 75 % der Beobachtungen als Trainingsdaten und 25 % der Beobachtungen als Testdaten verwendet werden. Erläutern Sie Ihr Vorgehen und Ihre Beobachtungen.
(b) Bilden Sie Ihren Trainings- und Testdatensatz, indem Sie die Variablen preisbereinigtes Einkommen und Anzahl Studierende auswählen. Erläutern Sie kurz Ihre Beobachtungen.
(c) Bilden Sie Vektoren für die vorherzusagenden Werte des Preisindex für Wohnkosten und fügen Sie diese zu einem Objekt zusammen. Erläutern Sie Ihre Vorgehensweise kurz.
(d) Nutzen Sie Ihr Modell nun, um die fehlenden Werte für den Preisindex für Wohnkosten vorherzusagen. Speichern Sie Ihre Ergebnisse als Data Frame ab und erläutern Sie Ihre Beobachtungen.
(e) Nutzen Sie eine geeignete Grafik, um Ihre Beobachtungen zu visualisieren. Erläutern Sie kurz.
(f) Wie bewerten Sie Ihre Vorhersage? Berechnen Sie hierzu geeignete Maßzahlen und interpretieren Sie.

Aufgabe 5.3: Machine Learning – Klassifikation
Betrachten Sie den Datensatz „ML_data".

(a) Betrachten Sie die potenziellen Ergebnisse eines „Machine Learning (ML)"-Ansatzes zur Klassifikation: True Positive (TP), True Negative (TN), False Positive (FP) und

False Negative (FN). Bilden Sie eine Tabelle, um diese vier Ergebnisse nach ML-klassifizierter und tatsächlicher Einordnung zu beurteilen. Erläutern Sie kurz.
(b) Wir nutzen die Erkenntnis aus Abschn. 5.2.2 und ergänzen unseren Datensatz um die Bevölkerungsdichte (Bevölkerung je km²). Bilden Sie einen neuen Datensatz „ML_data_5.3", indem Sie den Datensatz „BV_dichte" mit unserem Datensatz „studenten" matchen.[6] Erläutern Sie kurz
(c) Erstellen Sie eine zufällige Stichprobe für die Trainingsdaten, indem 75 % der Beobachtungen als Trainingsdaten und 25 % der Beobachtungen als Testdaten verwendet werden. Erstellen Sie anschließend Ihre Trainings- und Testdaten, indem Sie die Variablen nominales_einkommen, gesamt, ausland_gesamt, männlich_gesamt und Bevölkerungsdichte auswählen. Erläutern Sie kurz.
(d) Bilden Sie Vektoren für die vorherzusagenden Klassen des regionalen Preisindex und fügen Sie diese zu einem Objekt zusammen. Erläutern Sie kurz.
(e) Nutzen Sie ein Entscheidungsbaum-Modell für das Training der Daten. Zu welchen Vorhersagen kommen Sie? Erläutern Sie kurz.
(f) Wie beurteilen Sie Ihre Vorhersage? Berechnen Sie hierzu geeignete Maßzahlen und interpretieren Sie.
(g) Visualisieren Sie Ihr Entscheidungsbaum-Modell aus (d). Erläutern Sie kurz.

Literatur

Destatis (2024), Kreisfreie Städte und Landkreise nach Fläche, Bevölkerung und Bevölkerungsdichte am 31.12.2023, https://www.destatis.de/DE/Themen/Laender-Regionen/Regionales/Gemeindeverzeichnis/Administrativ/04-kreise.html [31.01.2025]

Hirschauer, Norbert/Mußhoff, Oliver/Grüner, Sven/Frey, Ulrich/Theesfeld, Insa/Wagner, Peter (2015): Die Interpretation des p-Wertes – Grundsätzliche Missverständnisse, in: Jahrbücher für Nationalökonomie und Statistik, Band 236, Heft 5, S. 557-576.

Krämer, Walter (2011): The Cult of Statistical Significance – What Economists Should and Should Not Do to Make their Data Talk Journal of Contextual Economics – Schmollers Jahrbuch, Vol. 131, No. 3, S. 455-468.

Nuzzo, Rigina (2014): Statistical Errors, P-Values, the Gold Standard of Statistical Validity, are not as Reliable as Many Scientists Assume, Nature, Vol. 506, S. 150-152.

Trafimow, David/Marks, Michael (2015): Editorial in Basic and Applied Social Psychology, Vol. 37, S. 1-2.

Ziliak, Stephen T./McCloskey, Deirdre N. (2008): The Cult of Statistical Significance: How the Standard Error Costs us Jobs, Justice and Lives, University of Michigan Press.

---

[6] Für eine Wiederholung zum Zusammenfügen von Datensätzen siehe Abschn. 2.2.3. Den Datensatz finden Sie bei Destatis (2024). Zur Ableitung des Datensatzes „BV_dichte" sind dieselben Schritte durchzuführen, wie in Abschn. 2.3 beschrieben. Für das finale Zusammenfügen der Datensätze nutzen wir den bekannten „left_join()"-Befehl und matchen nach der Variable „ags".

Weiteführende Literatur

Alvarez, R. Michael (Hrsg.) (2016) Computational Social Science. Discovery and Predicition, Cambridge University Press: Cambridge.

Gerón, Aurélion (2022) Hands-On Machine Learning with Scikit-Learn, Keras & Tensorflow. Concepts, Tools, and Techniques to Build Intelligent Systems, 3 O'Reilly: Sebastopol.

Hastie, Trevor/Tibshirani, Robert/Friedman, Jerome (2009) The Elements of Statistical Learning. Data Mining, Inference, and Prediction, Springer: New York.

Rhys, Hefin I. (2020) Machine Learning with R, Tidyverse, and MLR, Manning Publications Co.: New York.

Dokumentation und Zusammenfassung   6

Ziel dieses Lehrbuchs ist die Einführung in die Bearbeitung, Strukturierung, Visualisierung und Analyse von Daten mit R. Ein wesentliches Element der empirischen Forschung ist dabei die Dokumentation der Datenanalyse. Neben der Bedeutung der Dokumentation für die Replizierbarkeit der Datenanalyse wird zunächst mit R-Markdown ein nützliches Instrument zur Dokumentation vorgestellt. Eine abschließende Zusammenfassung der zentralen Learnings aus dem Lehrbuch mit einem Ausblick runden diese Einführung ab.

6.1 Dokumentation der Datenanalyse

6.1.1 Bedeutung der Dokumentation und Replizierbarkeit

Die Dokumentation der empirischen Vorgehensweise und vor allem der Bearbeitung und Strukturierung der Daten kommt eine elementare Rolle zu. Schließlich lässt sich nur auf diese Weise eine Replizierbarkeit der Ergebnisse herstellen.

Die Replizierbarkeit empirischer Forschung bildet einen wesentlichen Grundpfeiler zum wissenschaftlichen Erkenntnisgewinn. Hauptaufgabe der Replikation ist dabei die Überprüfung von Ergebnissen. Denn auf Basis der Dokumentation ist eine Wiederholung von Studien möglich ist. Auf diese Weise können die Zuverlässigkeit und Gültigkeit der ursprünglichen Ergebnisse entweder bestätigt oder fehlerhafte (und gegebenenfalls manipulierte) Ergebnisse aufgedeckt werden. Im ersten Fall steigert die Replikation das Vertrauen in die Befunde einer Studie und deren Generalisierbarkeit (Fecher et al. 2017). Die Gefahr einer Aufdeckung von potenziellem Betrug oder einer Fälschung kann die Forschenden wiederum dazu disziplinieren, sorgfältig zu arbeiten, zumal ihre Studien von anderen Forschenden überprüft werden können. Im Ergebnis kann durch Replikation damit auch die

Wahrscheinlichkeit von wissenschaftlichem Fehlverhalten reduziert werden (ebenda). Der Beitrag der Replikation zum wissenschaftlichen Erkenntnisgewinn besteht nun in der Bestätigung, Weiterentwicklung und Modifikation von Theorien. Schließlich erlaubt die Replikation die Generalisierbarkeit von empirischen Ergebnissen durch Testung und Verfeinerung (Eisend und Kuß 2016). Daneben können auch andere oder neuartige Instrumente der quantitativen Datenanalyse die ursprüngliche Vorgehensweise modifizieren und zu neuen Erkenntnissen, Modifikationen und Weiterentwicklungen beitragen.

Der Stellenwert der Replikation ist dabei im wissenschaftlichen Diskurs keineswegs unstrittig und sollte durchaus kontrovers und differenziert reflektiert werden. Schließlich bindet das Replizieren wissenschaftlicher Studien Ressourcen. Das heißt die Fokussierung auf das Replizieren von publizierten Ergebnissen führt unweigerlich zu einer Vernachlässigung innovativer und explorativer Forschung. Auf der anderen Seite ist die Replikation elementar, um die Zuverlässigkeit und Gültigkeit wissenschaftlicher Erkenntnisse zu gewährleisten. Eine pragmatische Schlussfolgerung aus diesem Dilemma könnte dabei lauten Replikationsstudien gezielt in solchen Bereichen einzusetzen, wo sie am meisten gebraucht werden (Fecher et al. 2017; Camerer et al. 2016).

Trotz der Bedeutung der Replikation für den wissenschaftlichen Erkenntnisgewinn bleibt die gängige Praxis in der Wissenschaft noch weit hinter den Erwartungen zurück, mit teilweise erheblichen Unterschieden zwischen den wissenschaftlichen Disziplinen. In vielen Disziplinen, insbesondere in den Sozialwissenschaften ist das Replizieren von Studien eher selten. So zeigen Baker et al. (2016), dass etwa 70 % der befragten Wissenschaftler Schwierigkeiten hatten die Ergebnisse anderer Studien zu replizieren. Allerdings konnten in den letzten Jahren deutliche Fortschritte erzielt werden – vor allem in den Disziplinen der Geistes- und Naturwissenschaften (Protzko et al. 2023). Einfache Beweggründe halten Wissenschaftler aber immer noch davon ab eine Reproduzierbarkeit ihrer Studien sicherzustellen. Neben urheberrechtlichen Unsicherheiten hinsichtlich der Datenbereitstellung, sind es auch strategische Beweggründe, die Wissenschaftler immer noch von der Sicherstellung der Replizierbarkeit ihrer Studienergebnisse abhalten. So sind es vor allem originäre Datensätze, die Wissenschaftler selten teilen, um die Daten für sequenzielle Studien und weitere Publikationen selbst zu verwerten (Mueller-Langer et al. 2019).

6.1.2 Dokumentation in R

Zwei wesentliche Aspekte sind für die Replizierbarkeit von empirischen Ergebnissen unverzichtbar:

(1) ***Die genutzten Daten***
   a. Ursprüngliche Datensätze
   b. Modifizierte oder transformierte Datensätze
(2) ***Die Syntax für die Vorbereitung und Durchführung der Datenanalyse***
   a. Bearbeitung und Strukturierung der Daten
   b. Explorative Datenanalyse
   c. Inferenzstatistische Datenanalyse

6.1 Dokumentation der Datenanalyse

Zur Sicherstellung der Verfügbarkeit der (1) genutzten Daten eignet sich üblicherweise die Veröffentlichung der Rohdaten in öffentlichen Repositorien. Dabei ist darauf zu achten, dass die Namen der verschiedenen Datensätze mit den entsprechenden Bezügen in der Syntax von (2a) bis (2c) übereinstimmen, um eine reibungslose Replikation der Datenanalyse zu gewährleisten. Insbesondere die Replikation der (1b) modifizierten oder transformierten Datensätze sollte auf Basis der Syntax der (2a) Bearbeitung und Strukturierung der Daten potenzielle Modifikationen lückenlos erklären. Neben öffentlichen Repositorien wird die Sicherstellung der Verfügbarkeit der genutzten Daten auch häufig von akademischen Zeitschriften gewährleistet, die eine Publikation einer Studie an die Bereitstellung der Rohdaten knüpfen. Ferner stellen Wissenschaftler auch häufig auf privaten Webseiten oder via GitHub ihre Daten zur Verfügung. GitHub (https://github.com) ist ein Online-Dienst zur Versionsverwaltung von Softwareprojekten und hat den Vorteil, dass alle Änderungen an Dateien und Programmierskripten erfasst und nachvollzogen werden können. Unabhängig der Bereitstellungsform sollten zuvor potenzielle Urheberrechtsverletzungen – insbesondere die Nutzungsrechte laut Lizenzvereinbarung bei verwerteten Daten aus kommerziellen Datenbanken – geprüft werden.

Eine besonders nützliche Art der Dokumentation der (2) Syntax für die Vorbereitung und Durchführung der Datenanalyse in RStudio ist R-Markdown. R-Markdown ermöglicht die einfache Kombination von Textdokument und Analysetool, sodass ganze Bachelor- oder Masterarbeiten in R-Markdown verfasst werden können. Auch dieses Lehrbuch ist in R-Markdown verfasst. Die Datenanalyse wird dann direkt zwischen den Textteilen in Form eines so genannten „Code-Chunks" eingebettet. Ein R-Markdownskript lässt sich abschließend in ein HTML-, PDF- oder sogar in ein Worddokument umwandeln – man spricht in diesem Zusammenhang von „knitten". Ein R-Markdownskript (rmd) lässt sich schnell und einfach über das Dropdownmenü oben links (vgl. Abb. 1.1, Punkt A) oder über die Symbolleisten (vgl. Abb. 1.1, Punkt B) durch „File", „New File" und „R Markdown" laden. Ein R-Markdownskript wird üblicherweise mit der Endung „.Rmd" abgespeichert. Abb. 6.1 zeigt das R-Markdownskript nach der Erstellung.

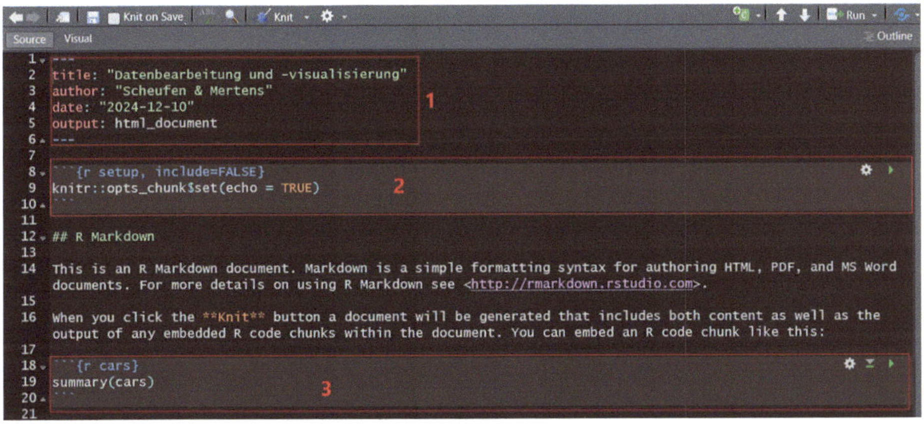

Abb. 6.1 R-Markdownskript

Der hervorgehobene Punkt 1 in Abb. 6.1 zeigt die typische Kopfzeile eines R-Markdownskripts. Neben Überschrift (title), Autor/en (author) und Datum (date), zeigt die Kopfzeile auch die Form des umgewandelten Outputs. Hier wird das Skript schlussendlich in ein html-Dokument umgewandelt. Punkt 2 zeigt den so genannten „Setup-Chunk". In diesem Chunk werden die globalen Optionen festgelegt, die für das gesamte Dokument gelten. So ermöglicht „echo=TRUE", dass neben den Ergebnissen auch der Code im Dokument angezeigt wird. Weitere Einstellungen erlauben Optionen zu Warnmeldungen (warning), Kommentierungszeichen (comment) oder Fehlermeldungen (error). So wird beispielsweise durch „error=FALSE" (oder kurz F für FALSE) verhindert, dass Fehlermeldungen im finalen Dokument angezeigt werden. Punkt 3 stellt einen „Code-Chunk" dar, in dem Code ausgeführt wird. In der Titelzeile jedes „Code-Chunks" lässt sich jeder einzelne ausgeführte Datenanalyseschritt benutzerdefiniert einstellen, indem die Optionen aus dem „Setup-Chunk" mit Komma getrennt in die geschweiften Klammern integriert werden.[1]

Text wird in einem R-Markdownskript durch besondere Textmarkierungen formatiert. So lässt sich durch ein einfaches Hashtagzeichen „#" eine Überschrift erstellen. Auch unterschiedliche Gliederungsebenen lassen sich so durch mehrere Hashtags setzen, sodass „#" die erste, „##" die zweite, „###" die dritte usw. Gliederungsebene bilden. Weitere übliche Textmarkierungen lassen sich durch einfaches oder doppeltes Asterixzeichen „*" anpassen. Text eingebettet durch einfaches Asterixzeichen wird *kursiv*, mit doppeltem Asterixzeichen **fett** formatiert. Code im Textteil wird hingegen mit rückwärtsgewandten Anführungszeichen „´" kenntlich gemacht. Ein „Code Chunk" beginnt und endet mit einem dreifachen rückwärtsgewandten Anführungszeichen „´´´".

Ein neuer „Code-Cunk", um die Daten zu analysieren oder zu visualisieren lässt sich entweder über die Symbolleiste des Markdownskripts oben rechts „Insert a new code chunk" oder durch den Shortcut „Strg + Alt + I" einfügen. Über den „Play"-Button oben rechts eines „Code-Chunk" lässt sich jeder „Code-Chunk" einzeln ausführen. Die Ergebnisse werden direkt unterhalb des „Code-Chunks" angezeigt. Soll das Dokument in HTML, PDF oder Word umgewandelt werden, so dient hierzu der „Knit"-Button oben links im Markdown-Skript (siehe Abb. 6.1). Über das Diskettenzeichen oben links oder über den Shortcut „Strg + S" lässt sich ein Markdownskript jederzeit speichern.

R-Markdown erlaubt es damit alle Schritte der Datenanalyse – von der (2a) Bearbeitung und Strukturierung der Daten, über die (2b) Exploration, bis hin zur (2c) inferenzstatistischen Datenanalyse – transparent und nachvollziehbar zu dokumentieren. Durch die Integration von Code und Text kann damit der Code, die Ergebnisse und ein erklärender Text in einem einzigen Dokument die Replizierbarkeit sicherstellen. Darüber hinaus sind Änderungen und Anpassungen an neue Kontexte (z. B. die Änderung der Sprache bei der Achsenbeschriftung von Englisch auf Deutsch und umgekehrt) durch wenige Handgriffe jederzeit schnell und einfach möglich.

---

[1] Siehe weiterführend das Cheat Sheet zu R-Markdown auf GitHub.

6.2 Zusammenfassung

Eine kurze Zusammenfassung hebt die wesentlichen Erkenntnisse aus diesem Lehrbuch hervor und gibt einen kurzen Ausblick für die weiterführende Datenanalyse mit R oder weiteren Programmiersprachen.

6.2.1 Zentrale Learnings

Das Lehrbuch versteht sich bewusst als „Mitmach"-Buch. Zentrale „Take Aways" aus den jeweiligen Kapiteln sind:

Daten bearbeiten und strukturieren In Kap. 2 haben wir gelernt, unsere Daten zu bearbeiten und zu strukturieren. Zur Bearbeitung der Daten zählen das Filtern mit „filter()", die Auswahl einzelner Variablen mit „select()" und das Bilden neuer Variablen mit „mutate()". Eine besonders wichtige Erkenntnis war in diesem Zusammenhang das Aufspüren fehlender Werte mit „is.na()" sowie das Löschen fehlender Werte mit „drop.na()", da solche fehlenden Werte bereits einfache quantitative Analyseschritte unmöglich machen können. Zur Strukturierung der Daten zählen das Gruppieren mit „group_by()", das Zusammenfassen mit „summarise()", das Zusammenfügen von Datensätzen u. a. mit „left_join" sowie das Transformieren mit „pivot_wider()" oder „pivot_longer()". Eine besonders nützliche Erkenntnis war in diesem Zusammenhang das Bereinigen der Daten mit dem „clean_names()"-Befehl aus dem „janitor"-Paket, das u. a. alle Variablennamen einheitlich klein schreibt.

Daten visualisieren mit ggplot2 In Kap. 3 haben wir gelernt unsere Daten zu visualisieren. Dabei lassen sich Verteilungen durch Balkendiagramme („geom_bar()" oder „geom_col()"), Histogramme („geom_histogram()"), einfache und gruppierte Boxplots („geom_boxplot()") und Violinen- oder Geigenplots („geom_violin()") visualisieren. Für Zusammenhänge können vor allem Streudiagramme bzw. Punktewolken mit „geom_point()" sowie Schätzgeraden mit „geom_smooth()" einen Eindruck zum Zusammenhang zweier Variablen geben. Eine besondere Erkenntnis war dabei, dass sich auch mehrdimensionale Zusammenhänge durch die Optionen „color", „size" und „shape" in den Aesthetics visualisieren lassen. Ein allgemeiner und übergeordneter Erkenntnisgewinn ist dabei in den Eigenschaften des „ggplot2"-Pakets begründet: die „Grammar of Graphics". Die „Grammar of Graphics" bietet dabei unser Rezeptbuch für die Visualisierung mithilfe des „ggplot2"-Pakets, die immer demselben Schema folgen und Orientierungshilfe bei den einzelnen Programmierschritten bieten. So gelingen vermeintlich komplizierte Datenvisualisierungen im Handumdrehen – von der Auswahl der Daten bis hin zum Feinschliff.

Weiterführende Visualisierungen mit ggplot2, gganimate, stargazer und geom_sf In Kap. 4 haben wir weiterführende Visualisierungen kennengelernt. So können wir mit „facet_wrap()" Entwicklungen (z. B. im zeitlichen Verlauf) und Vergleiche visualisieren, indem Abbildungen nach einem kategorialen Merkmal in mehrere Abbildungen aufgeteilt werden. Mit „geom_text()" können schließlich auch Beschriftungen in einer Abbildung integriert werden, indem einzelne oder alle Beobachtungen beschriftet werden. Mit „gganimate" lassen sich die Abbildungen auch animieren. Mithilfe des „stargazer"-Pakets sind weiterführende Formatierungen von explorativen sowie inferenzstatistischen Tabellen möglich. Mit „geom_sf()" können Geodaten visualisiert oder sogar mithilfe des „leaflet"-Pakets weiterführend in interaktive Karten verwandelt werden. Eine besondere Erkenntnis in diesem Zusammenhang war das Verhindern überlappender Beschriftungen bei Visualisierungen mit dem „geom_text_repel()"-Befehl aus den „ggrepel"-Paket.

Simulation und Machine Learning In Kap. 5 haben wir schließlich mit der simulationsbasierten Inferenzstatistik und Machine Learning moderne und sehr weiterführende Methoden der Datenanalyse kennengelernt. Dabei begegnen die Simulationen einem fundamentalen Problem der klassischen Inferenzstatistik: die asymptotischen Parametertests basieren auf der Annahme, dass die Stichprobe und die Grundgesamtheit derselben Wahrscheinlichkeitsverteilung folgen. Die Simulationen als nicht-parametrische Verfahren machen damit unabhängiger von den Interpretationsproblemen des p-Werts, zumal sie durch die Betrachtung der Verteilung von in der Regel 10.000 Stichproben die Variation der Stichproben simulieren. Das macht die Simulationsverfahren vor allem bei kleinen Stichproben besonders wertvoll. Der „Machine-Learning" Ansatz zeigt einen Teilbereich der „Künstlichen Intelligenz". In einer sehr kompakten Einführung haben wir mit der Regression und Klassifikation zwei unterschiedliche Probleme betrachtet, die uns weiterführend vor allem bei sehr großen Datensätzen hilfreich unterstützen können, um Vorhersagen zu ermöglichen. Während die Regression Vorhersagen auf einer kontinuierlichen Skala erlaubt, kann die Klassifikation Vorhersagen für bestimmte Klassen ermöglichen. Verschiedene Verfahren (lineare Regression, Boosting, Random Forest) können uns bei der Vorhersage unterstützen und zeigen gleichzeitig Möglichkeiten auf, um die Vorhersagegenauigkeit zu verbessern und eine potenzielle Überanpassung zu reduzieren.

6.2.2 Ausblick

Die vorgestellten Techniken kratzen nur an der Oberfläche der mannigfaltigen Möglichkeiten im Bereich Data Science. Vor allem im Bereich Machine Learning bieten neuste Verfahren die Möglichkeit Aspekte der Datenbearbeitung zu automatisieren, wie das Erkennen von Mustern und Anomalien in großen Datenmengen. Durch den Einsatz von Methoden des maschinellen Lernens können Vorhersagen und Prognosen erstellt werden, die entscheidend dabei helfen können schwerwiegende Entscheidungen im strategischen Management im Unternehmen oder in Politik und Gesellschaft zu treffen. Ein umfassendes Paket für maschinelles Lernen mit Schnittstellen zu verschiedenen Algorithmen in R ist „caret". So bietet „caret" unter anderem Funktionen zum Aufteilen von Datensätzen in Trainings- und Validierungssets an. Mit der Funktion „preProcess()" können fehlende

Werte imputiert und Daten transformiert werden. Auch für das Modelltraining und -tuning werden die Funktionen „train()" und „trainControl()" bereitgestellt. Das Paket unterstützt dabei eine Vielzahl von Algorithmen, darunter Entscheidungsbäume, Random Forest, Support Vector Machines und xgboost. Auch Modellbewertungen und -vergleiche (u. a. „resamples()"), Feature-Auswahl und -Visualisierung (u. a. „rfe()" und „featurePlot()") sowie Ensemble-Modelle (vor allem „caretEnsemble()") sind Gegenstand des „caret"-Pakets.

Neben den behandelten Themen, die dem Bereich „Data Science" zuzuordnen sind, spielen Methoden aus dem Bereich „Data Engineering" eine immer wichtigere Funktion, insbesondere bei der Generierung von Daten. Üblicherweise wird dabei auf die Programmiersprache „Python" zurückgegriffen. Python ist die derzeit beliebteste Programmiersprache und kann flexibel eingesetzt werden. Viele der in diesem Lehrbuch diskutierten Inhalte lassen sich problemlos auch mit Python umsetzen. Während R den Vorteil bei einigen statistischen Bibliotheken hat, die vor allem im wissenschaftlichen Kontext nützlich sind, überzeugt Python vor allem durch die breite der verfügbaren Bibliotheken. Für die Visualisierung von interaktiven Abbildungen bietet Javascript gegenüber R und Python wiederum deutliche Vorteile. Je nach Anwendungsfall lohnt es sich also, auch in andere Programmiersprachen zu schauen und seinen Horizont zu erweitern.

Literatur

Baker, Scott R./Bloom, Nicholas/Davis, Steven J. (2016), Measuring Economic Policy Uncertainty. Quarterly Journal of Economics, 131, 4, S. 1593–1636.
Camerer, Colin F./Dreber, Anna; Forsell, Eskil/Ho, Teck-Hua/Huber, Jürgen/Johannesson, Magnus/Kirchler, Michael/Almenberg, Johan/Altmejd, Adam/Chan, Taizan/Heikensten, Emma/Holzmeister, Felix/Imai, Taisuke/Isaksson, Siri/Nave, Gideon/Pfeiffer, Thomas/Razen, Michael/Wu, Hang (2016), Evaluating replicability of laboratory experiments in economics. Science, 351, 6280, S. 1433–1436.
Eisend, Martin/Kuß, Alfred (2016), Marktforschung: Grundlagen der Datenerhebung und Datenanalyse. Springer, 3, 1-308.
Fecher, Benedikt/Friesike, Sascha/Hebing, Marcel (2017), Data sharing as social dilemma: Influence of the researcher's personality. PLOS ONE, Volume 12, Nummer 8, Seiten e0183216.
Mueller-Langer, Frank/Fecher, Benedikt/Harhoff, Dietmar/Wagner, Gert G. (2019), Replication studies in economics – How many and which papers are chosen for replication, and why? Research Policy, 48, 1, S. 62–83.
Protzko, John/Krosnick, Jon/Nelson, Leif/Nosek, Brian A./Axt, Jordan/Berent, Michael/Buttrick, Nicholas (2023), High replicability of newly discovered social-behavioral findings is achievable. Nature Human Behaviour, 8, 2, S. 311–319.

Weiterführende Literatur

Ganrund, Christopher (2020) Reproducible Research with R and RStudio, 3, CRC Press: Florida.
Github, Cheatsheet R-Markdown, https://rstudio.github.io/cheatsheets/html/rmarkdown.html [31.01.2025]

Anhang 7

7.1 Lösungen zu den Übungsaufgaben

7.1.1 Lösungen zu den Übungsaufgaben aus Kap. 1

Aufgabe 1.1: Rechnen mit R, Vektoren
Öffnen Sie RStudio und machen Sie sich mit der Benutzeroberfläche vertraut. Führen Sie die folgenden Rechenschritte aus, um das Arbeiten mit R zu erlernen.

(a)
Wir definieren unsere Variablen durch einfache Eingabe:

```
x=3
y=6
v=8
z=10
ls()
```

```
[1] "v" "x" "y" "z"
```

Wir stellen fest, dass R die Werte (engl. values) x, y, v und z gespeichert hat.

Ergänzende Information Die elektronische Version dieses Kapitels enthält Zusatzmaterial, auf das über folgenden Link zugegriffen werden kann [https://doi.org/10.1007/978-3-658-48015-8_7].

(b)
Wir löschen die Variable v mithilfe des „rm()"-Befehls.

```
rm(v)
ls()
[1] "x" "y" "z"
```

Wir stellen fest, dass die Variable v nicht mehr gespeichert ist, sondern nur noch x, y und z.

(c)
Wir rechnen mit R:

```
x+y
[1] 9
y/z
[1] 0.6
x*y/z
[1] 1.8
z-x
[1] 7
```

Wir stellen fest, dass R rechnen kann.

(d)
Wir geben X ein:

```
X
Error in eval(expr, envir, enclos): Objekt 'X' nicht gefunden
```

R findet das Objekt X nicht, weil wir ein kleingeschriebenes x als Variable definiert haben. R unterscheidet also zwischen Groß- und Kleinschreibung (engl. case sensitive).

(e)
Wir definieren einen Vektor v mithilfe des „c()"-Befehls und des Zuführungspfeils („<-").

```
v <- c(0,1,2,1,0,1,2,0,0)
table(v)

v
0 1 2
4 3 2
```

Wir stellen fest, dass R unsere Beobachtungen aggregiert und zu den Beobachtungen die entsprechenden absoluten Häufigkeiten aufführt.

(f)
Der „favstats()"-Befehl aus dem mosaic-Paket gibt uns einen Überblick über die wichtigsten Lagemaßzahlen (Minimum, 1. Quartil, Median, 3. Quartil, Maximum und Mittelwert) sowie eine Streuungsmaßzahl (Standardabweichung; sd = standard deviation) für ein Merkmal.

```
favstats(v)
 min Q1 median Q3 max      mean        sd n missing
   0  0      1  1   2 0.7777778 0.8333333 9       0
```

Aufgabe 1.2: Laden von Daten, Überblick zu Daten
Es gibt verschiedene Wege in R Datensätze zu importieren. Wir lernen einige in den folgenden Aufgaben kennen.

(a)
Wir laden den „datensatz_übung"-Datensatz mithilfe des „read_csv()"-Befehls. Wir speichern unseren Datensatz unter dem Namen „studenten". Da wir unsere Daten in unserem R-Projekt laden, ist der Dateipfad entsprechend einfach und kurz.

```
studenten <- read_csv('../Daten/datensatz_übung.csv')
```

Der „inspect()"-Befehl gibt uns nun einen Überblick über den Datensatz.

```
inspect(studenten)
categorical variables:
        name     class levels   n missing
1     region character    400 400       0
2 fachgebiet character      1 400       0
3  kreisname character    400 400       0
4 bundesland character     16 400       0
                      distribution
1 Ahrweiler, Landkreis (0.2%) ...
2 Insgesamt (100%)
3 Ahrweiler (0.2%) ...
4 Bayern (24%) ...

quantitative variables:
              name   class        min         Q1     median
1              ags numeric 1001.00000 5761.00000 8233.00000
2          gesamt numeric    0.00000    0.00000  668.00000
3  ausland_gesamt numeric    0.00000    0.00000   20.50000
4  deutsch_gesamt numeric    0.00000    0.00000  594.50000
5 männlich_gesamt numeric    0.00000    0.00000  326.50000
6 männlich_ausland numeric   0.00000    0.00000    9.50000
```

```
7            männlich_deusch numeric     0.00000     0.00000   271.00000
8           weiblich_gesamt numeric     0.00000     0.00000   285.00000
9          weiblich_ausland numeric     0.00000     0.00000    10.00000
10         weiblich_deutsch numeric     0.00000     0.00000   223.50000
11   regionaler_preisindex_2022 numeric    90.49597    94.43541    97.21766
12 preisindex_fur_wohnkosten_2022 numeric  68.01564    81.96723    90.70046
13 preisindex_ohne_wohnkosten_2022 numeric 98.30536    99.36216    99.84344
14   preisbereinigtes_einkommen numeric 18886.00000 23417.00000 24895.50000
15                  preisniveau numeric    90.49597    94.43541    97.21766
16          nominales_einkommen numeric 17923.70617 22580.82083 24021.06547
            Q3         max        mean           sd   n missing
1    9675.2500  16077.0000  8286.57250  3746.9958486 400       0
2    4809.5000 203869.0000  7354.78750 18530.8513755 400       0
3     747.0000  46144.0000  1101.41000  3314.7711469 400       0
4    4023.7500 157725.0000  6253.37750 15432.5069019 400       0
5    2670.5000  98868.0000  3665.70500  9029.2788249 400       0
6     424.0000  22929.0000   587.56500  1713.0733570 400       0
7    2270.7500  75939.0000  3078.14000  7433.1146492 400       0
8    2064.0000 105001.0000  3689.08250  9662.0097922 400       0
9     317.2500  23215.0000   513.84500  1634.4371042 400       0
10   1723.0000  81786.0000  3175.23750  8133.8787913 400       0
11    101.1653    125.0892    98.18648     5.1867176 400       0
12    103.6403    180.9372    94.13830    16.6816296 400       0
13    100.2732    104.2175    99.85273     0.7070181 400       0
14  25707.7500  32831.0000 24615.31500  1858.5580610 400       0
15    101.1653    125.0892    98.18648     5.1867176 400       0
16  25581.2257  37514.7322 24175.57837  2345.8113774 400       0
```

Es wird deutlich, dass R die Variablen des Datensatzes in kategoriale und quantitative Variablen sortiert. Unter kategorialen Variablen versteht man in der Regel nominalskalierte Merkmale, die durch Namen als Merkmalsausprägungen charakterisiert sind. Vor diesem Hintergrund gibt uns R zu diesen Variablen auch nur einen Eindruck zur Verteilung und nennt uns den Modus – d. h. die Merkmalsausprägung, die am häufigsten beobachtet wird. Die quantitativen Variablen sind in der Regel kardinalskaliert. Vor diesem Hintergrund werden für die quantitativen Variablen verschiede Lagemaße (Minimum, 1. Quartil, Median, 3. Quartil, Maximum und Mittelwert) und eine Streuungsmaßzahl (Standardabweichung) angegeben. Neben diesen Metriken gibt uns R einen Überblick über die Anzahl der Beobachtungen sowie die Anzahl fehlender Wert (NA, engl. für not available).

(b)

Den „Regionale_Preis"-Datensatz laden wir mithilfe des „read_csv2()"-Befehls, weil die Werte mit Semikolon und nicht mit Komma getrennt sind, im Unterschied zu Aufgabe (a).

```
preise <- read_csv2("../Daten/Regionale_Preise.csv")
```

7.1 Lösungen zu den Übungsaufgaben

(c)
Den „Kaufkraft"-Datensatz laden wir als Excel-Datei mithilfe des „read_excel()"-Befehls. Der Befehl stammt aus dem „readxl"-Paket. Für Befehle, die wir nur einmalig aus einem Paket benötigen, können wir durch „paketname::" die entsprechende Funktion auch einfach nutzen, ohne mit dem „library()"-Befehl das Paket als Ganzes laden zu müssen.

```
kaufkraft <- readxl::read_excel("../Daten/Kaufkraft.xlsx")
```

(d)
Alternativ können wir zum Laden von Daten auch den „Import Dataset"-Button im Environment (vgl. Abb. 1.1, Quadrant III) nutzen. Im Hintergrund lädt R die Daten trotzdem auf Basis von Code, wie der Code-Preview dabei zeigt.

Aufgabe 1.3: Explorative Statistik
Betrachten Sie den Datensatz „datensatz_übung".

```
studenten <- read_csv("../Daten/datensatz_übung.csv")
```

(a)
Wir nutzen den „favstats()"-Befehl, um uns Lage und Streuung nur für die Variable „preisindex_fur_wohnkosten_2022" wiedergeben zu lassen.

```
favstats(~preisindex_fur_wohnkosten_2022,
         data = studenten)
    min       Q1   median       Q3      max     mean      sd   n missing
 68.01564 81.96723 90.70046 103.6403 180.9372 94.1383 16.68163 400       0
```

Für das erste Quartil (Q1) erhalten wir einen Wert von 81,97 Indexpunkten, d. h. 25 % der Landkreise bzw. kreisfreien Städte erreichen höchstens 81,97 Indexpunkte und 25 % mindestens 81,97 Indexpunkte. Das dritte Quartil (Q3) zeigt einen Wert von 103,64 Indexpunkten, d. h. 75 % der Landkreise bzw. kreisfreien Städte erreichen höchstens 103,64 Indexpunkte und 25 % mindestens 103,64 Indexpunkte. Im Schnitt beobachten wir einen Wert von 94,14 Indexpunkten.

(b)
Für die Standardabweichung erhalten wir aus Aufgabe (a) einen Wert von sd = 16,68 Indexpunkten. Zur Interpretation betrachten wir die Standardabweichung zum Mittelwert und nutzen die Faustregeln nach Tschebyschow zur Interpretation. Diese sind allerdings mit Vorsicht zu genießen, da die Faustregeln von einer (perfekten) Normalverteilung ausgehen.

Regel 1 besagt, dass 70 % der Beobachtungen zwischen mean – sd und mean + sd liegen. Wir rechnen also:

```
mean(~preisindex_fur_wohnkosten_2022, data = studenten) - sd(~preisindex_fu
r_wohnkosten_2022, data = studenten)
```

[1] 77.47545

```
mean(~preisindex_fur_wohnkosten_2022, data = studenten) + sd(~preisindex_fu
r_wohnkosten_2022, data = studenten)
```

[1] 110.8011

Damit liegen 70 % der Landkreise bzw. kreisfreien Städte zwischen 77,48 und 110,80 Indexpunkten.

Die zweite Regel betrachtet 95 % der Beobachtungen, die zwischen mean – 2sd und mean + 2sd liegen. Hier rechnen wir also:

```
mean(~preisindex_fur_wohnkosten_2022,data=studenten) - 2 * sd(~preisindex_f
ur_wohnkosten_2022, data = studenten)
```

[1] 60.77504

```
mean(~preisindex_fur_wohnkosten_2022, data = studenten) + 2 * sd(~preisinde
x_fur_wohnkosten_2022, data = studenten)
```

[1] 127.5016

Damit liegen 95 % der Landkreise bzw. kreisfreien Städte zwischen 60,78 und 127,50 Indexpunkten.

Die dritte Regel betrachtet 99 % der Beobachtungen, die zwischen mean – 3sd und mean + 3sd liegen und rechnet:

```
mean(~preisindex_fur_wohnkosten_2022, data = studenten) - 3 * sd(~preisinde
x_fur_wohnkosten_2022, data = studenten)
```

[1] 44.09341

```
mean(~preisindex_fur_wohnkosten_2022, data = studenten) + 3 * sd(~preisinde
x_fur_wohnkosten_2022, data = studenten)
```

[1] 144.1832

Es liegen also 99 % der Landkreise bzw. kreisfreien Städte zwischen 44,09 und 144,18 Indexpunkten. Ein genauer Blick macht aber deutlich, dass bereits die 2. Regel unrealistisch erscheint, weil ein Wert von 60,78 unter dem Minimum von 68 liegt. Damit liegt hier offensichtlich keine Normalverteilung zugrunde und die Interpretation ist mit entsprechender Vorsicht zu genießen.

(c)
Der Quartilsabstand ergibt sich aus der Differenz vom 3. und 1. Quartil. Unter Nutzung der Zahlen aus Aufgabe (b) rechnen wir also:

```
103.64-81.97
```

[1] 21.67

Analog können wir auch den „IQR()"-Befehl nutzen und rechnen:

```
IQR(~preisindex_fur_wohnkosten_2022,
    data = studenten)
```

[1] 21.67312

Damit liegt der Preisindex für Wohnkosten 2022 für die mittleren 50 % der Landkreise bzw. kreisfreien Städte zwischen 81,97 und 103,64 Indexpunkten und unterscheiden sich damit um 21,67 Indexpunkte. Im Gegensatz zu den Regeln von Tschebyschow ist hierzu keine Annahme der Normalverteilung nötig, weil per Definition 50% der Beobachtungen zwischen dem ersten (25%-Quantil) und dritten Quartil (75%-Quantil) liegen.

(d)
Wir berechnen den Korrelationskoeffizienten mithilfe des „cor()"-Befehls.

```
cor(preisindex_fur_wohnkosten_2022~preisbereinigtes_einkommen,
    data = studenten)
```

[1] 0.06768656

Mit cor = 0,068 > 0 wird also ein kleiner positiver Zusammenhang zwischen dem Preisindex für Wohnkosten und dem preisbereinigten Einkommen deutlich. Das heißt, wenn der Preisindex für Wohnkosten steigt, steigt auch das preisbereinigte Einkommen und umgekehrt.

(e)
Zur Betrachtung der Abhängigkeit zwischen dem Preisindex für Wohnkosten und dem preisbereinigten Einkommen argumentieren wir, dass das preisbereinigte Einkommen als unabhängige bzw. erklärende Variable den regionalen Preisindex für Wohnkosten als abhängige bzw. zu erklärende Variable beeinflusst. Dabei wird ein linearer funktionaler Zusammenhang zwischen Y und X zugrunde gelegt.
Bei der Suche nach der besten Schätzgerade entscheiden wir uns letztlich für die Schätzgerade, bei der die Summe der quadratischen Abweichungen zwischen tatsächlicher Beobachtung und Schätzung am geringsten ist. In diesem Zusammenhang spricht man auch von der KQ-Methode bzw. der Methode der kleinsten Quadrate.

Zur Berechnung der Parameter der besten Schätzgerade nutzen wir den „lm()"-Befehl und achten darauf, dass wir zuerst die abhängige Variable (Y) und dann die unabhängige Variable (x) aufführen.

```
lm(preisindex_fur_wohnkosten_2022~preisbereinigtes_einkommen,
    data = studenten)


Call:
lm(formula = preisindex_fur_wohnkosten_2022 ~ preisbereinigtes_einkommen,
    data = studenten)

Coefficients:
               (Intercept)  preisbereinigtes_einkommen
                79.1838567                   0.0006075
```

Für den Parameter $\hat{a}$ erhalten wir folglich einen Wert von 79,18 Indexpunkten und für den Steigungsparameter $\hat{b}$ einen Wert von 0,0006075. Damit schneidet die Schätzgerade die y-Achse bei 79,18. Mit jedem Euro zusätzlichem Einkommen steigt der Index um 0,0006075, d. h. durchschnittlich 1000 € mehr Einkommen erhöht den Preisindex um 0,6 Indexpunkte.

(f)
Die Schätzgerade lautet entsprechend: Preisindex = 79,18 + 0,00061* Einkommen + e. Zum Einzeichnen der Schätzgerade speichern wir die Ergebnisse des linearen Models als „model_1" und nutzen anschließend den „plotModel()"-Befehl.

```
model_1 <- lm(preisindex_fur_wohnkosten_2022~preisbereinigtes_einkommen,
              data=studenten)
```

```
plotModel(model_1)
```

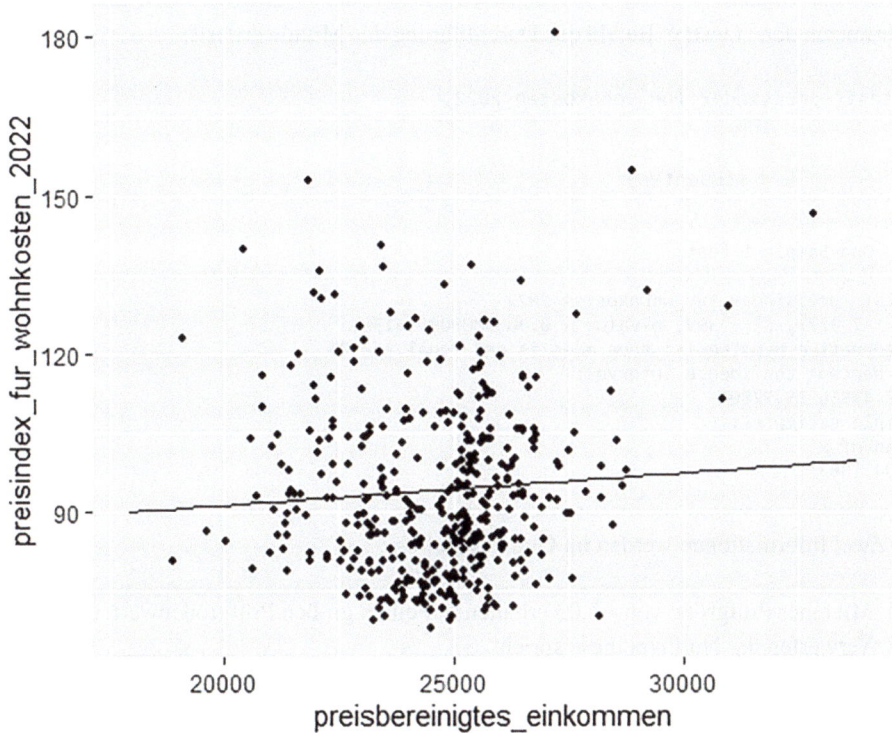

Das Streudiagramm und die geringe Steigung der Schätzgerade machen nochmal den geringen Zusammenhang zwischen beiden Variablen deutlich.

Aufgabe 1.4: Inferenzstatistik
Betrachten Sie den Datensatz „datensatz_übung".

```
studenten <- read_csv("../Daten/datensatz_übung.csv")
```

(a)
Unsere Vermutung lautet: $\mu = 100$. Damit testen wir zweiseitig, sodass Null- und Alternativhypothese vorgegeben sind. Wir testen in der Nullhypothese $\mu = 100$ gegen die Alternativhypothese $\mu \neq 100$.

(b)
Da wir einen Mittelwert betrachten, kommt ein Mittelwerttest bzw. Einstichproben-t-Test in Betracht. Dabei handelt es sich um einen asymptotischen Parametertest, für die mindestens 30 Beobachtungen zugrunde liegen müssen. Mit n = 400 > 30 ist die Voraussetzung klar erfüllt.

(c)
Wir nutzen den „t.test()"-Befehl zur Durchführung des Mittelwerttests.

```
t.test(~preisindex_fur_wohnkosten_2022,
       mu = 100,
       alternative = "two.sided",
       data = studenten)
```

```
    One Sample t-test

data:  preisindex_fur_wohnkosten_2022
t = -7.0277, df = 399, p-value = 0.000000000009136
alternative hypothesis: true mean is not equal to 100
95 percent confidence interval:
 92.49856 95.77804
sample estimates:
mean of x
  94.1383
```

Zwei Informationen werden im Output deutlich:

(1) Mit einer Prüfgröße von $-7{,}03$ erhalten wir einen großen Prüfgrößenwert, der für ein Verwerfen der Nullhypothese spricht.
(2) Ein p-Wert von 0 % bestätigt das Verwerfen der Nullhypothese, da ab einem Signifikanzniveau (Alpha) von 0 % die Nullhypothese verworfen werden kann.

Damit bestätigt sich unsere Vermutung, dass der Preisindex für Wohnkosten bei 100 Indexpunkten liegt, nicht.

(d)
Zusammenhänge können mithilfe einer Regressionsanalyse geprüft werden, wobei hierzu eine Abhängigkeit in Form eines linearen funktionalen Zusammenhangs zwischen der abhängigen Variable (Y = Preisindex für Wohnkosten) und der unabhängigen Variable (X = Einkommen) unterstellt wird.

Wir testen dabei $H_0: \beta_0 = 0, \beta_1 = 0$ gegen $H_A: \beta_0 \neq 0, \beta_1 \neq 0$.

(e)
Wir nutzen den „lm()" Befehl zur Durchführung des Tests und speichern unser lineares Model als „model_1". Mithilfe des „summary()"-Befehls lassen wir uns neben den Werten für unsere Parameter auch Standardfehler (Std. Error), Prüfgröße (t value) und p-Wert (Pr (>|t|)) anzeigen.

7.1 Lösungen zu den Übungsaufgaben

```
model_1 <- lm(preisindex_fur_wohnkosten_2022~preisbereinigtes_einkommen,
              data = studenten)

summary(model_1)

Call:
lm(formula = preisindex_fur_wohnkosten_2022 ~ preisbereinigtes_einkommen,
    data = studenten)

Residuals:
    Min      1Q  Median      3Q     Max
-26.066 -11.799  -3.313   9.011  85.223

Coefficients:
                            Estimate Std. Error t value   Pr(>|t|)
(Intercept)                79.1838567 11.0805266   7.146 0.00000000000429 ***
preisbereinigtes_einkommen  0.0006075  0.0004489   1.353          0.177
---
Signif. codes:  0 '***' 0.001 '**' 0.01 '*' 0.05 '.' 0.1 ' ' 1

Residual standard error: 16.66 on 398 degrees of freedom
Multiple R-squared:  0.004581,  Adjusted R-squared:  0.00208
F-statistic: 1.832 on 1 and 398 DF,  p-value: 0.1767
```

Für β_1 erhalten wir eine Prüfgröße von 0,00061 und einen p-Wert von 17,7 %, d. h. die Nullhypothese ($\beta_1 = 0$) kann folglich nicht verworfen werden und damit wird kein Einfluss des preisbereinigten Einkommens auf den Preisindex für Wohnkosten festgestellt.

(f)
Wie gut die Schätzung ist, zeigt das Bestimmtheitsmaß, dass sich als Quadrat des Korrelationskoeffizienten berechnet.

```
(cor(preisindex_fur_wohnkosten_2022~preisbereinigtes_einkommen,
    data = studenten))^2

[1] 0.004581471
```

Im Testtableau aus Aufgabe (f) wird dieser Wert bei „Multiple R-squared" ersichtlich. Ein Wert von 0,0046 zeigt, dass mithilfe des preisbereinigten Einkommens nur 0,46 % der Streuung des regionalen Preisindex für Wohnkosten erklärt werden kann. Hier muss es offensichtlich andere Einflussgrößen geben.

7.1.2 Lösungen zu den Übungsaufgaben aus Kap. 2

Aufgabe 2.1: Daten bearbeiten
Laden Sie den Datensatz „Studierendenzahlen.csv".

```
data <- read_csv2("../Daten/Studierendenzahlen.csv",
                  skip = 8,
                  locale = locale(encoding='latin1'),
                  col_names = c('ags', 'region', 'fachgebiet', 'gesamt',
                                'ausland_gesamt', 'deutsch_gesamt',
                                'männlich_gesamt', 'männlich_ausland',
                                'männlich_deutsch', 'weiblich_gesamt',
                                'weiblich_ausland', 'weiblich_deutsch'),
                  col_types = cols(.default = 'd',
                                   ags = 'c',
                                   region = 'c',
                                   fachgebiet = 'c'))
```

(a)
Wir lassen uns zunächst mithilfe des „summary()"-Befehls einen Überblick über die Variablen des Datensatzes geben.

```
summary(data)
     ags               region            fachgebiet           gesamt
 Length:5383       Length:5383       Length:5383       Min.   :      1.0
 Class :character  Class :character  Class :character  1st Qu.:    456.8
 Mode  :character  Mode  :character  Mode  :character  Median :   1982.0
                                                       Mean   :  13049.6
                                                       3rd Qu.:   6262.0
                                                       Max.   :2941915.0
                                                       NA's   :3733
 ausland_gesamt    deutsch_gesamt    männlich_gesamt    männlich_ausland
 Min.   :     1.0  Min.   :      1   Min.   :      1   Min.   :     1.0
 1st Qu.:    40.0  1st Qu.:    400   1st Qu.:    197   1st Qu.:    19.0
 Median :   292.0  Median :   1695   Median :    950   Median :   139.0
 Mean   :  2018.4  Mean   :  11188   Mean   :   6555   Mean   :  1124.2
 3rd Qu.:   964.2  3rd Qu.:   5488   3rd Qu.:   3050   3rd Qu.:   483.8
 Max.   :440564.0  Max.   :2501351   Max.   :1466282   Max.   :235026.0
 NA's   :3811      NA's   :3742      NA's   :3738      NA's   :3867
...
```

Es wird deutlich, dass zahlreiche Variablen durch fehlende Werte charakterisiert sind. Das führt schließlich dazu, dass verschiedene Metriken zu Lage und Streuung nicht mehr berechnet werden können.

7.1 Lösungen zu den Übungsaufgaben

(b)

Wir berechnen den Mittelwert mit dem „mean()"-Befehl.

```
mean(~männlich_gesamt, data = data)
```

[1] NA

Es kommt zu einem NA-Ergebnis, da der Mittelwert alle Merkmalsausprägungen aufsummiert. Da in der Spalte „männlich_gesamt" insgesamt 3738 fehlende Werte vorkommen und damit NAs, versucht R Zahlen und Buchstaben zu summieren. Das führt im Ergebnis zu einer NA-Antwort.

(c)

Wir entfernen die fehlenden Werte aus der Variable „männlich gesamt" mithilfe der „filter()"-Funktion und berechnen den Mittelwert erneut.

```
data_2 <- data |>
  filter(!is.na(männlich_gesamt))

mean(~männlich_gesamt,data = data_2)
```

[1] 6554.643

Der „is.na()"-Befehl sucht nach fehlenden Werten. Der „!is.na()"-Befehl entsprechend nach dem Gegenteil. Übrig bleiben keine fehlenden Werte, sodass sich nun auch der Mittelwert berechnen lässt.

Alternativ können die fehlenden Werte auch innerhalb des „mean"-Befehls mit der Option „na.rm = T" entfernt werden. Das Ergebnis ist dabei dasselbe.

```
mean(~männlich_gesamt, data = data, na.rm = T)
```

[1] 6554.643

(d)

Das Entfernen von NAs im gesamten Datensatz ist mit dem „na.omit()"-Befehl möglich.

```
data |>
  na.omit() |>
  select(gesamt, männlich_gesamt, weiblich_gesamt) |>
  summary()
       gesamt        männlich_gesamt   weiblich_gesamt
 Min.   :    5     Min.   :    3      Min.   :    2
 1st Qu.:  778     1st Qu.:  354      1st Qu.:  342
 Median : 2624     Median : 1173      Median : 1242
```

```
Mean   :  14676     Mean   :   7351     Mean   :   7325
3rd Qu.:   7561     3rd Qu.:   3564     3rd Qu.:   3832
Max.   :2941915     Max.   :1466282     Max.   :1475633
```

Es gibt keine fehlenden Werte mehr.

(e)
Wir bilden eine neue Variable mithilfe des „mutate()"-Befehls.

```
data |>
  na.omit() |>
  select(gesamt, männlich_gesamt, weiblich_gesamt) |>
  mutate(gesamt_test = männlich_gesamt + weiblich_gesamt) |>
  summary()
     gesamt           männlich_gesamt   weiblich_gesamt   gesamt_test
 Min.   :      5     Min.   :      3   Min.   :      2   Min.   :      5
 1st Qu.:    778     1st Qu.:    354   1st Qu.:    342   1st Qu.:    778
 Median :   2624     Median :   1173   Median :   1242   Median :   2624
 Mean   :  14676     Mean   :   7351   Mean   :   7325   Mean   :  14676
 3rd Qu.:   7561     3rd Qu.:   3564   3rd Qu.:   3832   3rd Qu.:   7561
 Max.   :2941915     Max.   :1466282   Max.   :1475633   Max.   :2941915
```

Es wird deutlich, dass die Variable „gesamt" sich tatsächlich aus der Summe der männlichen und weiblichen Studierenden ergibt, da beide Variablen dieselbe Verteilung aufweisen.

Aufgabe 2.2: Daten strukturieren
Laden Sie die Datensätze „Studierendenzahlen.csv", „Regionale_Preise.csv" und „Kaufkraft.xlsx".

```
kaufkraft <- readxl::read_excel("../Daten/Kaufkraft.xlsx")
```

(a)
Wir nutzen den „group_by()"-Befehl zum Gruppieren der Daten und den „summarise()"-Befehl, um die gruppierten Daten anschließend in Form von Mittelwert (mean) und Median (median) zusammenzufassen.

7.1 Lösungen zu den Übungsaufgaben

```
kaufkraft |>
  group_by(Bundesland) |>
  summarise(mittelwert = mean(`Nominales Einkommen`),
            median = median(`Nominales Einkommen`))
```

```
# A tibble: 16 × 3
   Bundesland               mittelwert median
   <chr>                         <dbl>  <dbl>
 1 Baden-Württemberg            26001. 26007.
 2 Bayern                       25643. 25170.
 3 Berlin                       22658. 22658.
 4 Brandenburg                  22557. 22775.
 5 Bremen                       21388. 21388.
 6 Hamburg                      26158. 26158.
 7 Hessen                       24661. 24116.
 8 Mecklenburg-Vorpommern       21900. 21862.
 9 Niedersachsen                23207. 23178.
10 Nordrhein-Westfalen          23689. 24013.
11 Rheinland-Pfalz              24166. 23807.
12 Saarland                     22451. 22363.
13 Sachsen                      22290. 22317.
14 Sachsen-Anhalt               21896. 22102.
15 Schleswig-Holstein           24513. 25292.
16 Thüringen                    21902. 21821.
```

(b)

Mit „arrange()" bringen wir die Daten schließlich in eine absteigende Sortierung nach dem Mittelwert. Da die Grundeinstellung aufsteigend sortiert müssen wir die absteigende Sortierung mit „desc()" explizit deutlich machen.

```
kaufkraft |>
  group_by(Bundesland) |>
  summarise(mittelwert=mean(`Nominales Einkommen`),
            median=median(`Nominales Einkommen`)) |>
  arrange(desc(mittelwert))
```

```
# A tibble: 16 × 3
   Bundesland               mittelwert median
   <chr>                         <dbl>  <dbl>
 1 Hamburg                      26158. 26158.
 2 Baden-Württemberg            26001. 26007.
 3 Bayern                       25643. 25170.
 4 Hessen                       24661. 24116.
 5 Schleswig-Holstein           24513. 25292.
 6 Rheinland-Pfalz              24166. 23807.
 7 Nordrhein-Westfalen          23689. 24013.
 8 Niedersachsen                23207. 23178.
 9 Berlin                       22658. 22658.
10 Brandenburg                  22557. 22775.
11 Saarland                     22451. 22363.
12 Sachsen                      22290. 22317.
13 Thüringen                    21902. 21821.
14 Mecklenburg-Vorpommern       21900. 21862.
15 Sachsen-Anhalt               21896. 22102.
16 Bremen                       21388. 21388.
```

Es wird deutlich, dass das höchste mittlere nominale Einkommen in Hamburg mit einem durchschnittlichen Einkommen von 26.158 € beobachtet werden kann, gefolgt von Baden-Württemberg (26.001 €) und Bayern (25.643 €).

(c)

Zunächst laden wir unseren Datensatz „Regionale_Preise.csv" und lassen uns einen Eindruck zu den ersten 6 Zeilen geben.

```
preise <- read_csv2("../Daten/Regionale_Preise.csv")
```

```
head(preise)
       Kreisname  AGS                           Index Jahr Indexwert
1      Ahrweiler 7131      Regionaler Preisindex 2022 2022  97.73403
2      Ahrweiler 7131     Preisindex für Wohnkosten 2022 2022  91.76391
3      Ahrweiler 7131 Preisindex ohne Wohnkosten 2022 2022 100.19136
4 Aichach-Friedberg 9771      Regionaler Preisindex 2022 2022 101.55905
5 Aichach-Friedberg 9771     Preisindex für Wohnkosten 2022 2022 105.19120
6 Aichach-Friedberg 9771 Preisindex ohne Wohnkosten 2022 2022 100.06404
```

Analog betrachten wir den Datensatz „kaufkraft", den wir schon geladen haben.

```
head(kaufkraft)
# A tibble: 6 × 9
    ags Landkreis / kreisfreie S…¹ Bundesland Preisbereinigtes Ein…² Preisniveau
  <dbl> <chr>                      <chr>                       <dbl>       <dbl>
1  9188 Landkreis Starnberg        Bayern                      32831        114.
2  6434 Hochtaunuskreis            Hessen                      30983        108.
3  8211 Baden-Baden                Baden-Wür…                  30839        103.
4  9182 Landkreis Miesbach         Bayern                      29193        110.
5  9184 Landkreis München          Bayern                      28892        117.
6  7338 Rhein-Pfalz-Kreis          Rheinland…                  28773         98.8
# i abbreviated names: ¹`Landkreis / kreisfreie Stadt`,
#   ²`Preisbereinigtes Einkommen`
# i 4 more variables: `Nominales Einkommen` <dbl>,
#   `Realeinkommen (Rang)` <dbl>, `Preisniveau (Rang)` <dbl>,
#   `Nominaleinkommen (Rang)` <dbl>
```

In beiden Datensätzen finden wir die Variable des amtlichen Gemeindeschlüssels, sodass sich diese zum Zusammenfügen beider Datensätze anbietet. Dabei müssen wir darauf achten, dass die Variable im Datensatz Preise „AGS" und im Datensatz kraufkraft „ags" heißt. Wir nutzen den „left_join()"-Befehl zum Zusammenfügen beider Datensätze.

7.1 Lösungen zu den Übungsaufgaben

```r
datensatz_neu <- preise |>
  left_join(kaufkraft, by = c("AGS" = "ags"))


head(datensatz_neu)
         Kreisname  AGS                            Index Jahr Indexwert
1        Ahrweiler 7131        Regionaler Preisindex 2022 2022  97.73403
2        Ahrweiler 7131  Preisindex für Wohnkosten 2022 2022  91.76391
3        Ahrweiler 7131 Preisindex ohne Wohnkosten 2022 2022 100.19136
4 Aichach-Friedberg 9771        Regionaler Preisindex 2022 2022 101.55905
5 Aichach-Friedberg 9771  Preisindex für Wohnkosten 2022 2022 105.19120
6 Aichach-Friedberg 9771 Preisindex ohne Wohnkosten 2022 2022 100.06404
    Landkreis / kreisfreie Stadt         Bundesland Preisbereinigtes Einkommen
1          Landkreis Ahrweiler Rheinland-Pfalz                          25641
2          Landkreis Ahrweiler Rheinland-Pfalz                          25641
3          Landkreis Ahrweiler Rheinland-Pfalz                          25641
4   Landkreis Aichach-Friedberg             Bayern                          26495
5   Landkreis Aichach-Friedberg             Bayern                          26495
6   Landkreis Aichach-Friedberg             Bayern                          26495
  Preisniveau Nominales Einkommen Realeinkommen (Rang) Preisniveau (Rang)
1    97.73403            25059.98                  107                183
2    97.73403            25059.98                  107                183
3    97.73403            25059.98                  107                183
4   101.55905            26908.07                   46                 86
5   101.55905            26908.07                   46                 86
6   101.55905            26908.07                   46                 86
```

Es wird deutlich, dass beide Datensätze zusammengefügt wurden.

(d)

Für jeden Landkreis bzw. kreisfreie Stadt gibt es drei Einträge. Das liegt daran, dass die Spalte Index insgesamt drei Preisindizes beinhaltet: (1) Regionaler Preisindex 2022, (2) regionaler Preisindex für Wohnkosten 2022 und (3) regionaler Preisindex ohne Wohnkosten 2022. Hier hilft uns nun der „pivot_wider()" Befehl, um von einer Spalte mit drei verschiedenen Indizes den Datensatz zu drei Spalten mit jeweils einem Index zu transformieren. Mit dem „clean_names()"-Befehl aus dem „janitor"-Paket säubern wir den Datensatz. Um den Überblick zu behalten, lassen wir uns im „datensatz_transformiert_2" nur den Kreisnamen, den amtlichen Gemeindeschlüssel und die drei Preisindizes anzeigen.

```
datensatz_transormiert <- datensatz_neu |>
  pivot_wider(names_from = Index,values_from = Indexwert) |>
  janitor::clean_names()

datensatz_transformiert_2 <- datensatz_transormiert |>
  select(kreisname, regionaler_preisindex_2022:preisindex_ohne_wohnkosten_202
2)

head(datensatz_transformiert_2)
# A tibble: 6 × 4
  kreisname regionaler_preisinde…¹ preisindex_fur_wohnk..² preisindex_ohne_wohn…³
  <chr>                      <dbl>                   <dbl>                  <dbl>
1 Ahrweiler                   97.7                    91.8                   100.
2 Aichach-…                  102.                    105.                    100.
3 Alb-Dona…                  101.                    102.                    100.
4 Altenbur…                   90.9                    72.3                    98.5
5 Altenkir…                   93.6                    77.5                   100.
6 Altmarkk…                   91.0                    71.6                    98.9
# ℹ abbreviated names: ¹regionaler_preisindex_2022,
#   ²preisindex_fur_wohnkosten_2022, ³preisindex_ohne_wohnkosten_2022
```

Nun wird jeder Landkreis nur einmal ersichtlich und die drei Preisindizes befinden sich in drei separaten Spalten.

7.1.3 Lösungen zu den Übungsaufgaben aus Kap. 3

Wir laden unsere Pakete und anschließend unsere bekannten Datensätze:

```
library(tidyverse)
library(mosaic)

studenten <- read_csv("Daten/datensatz_final.csv") |>
  filter(fachgebiet=="Insgesamt")

fachgebiete <- read_csv("Daten/datensatz_final.csv") |>
  filter(fachgebiet!="Insgesamt")
```

Daneben nutzen wir den „options()"-Befehl, um die Grundeinstellung der Exponentialschreibweise in die Dezimalschreibweise zu ändern.

```
options(scipen = 999)
```

Aufgabe 3.1: Verteilungen visualisieren
(a)
Wir nutzen den „group_by()"-Befehl, um nach den Fachgebieten zu gruppieren.

7.1 Lösungen zu den Übungsaufgaben

```
data_fachgebiete <- fachgebiete |>
  group_by(fachgebiet) |>
  summarise(summe_fachgebiete = sum(gesamt)) |>
  arrange(desc(summe_fachgebiete))
```

Es wird abermals deutlich, dass mit Abstand die meisten Studierenden das Fachgebiet „Rechts-, Wirtschafts- und Sozialwissenschaften" studieren, gefolgt von „Ingenieurwissenschaften" und „Geisteswissenschaften".

(b)
Wir nutzen den Datensatz aus (a) und generieren ein Balkendiagramm mit „geom_col()". Für y definieren wir die Summe der Studierenden nach Fachgebiet („summe_fachgebiete"), für x das Fachgebiet. Dabei sortieren wir die Fachgebiete nach der Anzahl der Studierenden mit „reorder()". Zur besseren Lesbarkeit nutzen wir „coord_flip()".

```
data_fachgebiete |>
  ggplot() +
  geom_col(aes(x = reorder(fachgebiet,summe_fachgebiete),
               y = summe_fachgebiete)) +
  coord_flip()
```

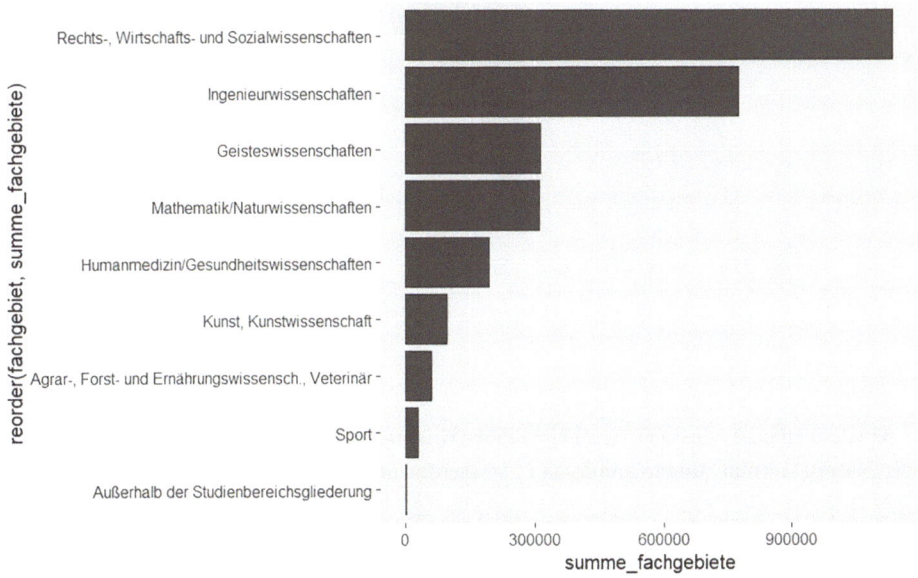

In der Graphik werden aber unter anderem unsaubere Achsenbeschriftungen deutlich, zumal hier die Variablennamen des Datensatzes zur Beschriftung der Achsen Verwendung finden. Das wollen wir in (c) ändern.

(c)
Wir geben der Graphik einen angemessenen Feinschliff durch Beschriftung der Achsen, Titel und einer Quellenangabe. Wir nutzen zunächst das „theme_classic".

```
data_fachgebiete |>
  ggplot() +
  geom_col(aes(x = reorder(fachgebiet, summe_fachgebiete),
               y = summe_fachgebiete)) +
  coord_flip() +
  labs(x = "Fachgebiet",
       y = "Anzahl der Studierenden",
       title = "Studierende nach Fachgebiet",
       caption = "Eigene Darstellung auf Basis von Statistische Ämter des Bundes (2022a") +
  theme_classic()
```

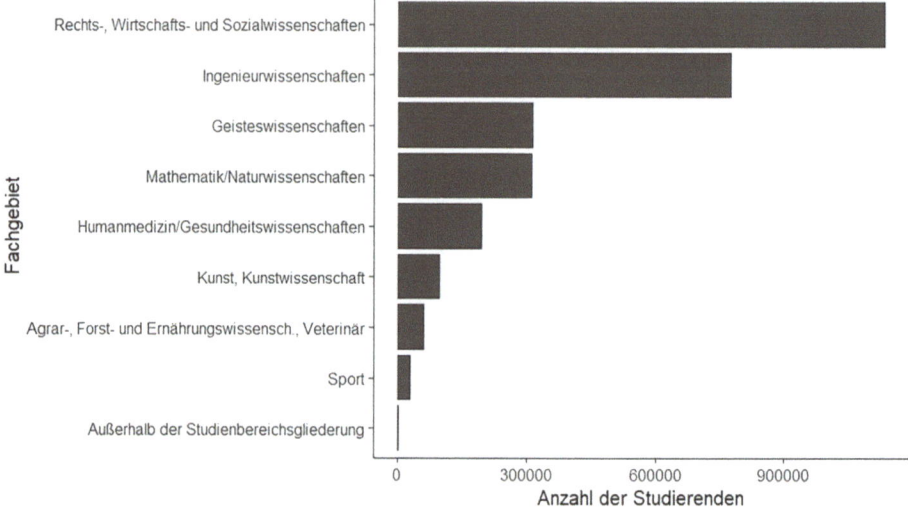

Mit dem „theme_classic()" wird ein weißer Hintergrund ohne Orientierungslinien ersichtlich. Nutzen wir nun „theme_minimal()", so werden noch Orientierungslinien hinzugefügt.

7.1 Lösungen zu den Übungsaufgaben

```
data_fachgebiete |>
  ggplot() +
  geom_col(aes(x = reorder(fachgebiet, summe_fachgebiete),
               y = summe_fachgebiete))+
  coord_flip()+
  labs(x = "Fachgebiet",
       y = "Anzahl der Studierenden",
       title = "Studierende nach Fachgebiet",
       caption = "Eigene Darstellung auf Basis von Statistische Ämter des B
undes (2022a") +
  theme_minimal()
```

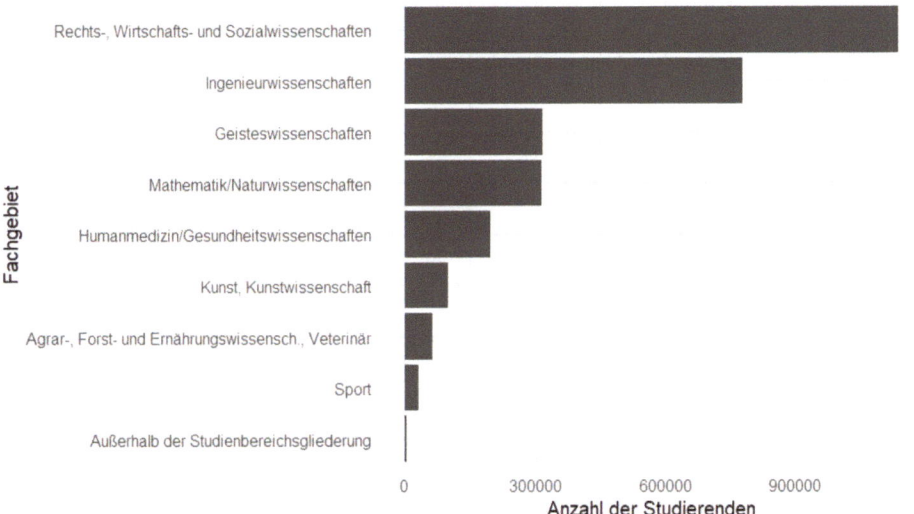

(d)

Wir nutzen den „geom_boxplot()"-Befehl zur Generierung eines Boxplots. Durch geeignete Achsenbeschriftungen, Titel und „theme_classic()" geben wir der Visualisierung einen angemessenen Feinschliff.

```
studenten |>
  ggplot() +
  geom_boxplot(aes(nominales_einkommen)) +
  labs(x = "Nominales Einkommen (in Euro)",
       y = "Geldbetrag",
       title = "Das nominale Einkommen in Deutschland",
       caption = "Eigene Darstellung auf Basis von Schröder/Wendt (2023)")
+
  theme_classic()
```

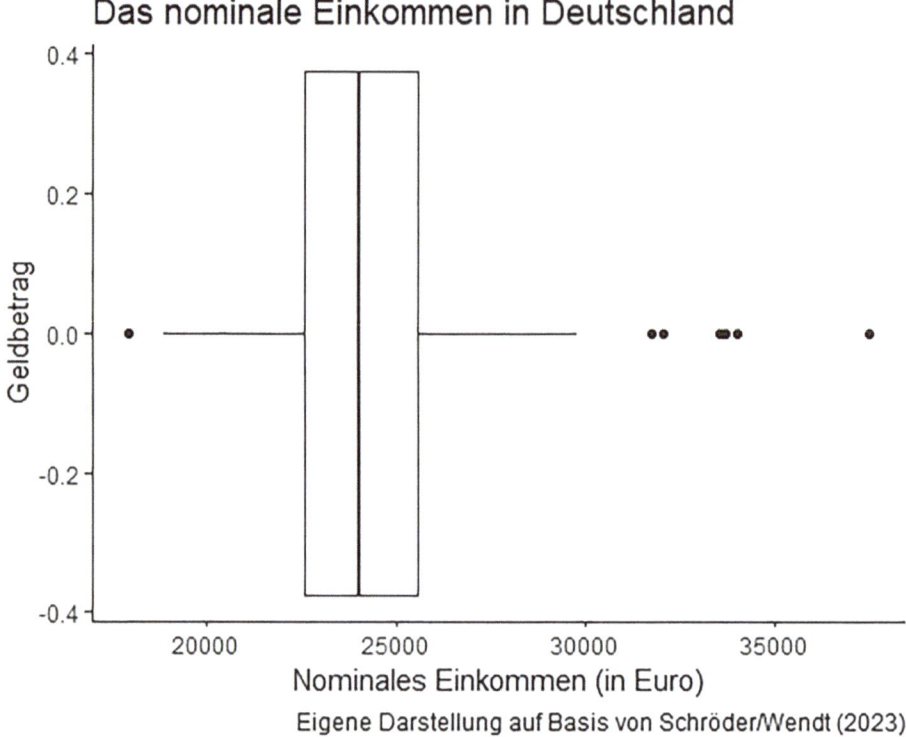

Eigene Darstellung auf Basis von Schröder/Wendt (2023)

In der Graphik werden nun auf linker und rechter Seite Ausreißer deutlich. Wir nutzen den „favstats()"-Befehl, um uns die Lage- und Streuungsmaße zur Berechnung der Antennenenden zu erhalten.

```
favstats(~nominales_einkommen, data = studenten)
       min       Q1   median       Q3      max     mean       sd   n missing
  17923.71 22580.82 24021.07 25581.23 37514.73 24175.58 2345.811 400       0
```

Für die linke Antenne rechnen wir folglich Q1 – 1,5*IQR.

```
22580.82-1.5 * (25581.23 - 22580.82)
[1] 18080.21
```

7.1 Lösungen zu den Übungsaufgaben

Damit sind Werte unter 18.080,21 € als Ausreißer zu bezeichnen. Auf der linken Seite beobachten wir dabei auch nur einen Punkt und damit das Minimum in Höhe von 17.923,71 €.

Auf der rechten Seite rechnen wir analog Q3 + 1,5*IQR und damit:

```
25581.23+1.5 * (25581.23 - 22580.82)
```

```
[1] 30081.85
```

Demnach ist ein nominales Einkommen größer als 30.081,85 € als Ausreißer zu bezeichnen. In der Graphik wird ganz rechts mit dem Kreis Starnberg und einem nominalen Einkommen von durchschnittlich 37.514,73 € das Maximum ersichtlich. Daneben gelten sieben weitere Kreise bzw. kreisfreie Städte als Ausreißer.

(e)
Wir bilden zunächst einen neuen Datensatz „studenten_2", in dem wir die neue Variable Bundeslandgruppe bilden. Hierzu nutzen wir zur Fallunterscheidung der Bundeslandgruppen Nord, Ost, Süd und West den „case_when()"-Befehl.

```
studenten_2 <- studenten |>
  mutate(bundeslandgruppe = case_when(
    bundesland %in% c("Bremen", "Hamburg", "Niedersachsen", "Schleswig-Holstein") ~"Nord",
    bundesland %in% c("Berlin", "Brandenburg", "Mecklenburg-Vorpommern", "Sachsen", "Sachsen-Anhalt", "Thüringen") ~"Ost",
    bundesland %in% c("Bayern", "Baden-Württemberg") ~"Süd",
    TRUE~"West"
  ))
```

Nun lassen wir uns einen gruppierten Boxplot anzeigen, indem wir neben der Variable „nominales Einkommen" auch die „bundeslandgruppe" berücksichtigen.

```
studenten_2 |>
  ggplot() +
  geom_boxplot(aes(x = nominales_einkommen, y = bundeslandgruppe))+
  labs(x = "Nominales Einkommen (in Euro)",
       y = "Geldbetrag",
       title = "Das nominale Einkommen nach Bundeslandgruppe",
       caption = "Eigene Darstellung auf Basis von Schröder/Wendt (2023)")
+
  theme_classic()
```

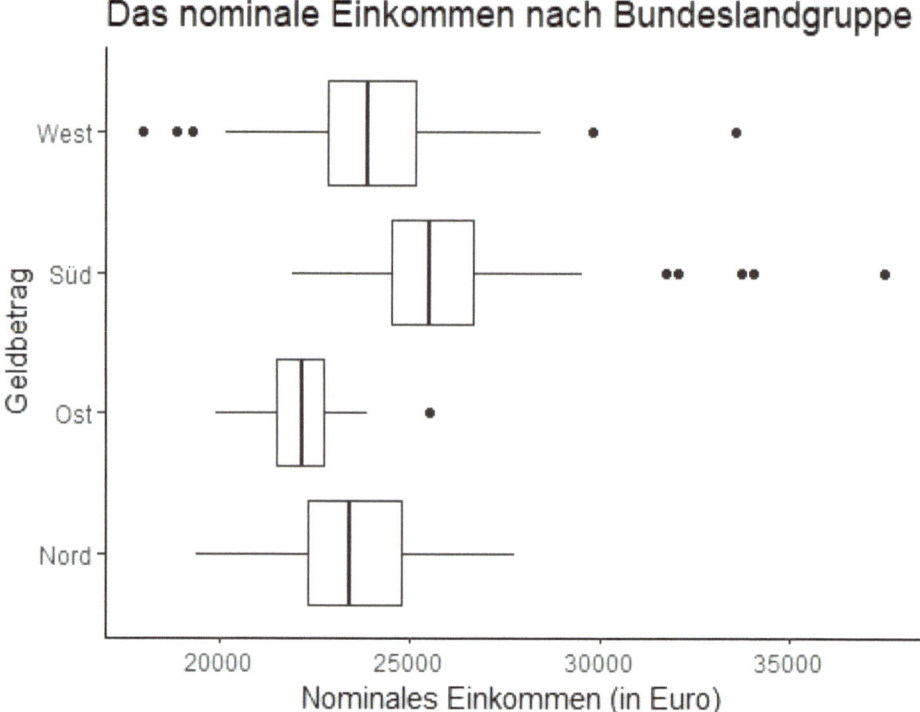

Eigene Darstellung auf Basis von Schröder/Wendt (2023)

Aus der Graphik wird unmittelbar deutlich, dass das nominale Einkommen der Bundeslandgruppe Süd am höchsten ist, zumal alle Lagemaße des nominalen Einkommens der Bundeslandgruppe Süd über den entsprechenden Lagemaßen der anderen Bundeslandgruppen liegen. Auch die stärksten Ausreißer werden in der Bundeslandgruppe Süd beobachtet.

(f)
Ein Violinplot ist nun sehr ähnlich zu einem Boxplot – nur, dass Violinplots auch die Dichteverteilung der Daten zeigen. Im R-Code tauschen wir hierzu lediglich das „geom", d. h. anstelle von „geom_boxplot()" nutzen wir „geom_violin()".

```
studenten_2 |>
  ggplot() +
  geom_violin(aes(x = nominales_einkommen, y = bundeslandgruppe))+
  labs(x = "Nominales Einkommen (in Euro)",
       y = "Bundeslandgruppe",
       title = "Das nominale Einkommen nach Bundeslandgruppe",
       caption = "Eigene Darstellung auf Basis von Schröder/Wendt (2023)")
+
  theme_classic()
```

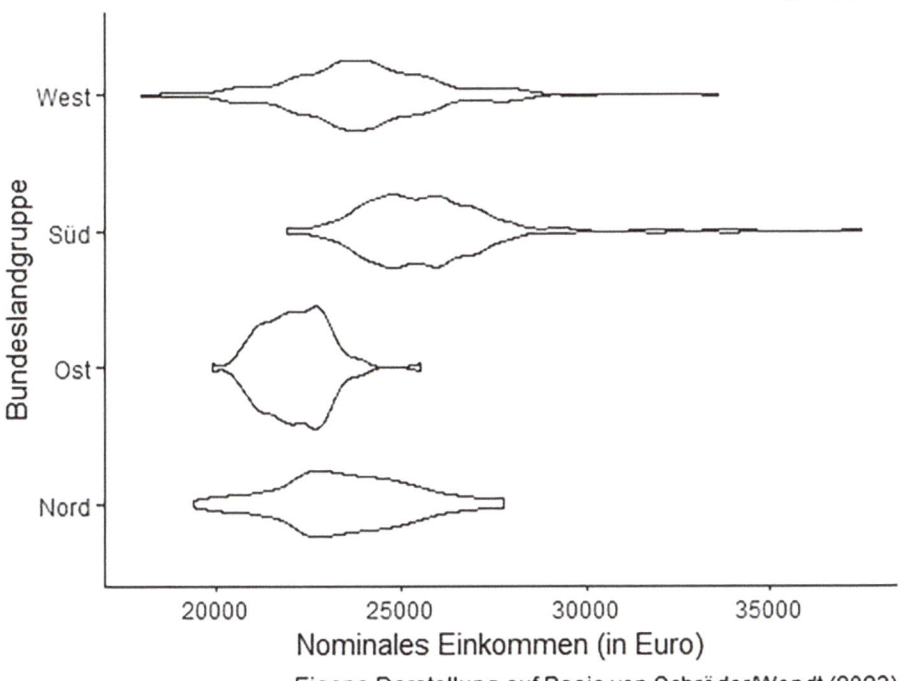

Eigene Darstellung auf Basis von Schröder/Wendt (2023)

Aus dem Violinplot geht etwas deutlicher der Unterschied bei der Streuung des nominalen Einkommens nach Bundeslandgruppe hervor. So wird ersichtlich, dass die Streuung bei der Bundeslandgruppe West am größten, aber noch sehr symmetrisch ist. während die Verteilung für die Bundeslandgruppe Süd als breit und sehr rechtsschief charakterisiert werden kann.

Aufgabe 3.2: Zusammenhänge visualisieren

Wir laden unsere Pakete und anschließend den „studenten"-Datensatz:

```
library(tidyverse)
library(mosaic)

studenten <- read_csv("Daten/datensatz_final.csv") |>
  filter(fachgebiet=="Insgesamt")
```

Daneben nutzen wir den „options()"-Befehl, um die Grundeinstellung der Exponentialschreibweise in die Dezimalschreibweise zu ändern.

```
options(scipen = 999)
```

(a)

Wir nutzen den „geom_point()"-Befehl zur Zeichnung des Streudiagramms. Dabei definieren wir den Preisindex als abhängige Variable y und das preisbereinigte Einkommen als unabhängige Variable x.

```
studenten |>
  ggplot() +
  geom_point(aes(x = preisbereinigtes_einkommen,
                 y = regionaler_preisindex_2022))
```

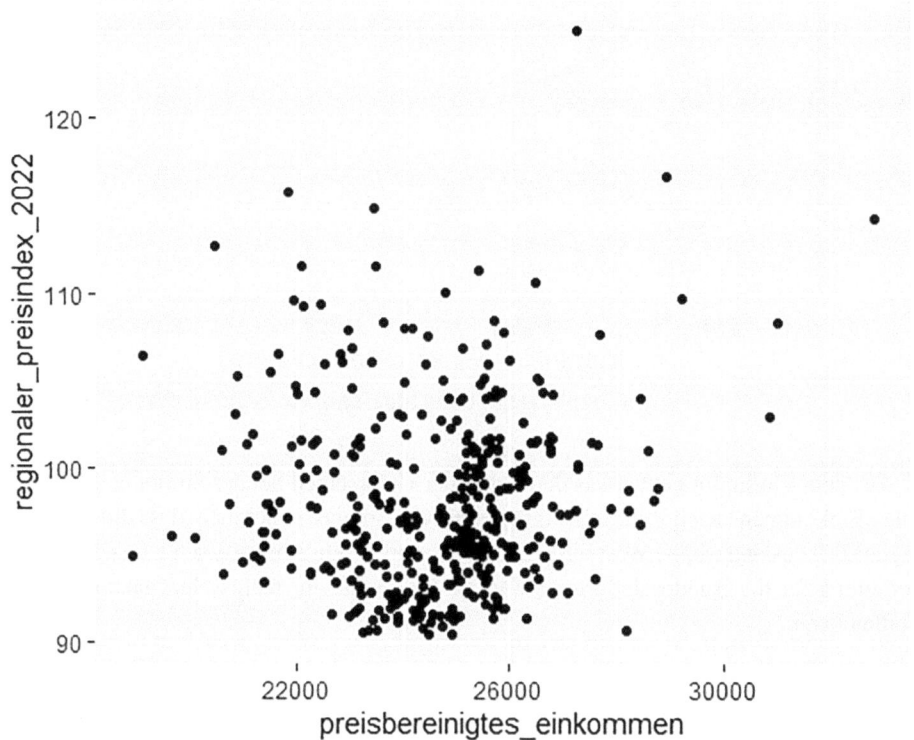

In der Graphik werden nun noch unsere unsauberen Achsenbeschriftungen deutlich, die wir in Aufgabe (b) ändern wollen.

7.1 Lösungen zu den Übungsaufgaben

(b)

Wir ergänzen die „labs()" sowie das „theme_classic()" für den Feinschliff der Visualisierung.

```
studenten |>
  ggplot() +
  geom_point(aes(x = preisbereinigtes_einkommen,
                 y = regionaler_preisindex_2022))+
  labs(x = "Preisbereinigtes Einkommen (in Euro)",
       y = "Regionaler Preisindex 2022",
       title = "Der Zusammenhang zwischen Preisen und Einkommen",
       caption = "Eigene Darstellung auf Basis von Goecke et al. (2022) und
Schröder/Wendt (2023)") +
  theme_classic()
```

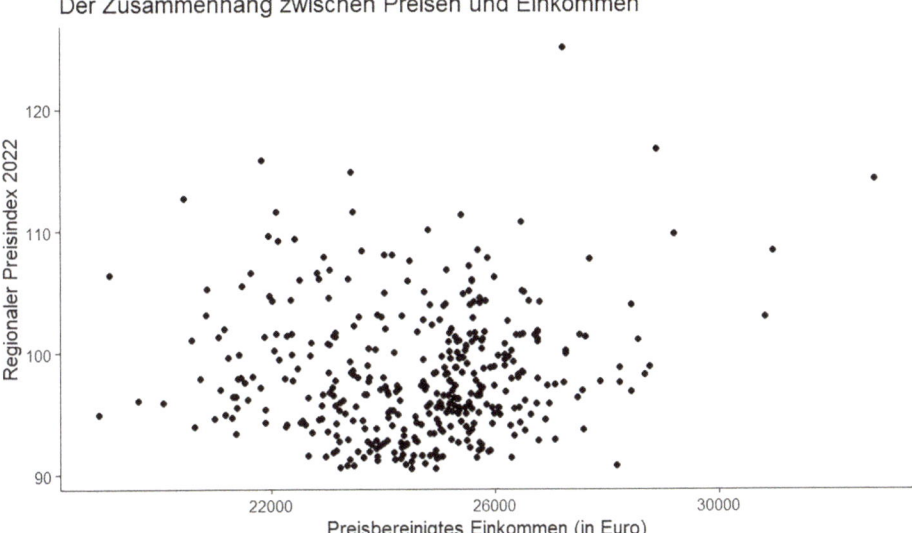

(c)

Die Schätzgerade ergänzen wir nun durch „geom_smooth()".[1] Hierzu müssen wir die „Aesthetics" aber bereits einen Schritt vorher in „ggplot()" global definieren.

---

[1] Alternative auch mit dem „geom_abline()"-Befehl. Siehe hierzu das Glossar der R-Befehle.

```
studenten |>
  ggplot(aes(x = preisbereinigtes_einkommen,
             y = regionaler_preisindex_2022))+
  geom_point()+
  geom_smooth(method = "lm")+
  labs(x = "Preisbereinigtes Einkommen (in Euro)",
       y = "Regionaler Preisindex 2022",
       title = "Der Zusammenhang zwischen Preisen und Einkommen",
       caption = "Eigene Darstellung auf Basis von Goecke et al. (2022) und
Schröder/Wendt (2023)") +
  theme_classic()
```

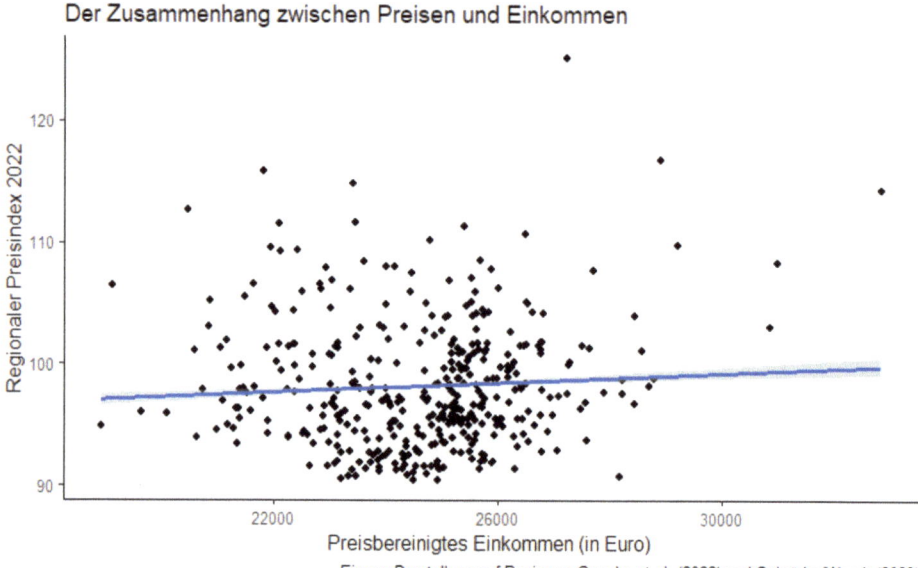

Die Schätzgerade zeigt deutlich den geringen Zusammenhang zwischen dem preisbereinigten Einkommen und dem regionalen Preisindex, zumal die Gerade fast horizontal verläuft.

(d)
Nun können wir mit der Variablen „gesamt" weitere unabhängige Variablen definieren, die wir als ergänzende „Aesthetics" in „geom_point" definieren. Dabei können wir diese in der zweidimensionalen Betrachtung durch unterschiedliche Farbgebung (colour), Formgebung (shape) oder Größe (size) kenntlich machen.

```
studenten |>
  filter(fachgebiet != "Insgesamt") |>
  ggplot(aes(x = preisbereinigtes_einkommen,
             y = regionaler_preisindex_2022))+
  geom_point(aes(size = gesamt))+
  labs(x = "Preisbereinigtes Einkommen (in Euro)",
       y = "Regionaler Preisindex 2022",
       title = "Der Zusammenhang zwischen Preisen und Einkommen",
       caption = "Eigene Darstellung auf Basis von Goecke et al. (2022) und
Schröder/Wendt (2023)") +
  theme_classic()
```

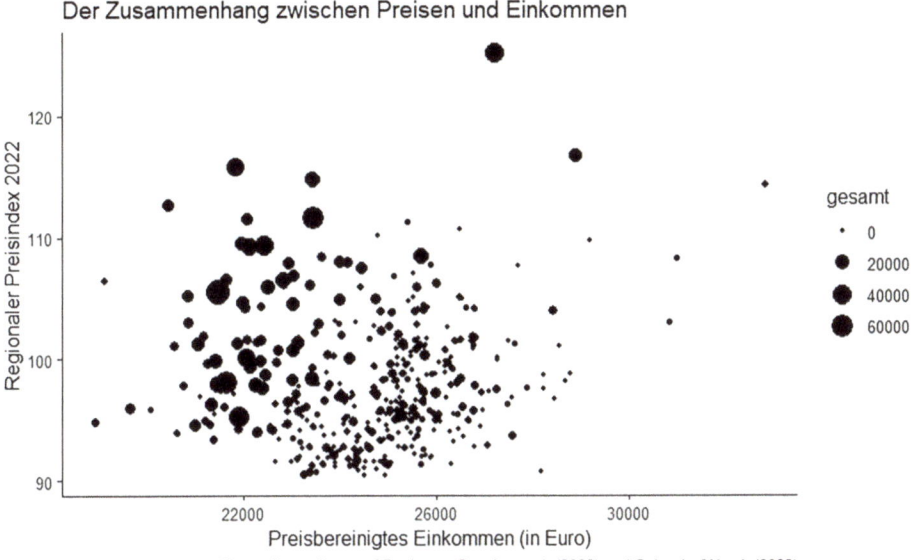

Hier wird nun ersichtlich, dass größere Punkte tendenziell eher oben links liegen, sodass mit steigender Studierendenzahl die Preise in dem jeweiligen Kreis bzw. der kreisfreien Stadt steigt.

(e)
Wir ergänzen nun die Bundeslandgruppen als weitere unabhängige Variable. Da es sich um ein kategoriales Merkmal handelt bieten sich sowohl Farb- (colour) als auch Formgebung (shape) an. Abschließend kann man im Feinschliff noch mit size = „Anzahl Studierende:" und colour = „Bundeslandgruppen:" die Beschriftung der Legenden anpassen.

```
studenten_neu <- studenten |>
  mutate(bundeslandgruppe=case_when(bundesland=="Bremen"|bundesland=="Hambu
rg"|bundesland=="Niedersachsen"|bundesland=="Schleswig-Holstein"~"Nord", bu
ndesland=="Berlin"|bundesland=="Brandenburg"|bundesland=="Mecklenburg-Vorpo
mmern"|bundesland=="Sachsen"|bundesland=="Sachsen-Anhalt"|bundesland=="Thür
ingen"~"Ost", bundesland=="Bayern"|bundesland=="Baden-Württemberg"~"Süd", T
RUE~"West"
))

studenten_neu |>
  filter(fachgebiet!="Insgesamt") |>
  ggplot(aes(x=preisbereinigtes_einkommen,y=regionaler_preisindex_2022))+
  geom_point(aes(size=gesamt,colour=bundeslandgruppe))+
  labs(x="Preisbereinigtes Einkommen (in Euro)",
       y="Regionaler Preisindex 2022",
       title="Der Zusammenhang zwischen Preisen und Einkommen",
       caption="Eigene Darstellung auf Basis von Goecke et al. (2022) und S
chröder/Wendt (2023)",
       size="Anzahl Studierende:",
       colour="Bundeslandgruppe:")+
  theme_classic()
```

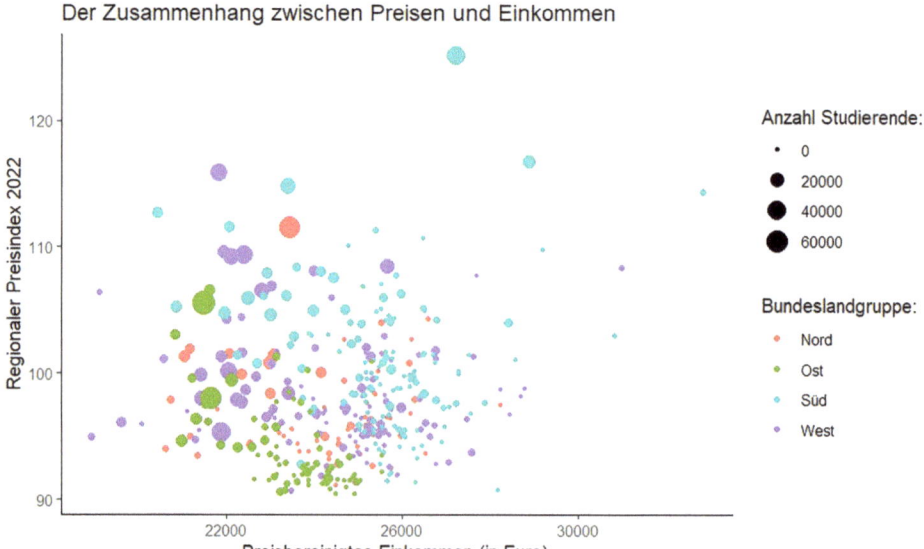

Es zeigt sich nun unter anderem, dass die Bundeslandgruppe Süd tendenziell eher oben rechts und die Bundeslandgruppe Ost eher unten links zu finden ist, sodass hier ein positiver Einfluss der Bundeslandgruppe Süd und ein negativer Zusammenhang der Bundeslandgruppe Ost erwartbar wäre. Vor diesem Hintergrund betrachten wir die drei linearen Modelle aus (c), (d) und (e) nochmal inferenzstatistisch in Aufgabe (f).

(f)
Wir testen unsere Modelle aus (c), (d) und (e) in drei Modellen und ergänzen jeweils eine weitere unabhängige Variable. Wir beginnen die Überprüfung mit dem Einfluss des nominalen Einkommens auf den regionalen Preisindex und nutzen den bekannten „lm()"-Befehl.

```
model_1 <- lm(regionaler_preisindex_2022 ~ nominales_einkommen,
              data = studenten)
summary(model_1)


Call:
lm(formula = regionaler_preisindex_2022 ~ nominales_einkommen,
    data = studenten)

Residuals:
    Min      1Q  Median      3Q     Max
-9.2912 -3.0189 -0.7274  2.3745 16.2051

Coefficients:
                      Estimate Std. Error t value          Pr(>|t|)
(Intercept)         65.9447139  2.1471147   30.71 <0.0000000000000002 ***
nominales_einkommen  0.0013337  0.0000884   15.09 <0.0000000000000002 ***
---
Signif. codes:  0 '***' 0.001 '**' 0.01 '*' 0.05 '.' 0.1 ' ' 1

Residual standard error: 4.142 on 398 degrees of freedom
Multiple R-squared:  0.3638,    Adjusted R-squared:  0.3622
F-statistic: 227.6 on 1 and 398 DF,  p-value: < 0.00000000000000022
```

Hier wird nun deutlich, dass das nominale Einkommen einen hoch signifikanten Einfluss auf den regionalen Preisindex hat, schließlich zeigt der p-Wert von 0 %, dass wir ab einem Signifikanzniveau von 0 % die Nullhypothese $\beta_1 = 0$ verwerfen können. Der Einfluss ist allerdings eher klein, wobei jeder zusätzliche Euro Einkommen den Preisindex um 0,0013 Indexpunkte erhöht. Das Bestimmtheitsmaß (R^2) zu Modell 1 zeigt, dass das Modell über 36 % der Streuung des regionalen Preisindex erklären kann.

Berücksichtigen wir nun zusätzlich die Variable „gesamt", so testen wir Modell 2 wie folgt:

```
model_2 <- lm(regionaler_preisindex_2022 ~ nominales_einkommen+gesamt,
              data = studenten)
summary(model_2)


Call:
lm(formula = regionaler_preisindex_2022 ~ nominales_einkommen +
    gesamt, data = studenten)

Residuals:
     Min       1Q   Median       3Q      Max
-15.6157  -2.5399  -0.3938   1.9526  14.3519

Coefficients:
                        Estimate    Std. Error  t value           Pr(>|t|)
(Intercept)          64.132587067   1.770477421   36.22 <0.0000000000000002 ***
nominales_einkommen   0.001369835   0.000072740   18.83 <0.0000000000000002 ***
gesamt                0.000127447   0.000009208   13.84 <0.0000000000000002 ***
---
Signif. codes:  0 '***' 0.001 '**' 0.01 '*' 0.05 '.' 0.1 ' ' 1

Residual standard error: 3.406 on 397 degrees of freedom
Multiple R-squared:  0.5709,    Adjusted R-squared:  0.5687
F-statistic: 264.1 on 2 and 397 DF,  p-value: < 0.00000000000000022
```

Auch hier wird ein hoch signifikanter Einfluss der Anzahl der Studierenden auf den regionalen Preisindex deutlich, wobei der Einfluss nochmal kleiner ist im Vergleich zum nominalen Einkommen. Während jeder weitere Euro Einkommen den Preisindex um 0,0014 Indexpunkte erhöht, führt jeder weitere Student zu einer Erhöhung des Preisindex um 0,0001 Indexpunkte. Das Bestimmtheitsmaß steigt auf 0,57 – wobei wir das angepasste R^2 (adjusted R-squared) in der multiplen Regression betrachten müssen – sodass Modell 2 knapp 57 % der Streuung des Preisindex erklären kann.

Im Modell 3 ergänzen wir schließlich noch die „bundeslandgruppe" aus dem Datensatz „studenten_neu" als weitere unabhängige Variable.

```
model_3 <- lm(regionaler_preisindex_2022 ~ nominales_einkommen + gesamt + b
undeslandgruppe,
              data = studenten_neu)
summary(model_3)


Call:
lm(formula = regionaler_preisindex_2022 ~ nominales_einkommen +
    gesamt + bundeslandgruppe, data = studenten_neu)

Residuals:
     Min      1Q  Median      3Q     Max
-14.4771 -2.2715 -0.5113  2.0697 13.4518

Coefficients:
                       Estimate   Std. Error  t value            Pr(>|t|)
(Intercept)         69.854453004  2.053322190  34.020 < 0.0000000000000002 ***
nominales_einkommen  0.001120587  0.000085472  13.111 < 0.0000000000000002 ***
gesamt               0.000128866  0.000008972  14.364 < 0.0000000000000002 ***
bundeslandgruppeOst -1.502490428  0.575413597  -2.611             0.00937 **
bundeslandgruppeSüd  1.448681313  0.537146867   2.697             0.00730 **
bundeslandgruppeWest 0.237430401  0.515912893   0.460             0.64562
---
Signif. codes:  0 '***' 0.001 '**' 0.01 '*' 0.05 '.' 0.1 ' ' 1

Residual standard error: 3.306 on 394 degrees of freedom
Multiple R-squared:  0.5989,    Adjusted R-squared:  0.5938
F-statistic: 117.7 on 5 and 394 DF,  p-value: < 0.00000000000000022
```

Auch bei den Bundeslandgruppen zeigt sich der signifikante Einfluss, wobei die Dummies für die Bundeslandgruppen Ost, Süd und West im Verhältnis zur Bundeslandgruppe Nord zu lesen sind. Dabei zeigt sich für die Bundeslandgruppe Ost im Vergleich zur Bundeslandgruppe Nord, dass der regionale Preisindex im Schnitt um 1,5 Indexpunkte niedriger liegt. Im Gegensatz liegt für die Bundeslandgruppe Süd der regionale Preisindex im Vergleich zur Bundeslandgruppe Nord im Schnitt um 1,45 Indexpunkte höher. Hier bestätigt sich also der bereits beobachtete Einfluss der Bundeslandgruppe aus der Graphik aus (e). Das Bestimmtheitsmaß steigt nochmal und beträgt im Modell 3 nun 59,38, sodass fast 60 % der Gesamtstreuung des Preisindex erklärt werden kann.

7.1.4 Lösungen zu den Übungsaufgaben aus Kap. 4

Wir laden unsere Pakete und anschließend den „datensatz_final" als „fachgebiete", indem wir auf Fachgebiete ungleich „Insgesamt" filtern sowie „studenten", indem wir auf das Fachgebiet gleich „Insgesamt" filtern.

```r
library(tidyverse)
library(mosaic)

studenten <- read_csv("Daten/datensatz_final.csv") |>
  filter(fachgebiet=="Insgesamt")

fachgebiete <- read_csv("../Daten/datensatz_final.csv") |>
    filter(fachgebiet!="Insgesamt")
```

Daneben nutzen wir den „options()"-Befehl, um die Grundeinstellung der Exponentialschreibweise in die Dezimalschreibweise zu ändern.

```r
options(scipen = 999)
```

Aufgabe 4.1: Verteilungen visualisieren

(a)

Wir filtern zunächst auf ungleich „Insgesamt" und nutzen den „group_by()"-Befehl, um nach den Fachgebieten zu gruppieren.

```r
data_fachgebiete <- fachgebiete |>
  group_by(fachgebiet,bundesland) |>
  summarise(summe_fachgebiete=sum(gesamt)) |>
  arrange(desc(summe_fachgebiete))
```

Es wird deutlich, dass mit Abstand die meisten Studierenden das Fachgebiet „Rechts-, Wirtschafts- und Sozialwissenschaften" studieren, gefolgt von Ingenieurwissenschaften und Geisteswissenschaften.

(b)

Wir nutzen den „geom_col()"-Befehl zu Generierung eines Balkendiagramms und geben der Graphik einen angemessenen Feinschliff durch Beschriftung der Achsen, Titel und einer Quellenangabe sowie einem „theme".

```r
data_fachgebiete |>
  ggplot() +
  geom_col(aes(x = reorder(fachgebiet, summe_fachgebiete),
               y = summe_fachgebiete)) +
  coord_flip() +
  labs(x = "Fachgebiet",
       y = "Anzahl der Studierenden",
       title = "Studierende nach Fachgebiet",
       caption = "Eigene Darstellung auf Basis von Statistische Ämter des B
undes (2022a")+
  theme_classic()
```

7.1 Lösungen zu den Übungsaufgaben

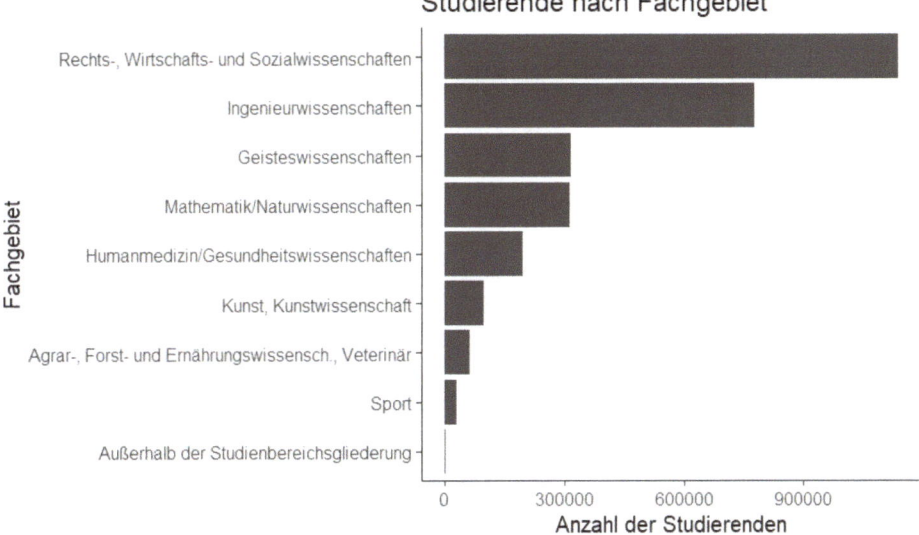

(c)

Mithilfe des „facet_wrap()"-Befehls ergänzen wir schließlich eine Zeile, indem wir nach dem „bundesland" aufteilen, sodass für jedes Bundesland ein Balkendiagramm entsteht.

```
data_fachgebiete |>
  ggplot()+
  geom_col(aes(x = reorder(fachgebiet, summe_fachgebiete),
               y = summe_fachgebiete)) +
  facet_wrap("bundesland") +
  coord_flip()+
  labs(x = "Fachgebiet",
       y = "Anzahl der Studierenden",
       title = "Studierende nach Fachgebiet",
       caption = "Eigene Darstellung auf Basis von Statistische Ämter des Bundes (2022a") +
  theme_classic()
```

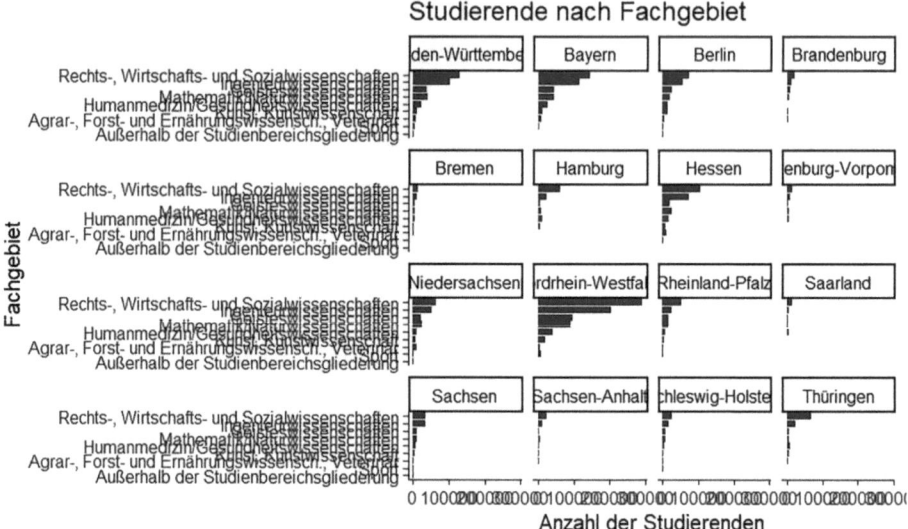

Eigene Darstellung auf Basis von Statistische Ämter des Bundes (2022a

Aufgrund der großen Anzahl an Bundesländern und damit Balkendiagrammen wird die Graphik entsprechend unübersichtlich. Auch wenn wir die in Kap. 2 kennengelernten Bearbeitungs- und Strukturierungsschritte beispielsweise durch Nutzung von Abkürzungen für die Bundesländer mit „rename()" anwenden, wird die große Anzahl der Abbildungen schwer lesbar bleiben. Vor diesem Hintergrund wäre eine Betrachtung nach Bundeslandgruppen sicherlich zugänglicher und einer Bundeslandbetrachtung vorzuziehen.

(d)
Zur Beschriftung des Balkendiagramms aus Aufgabe (b) ergänzen wir im 4. Schritt der „Grammar of Graphics" (siehe Abschn. 3.1 für eine Wiederholung) mit „geom_text()" ein weiteres geometrisches Objekt. Dabei ist wieder darauf zu achten, dass die „Aesthetics" bereits in „ggplot()" global zu definieren sind, da jedes geometrische Objekt auf diese „Aesthetics" zurückgreifen können muss. Für „geom_text()" legen wir durch die „Aesthetics" zusätzlich das „label" fest, das zur Beschriftung genutzt werden soll. Hier „label = summe_fachgebiete". Allerdings müssen wir beachten, dass aufgrund der Gruppierung nach Fachgebieten und Bundesländer einem Fachgebiet immer 16 Zahlenwerte zugeordnet werden, sodass wir die Gruppierung durch Definition von „data_fachgebiete_2" nochmal anpassen und nur nach Fachgebieten gruppieren, um jedem Fachgebiet nur eine Zahl zuzuordnen.

7.1 Lösungen zu den Übungsaufgaben

```
data_fachgebiete_2 <-
  fachgebiete |>
  group_by(fachgebiet) |>
  summarise(summe_fachgebiete = sum(gesamt)) |>
  arrange(desc(summe_fachgebiete))
data_fachgebiete_2 |>
  ggplot(aes(x = reorder(fachgebiet, summe_fachgebiete),
             y = summe_fachgebiete)) +
  geom_col() +
  geom_text(aes(label=summe_fachgebiete)) +
  coord_flip() +
  labs(x = "Fachgebiet",
       y = "Anzahl der Studierenden",
       title = "Studierende nach Fachgebiet",
       caption = "Eigene Darstellung auf Basis von Statistische Ämter des B
undes (2022a)"+
  theme_classic()
```

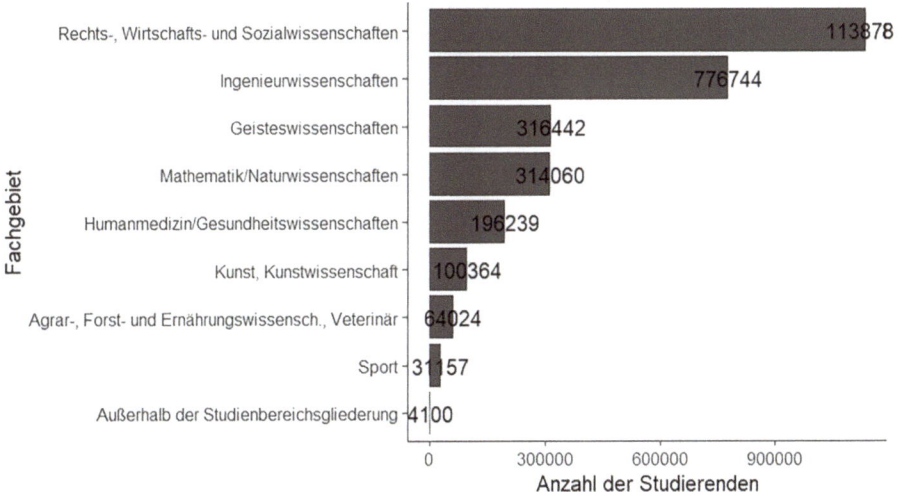

Die Visualisierung zeigt, dass weitere Schritte notwendig sind, um die Beschriftung lesbar zu machen. Mit „hjust" verschieben wir die Beschriftung nach rechts. Mit „scale_y_continuous()" setzen wir die „limits" der Achse so, dass der Zahlenwert für das Fachgebiet „Rechts-, Wirtschafts- und Sozialwissenschaften" rechts neben dem Balken vollständig abgebildet werden kann.

```
data_fachgebiete_2 |>
  ggplot(aes(x = reorder(fachgebiet, summe_fachgebiete),
             y = summe_fachgebiete)) +
  geom_col(position = "dodge") +
  geom_text(aes(label = summe_fachgebiete), hjust=-0.1) +
  scale_y_continuous(limits = c(0,1400000)) +
  coord_flip() +
  labs(x = "Fachgebiet",
       y = "Anzahl der Studierenden",
       title = "Studierende nach Fachgebiet",
       caption = "Eigene Darstellung auf Basis von Statistische Ämter des Bundes (2022a")+
  theme_classic()
```

Studierende nach Fachgebiet

Fachgebiet	Anzahl der Studierenden
Rechts-, Wirtschafts- und Sozialwissenschaften	1138785
Ingenieurwissenschaften	776744
Geisteswissenschaften	316442
Mathematik/Naturwissenschaften	314060
Humanmedizin/Gesundheitswissenschaften	196239
Kunst, Kunstwissenschaft	100364
Agrar-, Forst- und Ernährungswissensch., Veterinär	64024
Sport	31157
Außerhalb der Studienbereichsgliederung	4100

Eigene Darstellung auf Basis von Statistische Ämter des Bundes (2022a)

Es wird deutlich, dass das Balkendiagramm dank der Beschriftung deutlich an Aussagekraft gewinnt, da vor allem die kleinen Balken aufgrund der groben Skalierung der x-Achse sonst kaum sinnvoll interpretierbar wären.

(e)
Wir nutzen den „geom_point()"-Befehl zur Visualisierung des Zusammenhangs als Streudiagramm.

```
studenten |>
  ggplot() +
  geom_point(aes(x = preisbereinigtes_einkommen,
                 y = regionaler_preisindex_2022)) +
  labs(x = "Preisbereinigtes Einkommen (in Euro)",
       y = "Regionaler Preisindex 2022",
       title = "Der Zusammenhang zwischen Preisen und Einkommen",
       caption = "Eigene Darstellung auf Basis von Goecke et al. (2022) und Schröder/Wendt (2023)") +
  theme_classic()
```

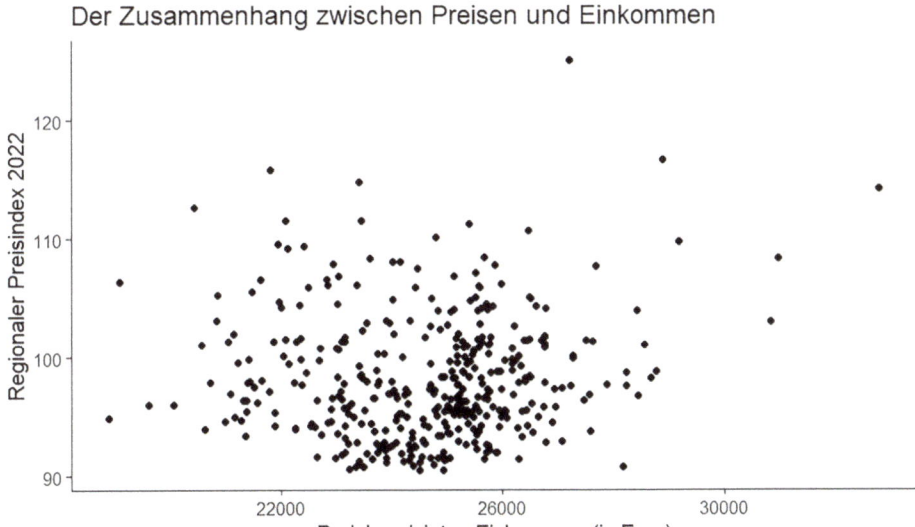

(f)
Zur Beschriftung des Streudiagramms aus Aufgabe (e) ergänzen wir im 4. Schritt der „Grammar of Graphics" (siehe Abschn. 3.1 für eine Wiederholung) mit „geom_text()" ein weiteres geometrisches Objekt. Dabei ist wieder darauf zu achten, dass die „Aesthetics" bereits in „ggplot()" zu definieren sind, da jedes geometrische Objekt auf diese „Aesthetics" zurückgreifen können muss. Für „geom_text()" legen wir durch die „Aesthetics" zusätzlich das "label" fest, das zur Beschriftung genutzt werden soll – hier die Region. Mithilfe der „subset"-Option beschriften wir nur Landkreise bzw. kreisfreie Städte mit einem preisbereinigten Einkommen von mehr als 28.800 €. Mit „hjust" und „vjust" legen wir die Position der Beschriftung fest. Bei letzten beiden Aspekten gilt es ein wenig auszuprobieren, um das gewünschte Bild zu generieren.

```
studenten |>
  ggplot(aes(x = preisbereinigtes_einkommen,
             y = regionaler_preisindex_2022)) +
  geom_point() +
  geom_text(aes(label = region),
            data = subset(studenten,subset = preisbereinigtes_einkommen > 2
8800),
            hjust=0.8,
            vjust=1.2) +
  labs(x = "Preisbereinigtes Einkommen (in Euro)",
       y = "Regionaler Preisindex 2022",
       title = "Der Zusammenhang zwischen Preisen und Einkommen",
       caption = "Eigene Darstellung auf Basis von Goecke et al. (2022) und
Schröder/Wendt (2023)") +
  theme_classic()
```

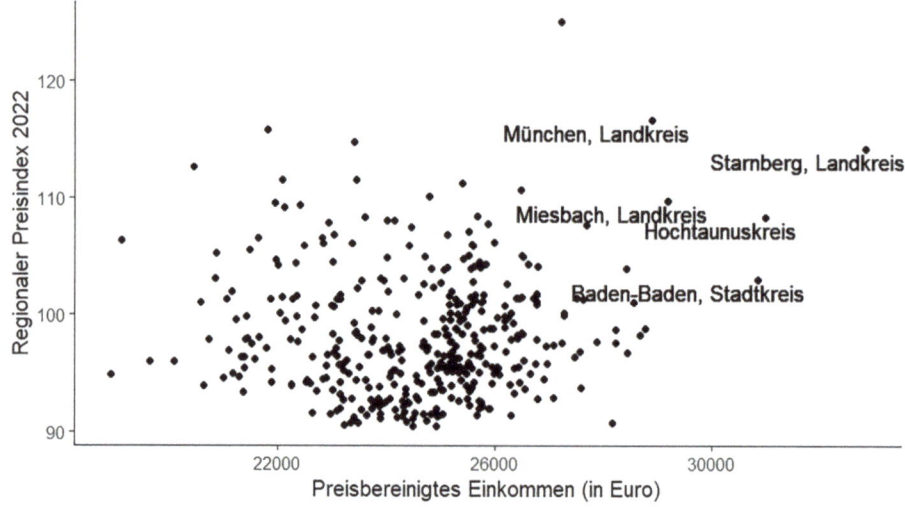

Nun wird beispielsweise deutlich, dass 3 der 5 einkommensstärksten Landkreise bzw. kreisfreien Städte aus Bayern stammen und 4 aus 5 aus der Bundeslandgruppe Süd. Das deutet bereits den in Kap. 3 festgestellten hohen Einfluss der Bundesländer oder der Bundeslandgruppen auf den regionalen Preisindex an.

Aufgabe 4.2: Animationen mit gganimate

Wir laden zunächst das Paket gganimate mit dem „library()"-Befehl.

```
library(gganimate)
```

7.1 Lösungen zu den Übungsaufgaben

(a)

Wir nutzen den „group_by()"-Befehl, um nach den Fachgebieten und Bundesländern zu gruppieren.

```
data_fachgebiete <-
  fachgebiete |>
  group_by(fachgebiet, bundesland) |>
  summarise(summe_fachgebiete = sum(gesamt)) |>
  arrange(desc(summe_fachgebiete))
```

Es wird deutlich, dass mit Abstand die meisten Studierenden das Fachgebiet „Rechts-, Wirtschafts- und Sozialwissenschaften" studieren, gefolgt von Ingenieurwissenschaften und Geisteswissenschaften.

(b)

Wir nutzen den „geom_col()"-Befehl und geben der Visualisierung einen angemessenen Feinschliff. Aufgrund der Länge der Fachgebietsbezeichnungen nutzen wir Abkürzungen, um den Fokus auf die Visualisierung zu legen.

```
data_fachgebiete |>
  mutate(fachgebiet = case_when(
    fachgebiet == "Rechts-, Wirtschafts- und Sozialwissenschaften"~"RWS",
    fachgebiet == "Ingenieurwissenschaften"~"Ing.",
    fachgebiet == "Geisteswissenschaften"~"GW",
    fachgebiet == "Mathematik/Naturwissenschaften"~"Mathe",
    fachgebiet == "Humanmedizin/Gesundheitswissenschaften"~"Medizin",
    fachgebiet == "Kunst, Kunstwissenschaft"~"Kunst",
    fachgebiet == "Agrar-, Forst- und Ernährungswissensch., Veterinär"~"AFE
",
    fachgebiet == "Sport"~"Sport",
    fachgebiet == "Außerhalb der Studienbereichsgliederung"~"Sonstige")) |>
  ggplot(aes(x = reorder(fachgebiet, summe_fachgebiete),
             y = summe_fachgebiete)) +
  geom_col() +
  coord_flip() +
  labs(x = "Fachgebiet",
       y = "Anzahl der Studierenden",
       title = "Studierende nach Fachgebiet",
       caption = "Eigene Darstellung auf Basis von Statistische Ämter des B
undes (2022a") +
  theme_classic()
```

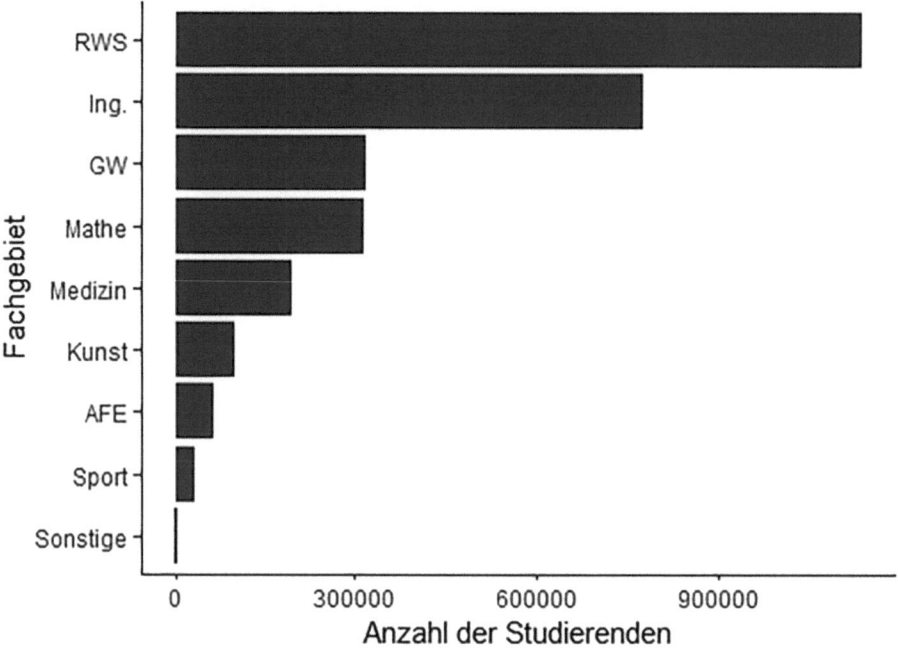

Eigene Darstellung auf Basis von Statistische Ämter des Bundes (2022a)

Wir sehen, dass die meisten Studierenden im Fachgebiet Rechts-, Wirtschafts- und Sozialwissenschaften (RWS) studieren.

(c)
Im Gegensatz zur Animation der Gesamtzahl aller Studierender nach den Bundesländern betrachten wir hier nicht ein sich langsam aufbauendes Balkendiagramm, sondern nach Bundesländern wechselnde Balkendiagramme nach Fachgebiet. Vor diesem Hintergrund können wir hier nun auf „transition_states()" anstelle von „transition_manual()" zurückgreifen. Zur besseren Nachvollziehbarkeit fügen wir mit „geom_text()" eine Beschriftung der Balken hinzu. Über den „subtitle" greifen wir auf das „{closest_state}" zurück, um im Balkendiagramm anzuzeigen, welches Bundesland jeweils betrachtet wird.

```
data_fachgebiete |>
  mutate(fachgebiet = case_when(
    fachgebiet == "Rechts-, Wirtschafts- und Sozialwissenschaften"~"RWS",
    fachgebiet == "Ingenieurwissenschaften"~"Ing.",
    fachgebiet == "Geisteswissenschaften"~"GW",
    fachgebiet == "Mathematik/Naturwissenschaften"~"Mathe",
    fachgebiet == "Humanmedizin/Gesundheitswissenschaften"~"Medizin",
    fachgebiet == "Kunst, Kunstwissenschaft"~"Kunst",
    fachgebiet == "Agrar-, Forst- und Ernährungswissensch., Veterinär"~"AFE",
    fachgebiet == "Sport"~"Sport",
    fachgebiet == "Außerhalb der Studienbereichsgliederung"~"Sonstige")) |>
  ggplot(aes(x = reorder(fachgebiet, summe_fachgebiete),
             y = summe_fachgebiete)) +
  geom_col() +
  geom_text(aes(label = summe_fachgebiete),
            hjust = -0.1) +
  scale_y_continuous(limits = c(0,1000000)) +
  coord_flip() +
  transition_states(bundesland) +
  labs(x = "Fachgebiet",
       y = "Anzahl der Studierenden",
       title = "Studierende nach Fachgebiet",
       subtitle = "Im Bundesland {closest_state}",
       caption = "Eigene Darstellung auf Basis von Statistische Ämter des Bundes (2022a") +
  theme_classic()
```

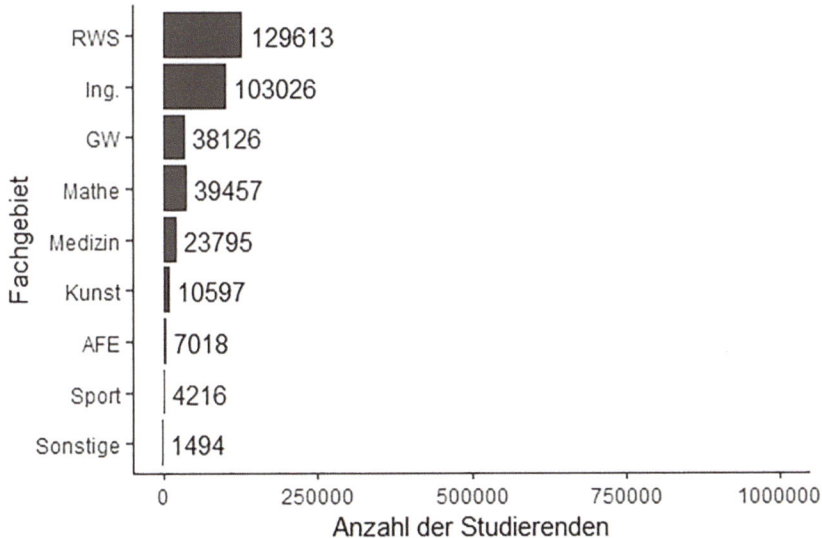

Eigene Darstellung auf Basis von Statistische Ämter des Bundes (2022a)

Es wird deutlich, dass die Balken nach Bundesländern nun variieren. Allerdings ist die Animation noch deutlich zu schnell, um die Zahlen für den Betrachter wahrnehmbar und nachvollziehbar zu machen. Das können wir aber durch weiterführende Einstellungen in (d) individuell ändern.

(d)

Wir reduzieren die Geschwindigkeit der Animation, indem wir in „transition_states" den Wechsel zwischen den „states" mithilfe von „state_length" und „transition_length" anpassen.

```
data_fachgebiete |>
  mutate(fachgebiet = case_when(
    fachgebiet == "Rechts-, Wirtschafts- und Sozialwissenschaften"~"RWS",
    fachgebiet == "Ingenieurwissenschaften"~"Ing.",
    fachgebiet == "Geisteswissenschaften"~"GW",
    fachgebiet == "Mathematik/Naturwissenschaften"~"Mathe",
    fachgebiet == "Humanmedizin/Gesundheitswissenschaften"~"Medizin",
    fachgebiet == "Kunst, Kunstwissenschaft"~"Kunst",
    fachgebiet == "Agrar-, Forst- und Ernährungswissensch., Veterinär"~"AFE",
    fachgebiet == "Sport"~"Sport",
    fachgebiet == "Außerhalb der Studienbereichsgliederung"~"Sonstige")) |>
  ggplot(aes(x = reorder(fachgebiet, summe_fachgebiete),
             y = summe_fachgebiete))+
  geom_col() +
  geom_text(aes(label = summe_fachgebiete),
            hjust=-0.1) +
  scale_y_continuous(limits = c(0,500000)) +
  coord_flip() +
  transition_states(bundesland,
                    transition_length = 1,
                    state_length=100) +
  labs(x = "Fachgebiet",
       y = "Anzahl der Studierenden",
       title = "Studierende nach Fachgebiet",
       subtitle = "Im Bundesland {closest_state}",
       caption = "Eigene Darstellung auf Basis von Statistische Ämter des Bundes (2022a") +
  theme_classic()
```

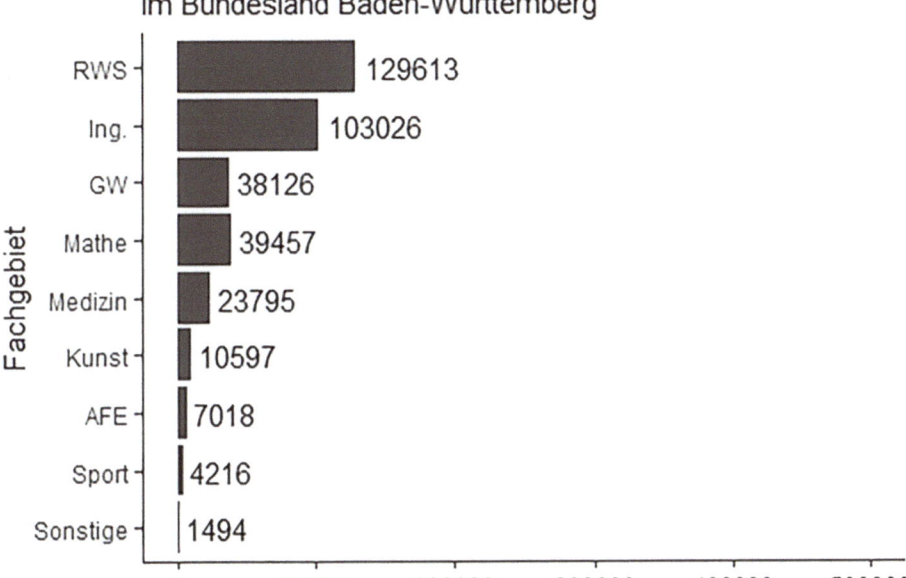

Eigene Darstellung auf Basis von Statistische Ämter des Bundes (2022a)

Hier verbleibt die Animation 100-Mal so lange in einem „state" als der Wechsel zum nächsten „state" dauert. Weitere Einstellungsmöglichkeiten erlauben beispielsweise das Einstellen von „enter" und „exit" der Animation.

Aufgabe 4.3: Visualisierung von Tabellen mit „stargazer"

Wir laden zunächst das „stargazer"- sowie das „tidyverse"-Paket.

```
library(stargazer)
library(tidyverse)
studenten <- read_csv("../Daten/datensatz_übung.csv")
studenten <- data.frame(studenten)
```

Daneben nutzen wir den „options()"-Befehl, um die Grundeinstellung der Exponentialschreibweise in die Dezimalschreibweise zu ändern.

```
options(scipen = 999)
```

(a)

Wir nutzen den „stargazer()"-Befehl um unsere Tabelle zu generieren und speichern diese im Ordner „Output" unseres R-Projects ab.

```
stargazer(studenten, out="../Output/Exploration_4.3_a.html")
```

Statistic	N	Mean	St. Dev.	Min	Max
ags	400	8,286.572	3,746.996	1,001	16,077
gesamt	400	7,354.788	18,530.850	0	203,869
ausland_gesamt	400	1,101.410	3,314.771	0	46,144
deutsch_gesamt	400	6,253.377	15,432.510	0	157,725
männlich_gesamt	400	3,665.705	9,029.279	0	98,868
männlich_ausland	400	587.565	1,713.073	0	22,929
männlich_deusch	400	3,078.140	7,433.115	0	75,939
weiblich_gesamt	400	3,689.082	9,662.010	0	105,001
weiblich_ausland	400	513.845	1,634.437	0	23,215
weiblich_deutsch	400	3,175.238	8,133.879	0	81,786
regionaler_preisindex_2022	400	98.186	5.187	90.496	125.089
preisindex_fur_wohnkosten_2022	400	94.138	16.682	68.016	180.937
preisindex_ohne_wohnkosten_2022	400	99.853	0.707	98.305	104.218
preisbereinigtes_einkommen	400	24,615.310	1,858.558	18,886	32,831
preisniveau	400	98.186	5.187	90.496	125.089
nominales_einkommen	400	24,175.580	2,345.811	17,923.710	37,514.730

Es wird deutlich, dass die Tabelle noch weitere Anpassungen benötigt.

(b)

Wir geben er Tabelle mit „title" eine Überschrift und stellen die Anzahl der Nachkommastellen mit „digits" ein.

```
stargazer(studenten,
          title = "Exploration unseres Datensatzes",
          digits = 0,
          out = "../Output/Exploration_4.3_b.html")
```

7.1 Lösungen zu den Übungsaufgaben

Exploration unseres Datensatzes

Statistic	N	Mean	St. Dev.	Min	Max
ags	400	8,287	3,747	1,001	16,077
gesamt	400	7,355	18,531	0	203,869
ausland_gesamt	400	1,101	3,315	0	46,144
deutsch_gesamt	400	6,253	15,433	0	157,725
männlich_gesamt	400	3,666	9,029	0	98,868
männlich_ausland	400	588	1,713	0	22,929
männlich_deusch	400	3,078	7,433	0	75,939
weiblich_gesamt	400	3,689	9,662	0	105,001
weiblich_ausland	400	514	1,634	0	23,215
weiblich_deutsch	400	3,175	8,134	0	81,786
regionaler_preisindex_2022	400	98	5	90	125
preisindex_fur_wohnkosten_2022	400	94	17	68	181
preisindex_ohne_wohnkosten_2022	400	100	1	98	104
preisbereinigtes_einkommen	400	24,615	1,859	18,886	32,831
preisniveau	400	98	5	90.5	125
nominales_einkommen	400	24,176	2,346	17,924	37,515

Es wird deutlich, dass insbesondere bei den Variablennamen noch Anpassungen notwendig sind, zumal die Variablen durch Anwendung des „clean_names()"-Befehls aus dem „janitor"-Paket einheitlich der Kleinschreibung folgen und anstelle des Leerzeichens Unterstriche eingefügt sind.

(c)
Zur Auswahl unserer Variablen nutzen wir einen Vektor in eckigen Klammern hinter dem Datensatz. Die Anpassung der Variablennamen erfolgt mithilfe von „covariate.labels", wobei wir ebenfalls die Vektorschreibweise mit „c()" nutzen.

```
data <-
  studenten |>
  select(regionaler_preisindex_2022, preisindex_fur_wohnkosten_2022,
         preisindex_ohne_wohnkosten_2022)

stargazer(data,
          title = "Exploration ausgewählter Variablen",
          digits = 0,
          out = "../Output/Exploration_4.3_c.html",
          covariate.labels = c("Regionaler Preisindex",
                               "Regionaler Preisindex für Wohnkosten",
                               "Regionaler Preisindex ohne Wohnkosten"))
```

Die Tabelle aus unserem „Output"-Ordner zeigt, dass nur wenige Handgriffe notwendig sind, um eine übersichtliche und publizierbare Tabelle zu generieren.

Exploration ausgewählter Variablen

	N	Mean	St Dev	Min	Max
Regionaler Preisindex	400	98	5	90	125
Regionaler Preisindex für Wohnkosten	400	94	17	68	181
Regionaler Preisindex ohne Wohnkosten	400	100	1	98	104

(d)
Wir führen zunächst die Regressionsanalyse für das erste Modell (model_1) durch und lassen uns schonmal einen tabellarischen Überblick geben.

```
model_1 <- lm(regionaler_preisindex_2022 ~ preisbereinigtes_einkommen,
              data = studenten)
summary(model_1)

Call:
lm(formula = regionaler_preisindex_2022 ~ preisbereinigtes_einkommen,
    data = studenten)

Residuals:
   Min     1Q Median     3Q    Max
-8.122 -3.547 -1.097  2.834 26.401

Coefficients:
                             Estimate Std. Error t value       Pr(>|t|)
(Intercept)                 93.4227179  3.4448069  27.120 <0.0000000000000002
preisbereinigtes_einkommen   0.0001935  0.0001395   1.387              0.166

(Intercept)                ***
preisbereinigtes_einkommen
---
Signif. codes:  0 '***' 0.001 '**' 0.01 '*' 0.05 '.' 0.1 ' ' 1

Residual standard error: 5.181 on 398 degrees of freedom
Multiple R-squared:  0.004809,	Adjusted R-squared:  0.002309
F-statistic: 1.923 on 1 and 398 DF,  p-value: 0.1663
```

Wir sehen, dass das preisbereinigte Einkommen einen hoch signifikanten Einfluss auf den regionalen Preisindex hat. Allerdings hat das preisbereinigte Einkommen mit einem Bestimmtheitsmaß (R^2) von nur 4,8 % einen sehr eingeschränkten Erklärungsgehalt.

(e)

Wir ergänzen als unabhängige Variable die Bundesländer im zweiten Modell (model_2) und zusätzlich die Anzahl Studierende im dritten Modell (model_3).

```
model_2 <- lm(regionaler_preisindex_2022 ~ preisbereinigtes_einkommen + bundesland,
              data = studenten)
model_3 <- lm(regionaler_preisindex_2022 ~ preisbereinigtes_einkommen + bundesland+gesamt,
              data=studenten)
```

Nun nutzen wir das „stargazer"-Paket, um alle drei Modelle (model_1, model_2, model_3) in einer Tabelle einander gegenüberzustellen.

```
stargazer(model_1, model_2, model_3, out="../Output/Regression_4.3_e.html")
```

	Dependent variable:		
	regionaler_preisindex_2022		
	(1)	(2)	(3)
preisbereinigtes_einkommen	0.0002	-0.0003***	0.0002*
	(0.0001)	(0.0001)	(0.0001)
bundeslandBayern		-1.885**	-1.256*
		(0.788)	(0.670)
bundeslandBerlin		1.959	-29.664***
		(4.410)	(4.531)
bundeslandBrandenburg		-6.536***	-4.444***
		(1.241)	(1.065)
bundeslandBremen		-5.786*	-5.560**
		(3.166)	(2.682)
bundeslandHamburg		8.662**	-9.405**
		(4.387)	(3.994)
bundeslandHessen		-1.477	-1.216
		(1.080)	(0.915)
...			
...			
gesamt			0.0002***
			(0.00001)
Constant	93.423***	111.055***	95.210***
	(3.445)	(3.374)	(3.134)
Observations	400	400	400
R^2	0.005	0.331	0.521
Adjusted R^2	0.002	0.303	0.500
Residual Std. Error	5.181 (df = 398)	4.330 (df = 383)	3.667 (df = 382)
F Statistic	1.923 (df = 1; 398)	11.839*** (df = 16; 383)	24.474*** (df = 17; 382)
Note:			*p**p***p<0.01

(f)

Insbesondere die Namen der Variablen, vor allem die der Bundesländer, sollten wir beim Feinschliff der Tabelle anpassen. Hierzu nutzen wir „covariate.labels". Die Anpassung des Namens der abhängigen Variablen nehmen wir mit „dep.var.labels" vor.

```
stargazer(model_1, model_2, model_3,
          out = "../Output/Regression_4.3_f.html",
          dep.var.labels = "Regionaler Preisindex 2022",
          covariate.labels = c("Preisbereinigtes Einkommen","Bayern", "Berlin","Brandenburg","Bremen","Hamburg","Hessen","Mecklenburg-Vorpommern","Niedersachsen","NRW", "Rheinland-Pfalz","Saarland","Sachsen","Sachsen-Anhalt","Schleswig-Holstein","Thüringen","Anzahl Studierende"))
```

Aus dem Ordner „Output" unseres Projekts lässt sich die Tabelle nun unmittelbar öffnen und gegebenenfalls mit wenigen Handgriffen nachformatieren.

	Dependent variable:		
	Regionaler Preisindex 2022		
	(1)	(2)	(3)
Preisbereinigtes Einkommen	0.0002	-0.0003***	0.0002*
	(0.0001)	(0.0001)	(0.0001)
Bayern		-1.885**	-1.256*
		(0.788)	(0.670)
Berlin		1.959	-29.664***
		(4.410)	(4.531)
Brandenburg		-6.536***	-4.444***
		(1.241)	(1.065)
Bremen		-5.786*	-5.560**
		(3.166)	(2.682)
Hamburg		8.662**	-9.405**
		(4.387)	(3.994)
Hessen		-1.477	-1.216
		(1.080)	(0.915)
...			
...			
Anzahl Studierende			0.0002***
			(0.00001)
Constant	93.423***	111.055***	95.210***
	(3.445)	(3.374)	(3.134)
Observations	400	400	400
R²	0.005	0.331	0.521
Adjusted R²	0.002	0.303	0.500
Residual Std. Error	5.181 (df = 398)	4.330 (df = 383)	3.667 (df = 382)
F Statistic	1.923 (df = 1; 398)	11.839*** (df = 16; 383)	24.474*** (df = 17; 382)
Note:			*p **p ***p<0.01

Es wird deutlich, dass insbesondere durch die Hinzunahme der Bundesländer der Erklärungsgehalt unseres Schätzmodells deutlich zunimmt. So steigt das angepasste Bestimmtheitsmaß (R^2) von 5 % auf 33 %. Im Vergleich zu Baden-Württemberg (hier Referenz-Bundesland) haben fast alle anderen Bundesländer einen negativen und hoch signifikanten Effekt auf den regionalen Preisindex.

Aufgabe 4.4: Das Arbeiten mit und visualisieren von Geodaten

Wir laden zunächst das „sf"- sowie das „tidyverse"-Paket und den Datensatz „geodaten.rds".

```
library(sf)
library(tidyverse)

geodaten <- read_rds("../Daten/geodaten.rds")
```

(a)
Wir nutzen „geom_sf()", um uns eine Karte der 400 Kreise und kreisfreien Städte in Deutschland zu visualisieren. Zur Darstellung der Studierendenzahlen in der Karte definieren wir als „fill" die Variable gesamt. Wir nutzen „theme_void()", um eine Achsenbeschriftung zu vermeiden.

```
geodaten |>
  ggplot(aes(geometry = geometry,
             fill = gesamt)) +
  geom_sf() +
  theme_void()
```

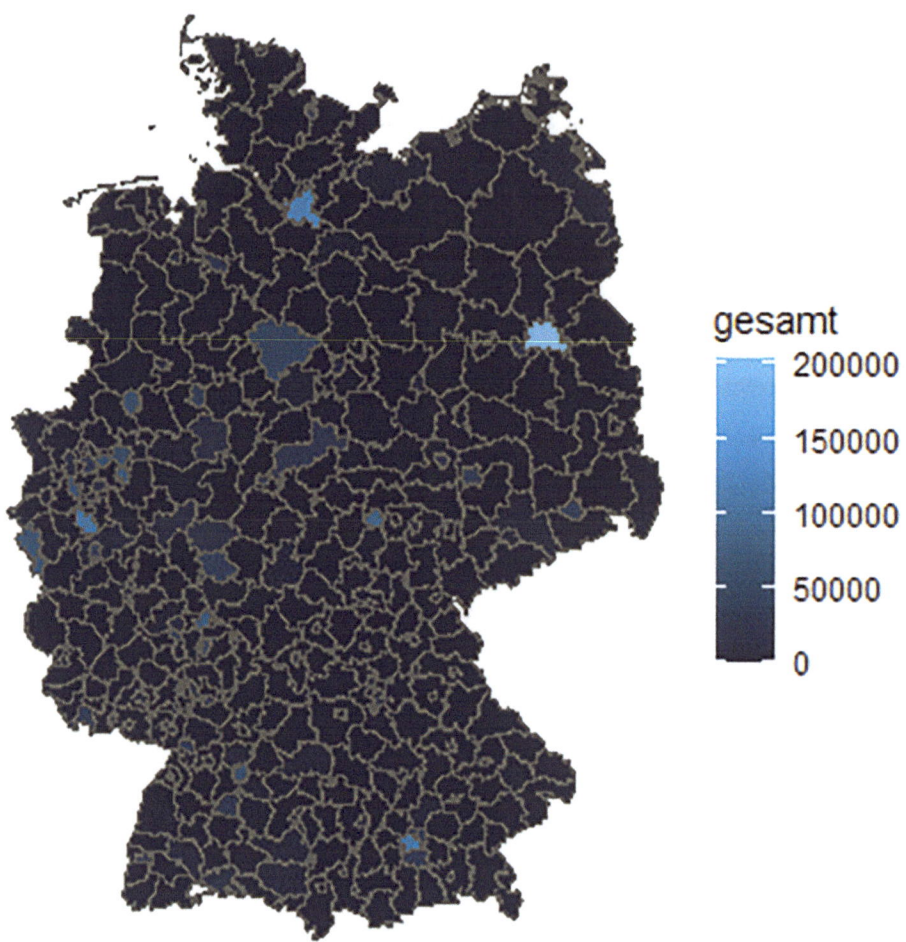

Es wird deutlich, dass die überwiegende Mehrzahl der Kreise bzw. kreisfreien Städte durch keine Hochschulen und damit keine Studierenden charakterisiert sind. Vor allem die großen Hochschulstandorte, wie Berlin, können gut erkannt werden. Allerdings wäre eine bessere Farbgebung der Interpretierbarkeit zuträglich.

(b)
Zur Vermeidung der Kreisgrenzen definieren wir „color=NA". Die Bundeslandgrenzen fügen wir durch Definition eines zweiten „geom_sf()" hinzu. Hierzu nutzen wir als Daten die Bundesländer und setzen „fill=NA". Zuvor laden wir das entsprechende Shapefile der Bundesländer mit „st_read()".

7.1 Lösungen zu den Übungsaufgaben

```r
bundesländer <- st_read("../Daten/LAN_2021_12153769396298718 46/LAN_2021.shp")

geodaten |>
  ggplot(aes(geometry = geometry,
             fill = gesamt)) +
  geom_sf(color = NA,
          size = 0.1) +
  geom_sf(data = bundesländer,
          fill = NA) +
  theme_void()
```

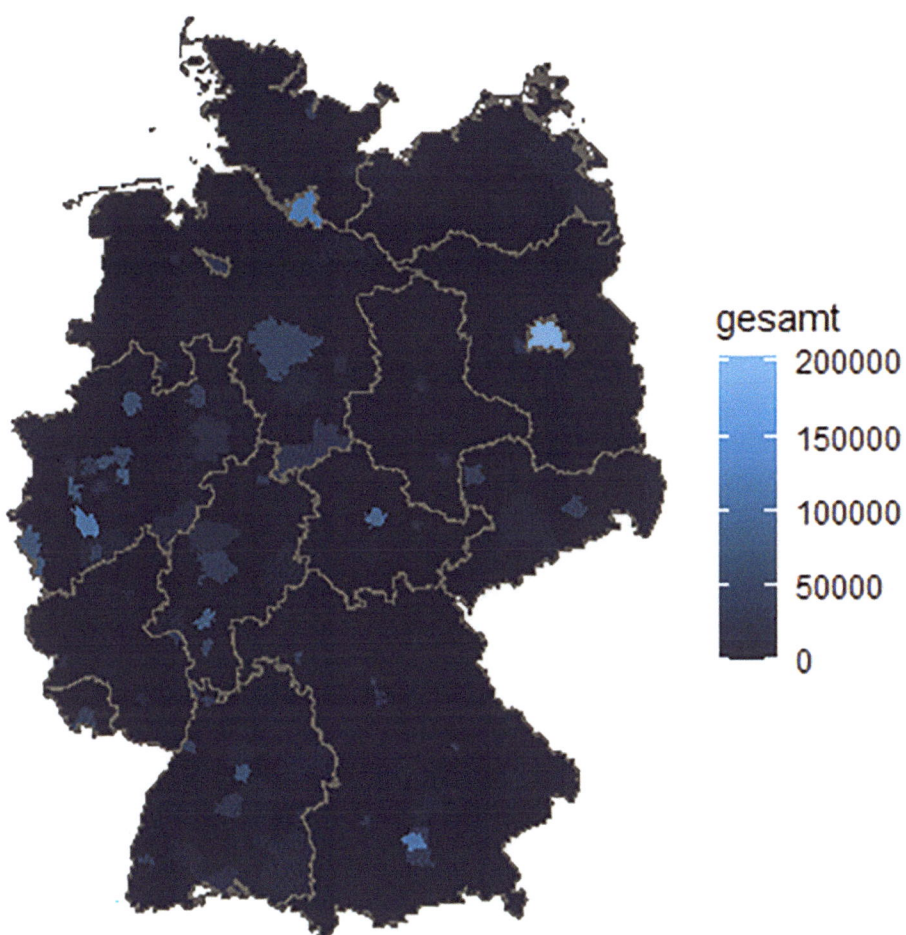

(c)
Nun passen wir mit „scale_fill_gradient()" die Farbgebung so an, dass die Studierendenzahlen von grau bis schwarz eingefärbt werden.

```
geodaten |>
  ggplot(aes(geometry = geometry,
             fill = gesamt)) +
  geom_sf(color = NA,
          size = 0.1) +
  geom_sf(data = bundesländer,
          fill = NA) +
  theme_void() +
  scale_fill_gradient(low = "grey",
                      high = "black",
                      name = "Studierendenzahl")
```

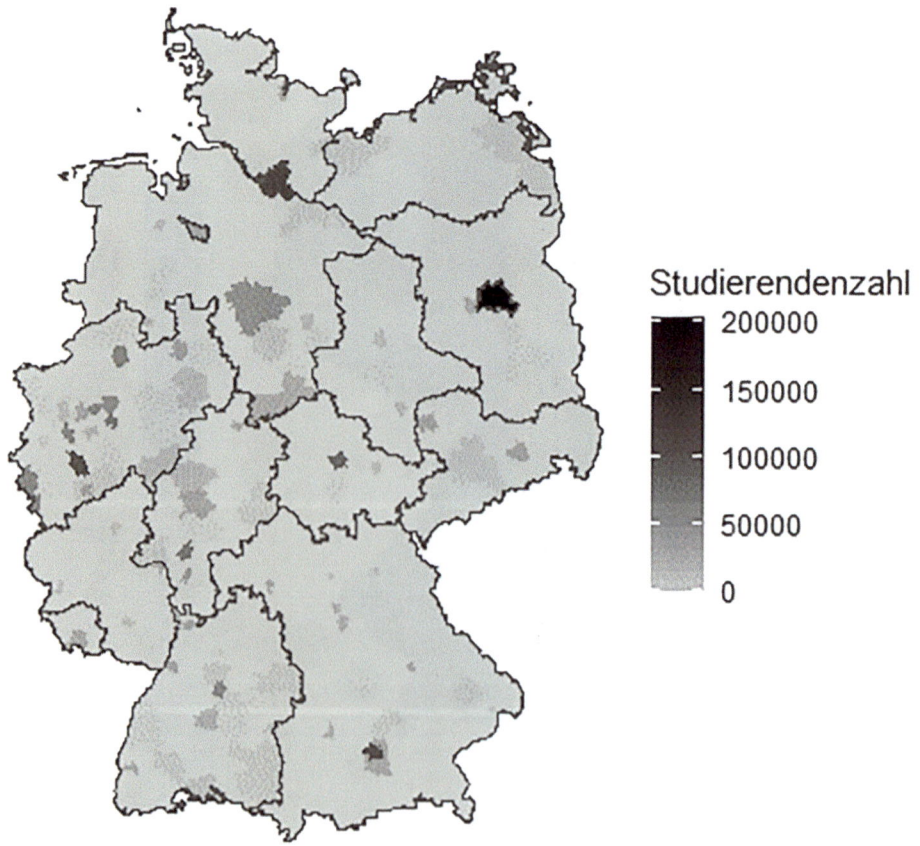

Nun sind die Hochschulstandorte durch die bessere Farbgebung besser zu erkennen.

(d)

Wir wählen mit „top_n()" zunächst die Top-7 Hochschulstandorte aus.

```
top_7 <-
  geodaten |>
  top_n(7, gesamt)
```

Da die Beschriftung mit „geom_text()" nur mit X- und Y-Koordinaten funktioniert, müssen wir zunächst entsprechende Zentroide berechnen, um die Hochschulstandorte entsprechend an richtiger Stelle einzeichnen zu können. Wir bilden hierzu eine neue Variable „centroid" und ergänzen anschließend mit „cbind" und „st_coordinates" die entsprechenden Zentroidwerte.

```
top_7 <-
  top_7 |>
  mutate(centroid = st_centroid(geometry))

top_7 <-
  top_7 |>
  cbind(st_coordinates(top_7$centroid))
```

Nun beschriften wir die Hochschulstandorte und nutzen anstelle von „geom_text()" den „geom_text_repel()"-Befehl aus dem „ggrepel"-Paket, um eine Überlagerung der Beschriftung zu vermeiden. Anstelle der Variable „region" nutzen wir „GEN", um den Zusatz „kreisfreie Stadt" in der Beschriftung der Karte zu vermeiden.

```
geodaten |>
  ggplot(aes(geometry = geometry)) +
  geom_sf(aes(fill = gesamt),
          color = NA,
          size = 0.1) +
  geom_sf(data = bundesländer,
          fill = NA) +
  ggrepel::geom_text_repel(data = top_7, aes(
    x = X,
    y = Y,
    label = GEN),
    col = "black",
    size = 3) +
  theme_void() +
  scale_fill_gradient(low = "grey",
                      high = "black",
                      name = "Anzahl Studierende")
```

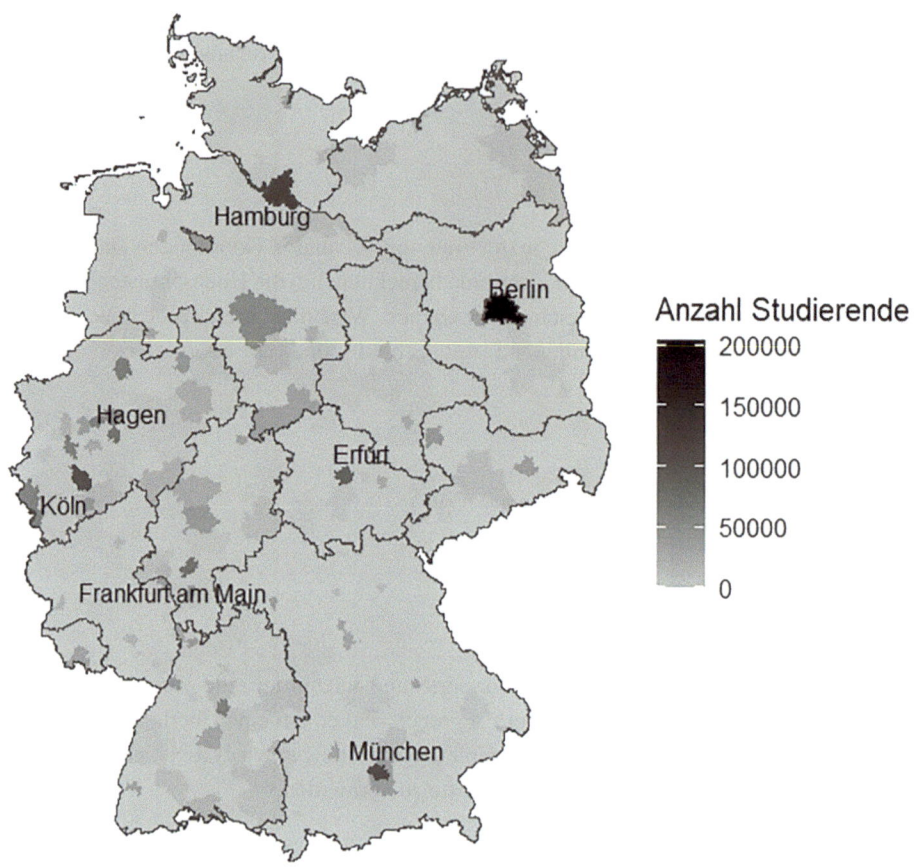

7.1.5 Lösungen zu den Übungsaufgaben aus Kap. 5

Aufgabe 5.1: Simulationsbasierte Inferenzstatistik

Wir laden zunächst unsere Pakete „mosaic" und „tidyverse" sowie unseren Datensatz „datensatz_final". Mit „options(scipen=999)" stellen wir sicher, dass R die Dezimalschreibweise anstelle der Exponentialschreibweise verwendet.

```
library(mosaic)
library(tidyverse)

studenten <- read_csv("Daten/datensatz_final.csv") |>
  filter(fachgebiet=="Insgesamt")
```

Daneben nutzen wir den „options()"-Befehl, um die Grundeinstellung der Exponentialschreibweise in die Dezimalschreibweise zu ändern.

7.1 Lösungen zu den Übungsaufgaben

```
options(scipen = 999)
```

(a)
Wir bilden zunächst eine neue Variable „bundesregion" mit „mutate()" und nutzen „%in%" zur Fallunterscheidung bei „case_when()".

```
studenten_neu <-
  studenten |>
  mutate(bundesregion = case_when(
    bundesland %in% c("Brandenburg","Mecklenburg-Vorpommern","Sachsen",
                      "Sachsen-Anhalt","Thüringen") ~ "Ostdeutschland",
    TRUE ~ "Westdeutschland"))
```

Einen asymptotischen Mittelwertdifferenztest führen wir mit „t.test()" aus. Wir testen dabei zweiseitig vor dem Hintergrund der Nullhypothese, dass sich die Mittelwerte zwischen Ost- und Westdeutschland nicht unterscheiden.

```
t.test(preisindex_fur_wohnkosten_2022 ~ bundesregion,
       data=studenten_neu)

    Welch Two Sample t-test

data:  preisindex_fur_wohnkosten_2022 by bundesregion
t = -10.43, df = 172.66, p-value < 0.00000000000000022
alternative hypothesis: true difference in means between group Ostdeutschland and
group Westdeutschland is not equal to 0
95 percent confidence interval:
 -18.66293 -12.72352
sample estimates:
 mean in group Ostdeutschland mean in group Westdeutschland
                     81.38755                       97.08078
```

Es wird angesichts eines p-Werts von 0 % deutlich, dass wir unsere Nullhypothese verwerfen können. Damit unterscheiden sich Ost- und Westdeutschland offensichtlich hinsichtlich des Preisindex für Wohnkosten. Unten in der Tabelle wird das auch nochmal deutlich mit einem mittleren Preisindex für Westdeutschland in Höhe von 97,08 Indexpunkten gegenüber einem mittleren Preisindex für Ostdeutschland in Höhe von 81,39 Indexpunkten.

(b)
Wir erinnern uns an das 4-Schritteschema aus Abschn. 5.1 und wenden die ersten 3 Schritte wie folgt an.

```
set.seed(1237)
Bootvtlg_3 <- do(10000)*
  diffmean(preisindex_fur_wohnkosten_2022 ~ bundesregion,
           data=resample(studenten_neu))
```

Schließlich betrachten wir bei einem 90-%-Konfidenzintervall das 5-%- und das 95-%-Quantil der Bootstrapverteilung. Wir lassen uns das Ergebnis graphisch durch ein Histogramm für die Bootstrapverteilung und „vlines" für die Quantile wiedergeben.

```
# Berechnung der Quantile
quantile <- quantile(~diffmean,
                     probs = c(0.05,0.95),
                     data = Bootvtlg_3)

# Graphische Visualisierung
Bootvtlg_3 |>
  ggplot(aes(x = diffmean)) +
  geom_histogram(color = "black", fill = "grey") +
  geom_vline(xintercept = quantile)+
  labs(x = "Mittelwertdifferenz der Bootstrapverteilung",
       y = "Anzahl")+
  theme_minimal()
```

Damit wird deutlich, dass mit einer Wahrscheinlichkeit von 90 % die Mittelwertunterschiede für den Preisindex für Wohnkosten zwischen Ost- und Westdeutschland zwischen 14,9 und 16,5 Indexpunkten liegt. Folglich liegt der Wert 0 aus unserer Vermutung nicht im Intervall, was auf ein Verwerfen der Nullhypothese hindeutet.

(c)
Wir erinnern uns an das 4-Schritteschema aus Abschn. 5.1 und wenden die ersten 3 Schritte wie folgt an.

```
set.seed(1238)
Nullvtlg_2 <- do(10000)*
  diffmean(preisindex_fur_wohnkosten_2022 ~ shuffle(bundesregion),
           data = studenten_neu)
```

Dabei ordnen wir nun jeder Bundesregion zufällig einen Preisindex zu und generieren damit die hypothetische Verteilung unter der Nullhypothese, d. h., als gäbe es keine Unterschiede im Preisindex für Wohnkosten zwischen Ost- und Westdeutschland. Diese vergleichen wir nun mit der tatsächlichen Mittelwertdifferenz aus unserem Datensatz. Den Vergleich zwischen hypothetischer Welt (Histogramm) und Realität (vline) visualisieren wir mit ggplot.

```
# Mittelwertdifferenz im Datensatz
dm <- diffmean(preisindex_fur_wohnkosten_2022 ~ bundesregion,
               data = studenten_neu)

# Graphische Visualisierung
Nullvtlg_2 |>
  ggplot(aes(x = diffmean)) +
  geom_histogram(color = "black", fill = "grey")+
  geom_vline(xintercept = dm) +
  labs(x = "Mittelwertdifferenz der Nullverteilung",
       y = "Anzahl") +
  theme_minimal()
```

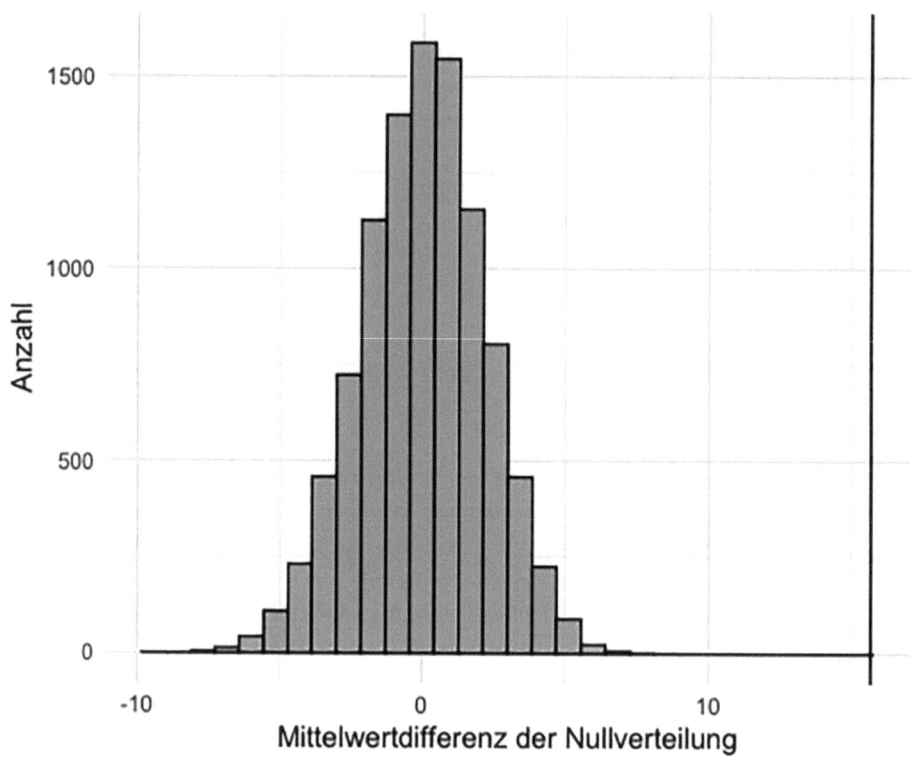

Wir sehen, dass die Mittelwertdifferenz aus unserem Datensatz mit deutlichem Abstand von der hypothetischen Verteilung unter der Nullhypothese (Nullverteilung) entfernt liegt, sodass die Nullhypothese auch hier verworfen werden kann. Damit kommen wir zum gleichen Ergebnis wie in Aufgabenteil (a).

(d)
Zentraler Vorteil simulationsbasierter Inferenzverfahren gegenüber asymptotischem Verfahren bestehen vor allem im Hinblick auf die strengen Annahmen der asymptotischen Parametertestungen. Als nicht-parametrisches Verfahren werden keine Annahmen bei der Simulation über die Verteilung der Daten (z. B. Normalverteilung) notwendig, weshalb die simulationsbasierten Verfahren flexibler sind. Die Simulationen ermöglichen es, die Verteilung einer Teststatistik direkt aus den Daten zu schätzen – ohne sich auf theoretische Verteilungen zu verlassen. Daneben eignen sich die Verfahren auch insbesondere für kleine Stichproben, während asymptotische Verfahren hier schnell an ihre Grenzen der Aussagekraft stoßen.

7.1 Lösungen zu den Übungsaufgaben

(e)

Wir nutzen den „lm()"-Befehl zur Berechnung der Parameter der besten Schätzgeraden. Die beste Schätzgerade ist dabei definiert als die Gerade mit der kleinsten Summe der quadratischen Abweichungen zwischen Schätzung und tatsächlicher Beobachtung.

```
model_1 <- lm(preisindex_fur_wohnkosten_2022 ~ preisbereinigtes_einkommen,
              data = studenten)
summary(model_1)

Call:
lm(formula = preisindex_fur_wohnkosten_2022 ~ preisbereinigtes_einkommen,
    data = studenten)

Residuals:
    Min      1Q  Median      3Q     Max
-26.066 -11.799  -3.313   9.011  85.223

Coefficients:
                            Estimate Std. Error t value   Pr(>|t|)
(Intercept)                79.1838567 11.0805266   7.146 0.00000000000429 ***
preisbereinigtes_einkommen  0.0006075  0.0004489   1.353            0.177
---
Signif. codes:  0 '***' 0.001 '**' 0.01 '*' 0.05 '.' 0.1 ' ' 1

Residual standard error: 16.66 on 398 degrees of freedom
Multiple R-squared:  0.004581,  Adjusted R-squared:  0.00208
F-statistic: 1.832 on 1 and 398 DF,  p-value: 0.1767
```

Vor dem Hintergrund eines p-Wert von 0 % wird deutlich, dass die Nullhypothese verworfen werden kann und damit ein Einfluss des preisbereinigten Einkommens auf den Preisindex für Wohnkosten festgestellt werden kann.

(f)

Wir erinnern uns an das 4-Schritteschema aus Abschn. 5.1 und wenden die ersten 3 Schritte wie folgt an.

```
set.seed(1238)
Bootvtlg_4 <- do(10000)*
  lm(preisindex_fur_wohnkosten_2022 ~ preisbereinigtes_einkommen,
     data = resample(studenten))
```

Schließlich betrachten wir bei einem 95-%-Konfidenzintervall das 2,5-%- und das 97,5-%-Quantil der Bootstrapverteilung. Wir lassen uns das Ergebnis graphisch durch ein Histogramm für die Bootstrapverteilung und „vlines" für die Quantile wiedergeben.

```r
# Berechnung der Quantile
quantile <- quantile(~preisbereinigtes_einkommen,
                    probs = c(0.025,0.975),
                    data = Bootvtlg_4)

# Graphische Visualisierung
Bootvtlg_4 |>
  ggplot(aes(x = preisbereinigtes_einkommen)) +
  geom_histogram(color = "black", fill = "grey") +
  geom_vline(xintercept = quantile) +
  labs(x = "Steigungsparameter der Bootstrapverteilung",
       y = "Anzahl")+
  theme_minimal()
```

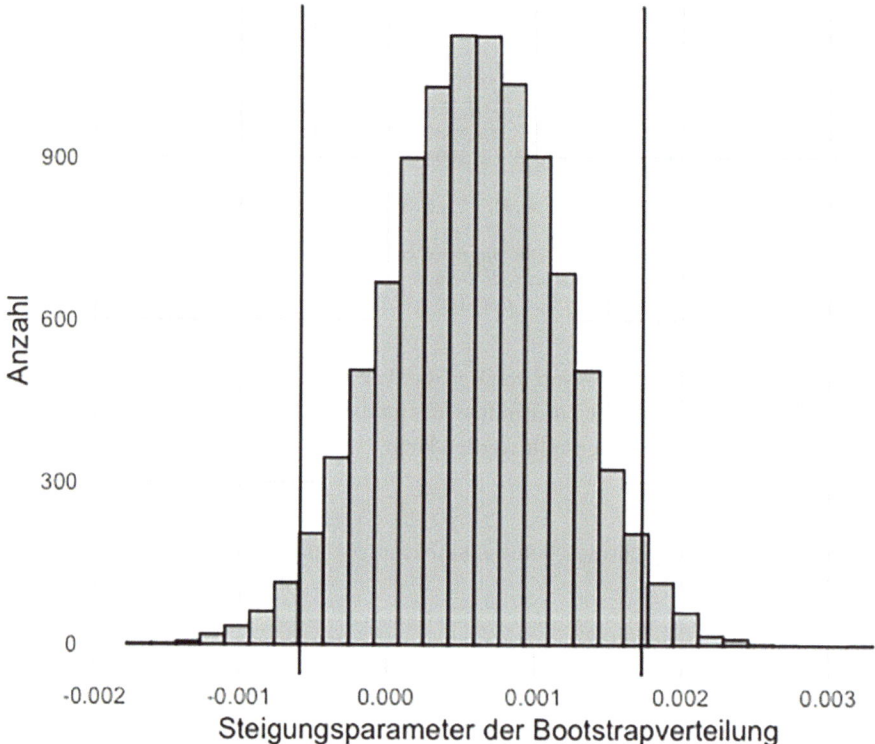

Damit wird deutlich, dass mit einer Wahrscheinlichkeit von 95 % jeder zusätzliche Euro an preisbereinigtem Einkommen den Preisindex für Wohnkosten zwischen 0,000246 und 0,000971 Indexpunkte erhöht.

(g)
Wir erinnern uns an das 4-Schritteschema aus Abschn. 5.1 und wenden die ersten 3 Schritte wie folgt an.

7.1 Lösungen zu den Übungsaufgaben

```
set.seed(1239)
Nullvtlg_3 <- do(10000)*
  lm(preisindex_fur_wohnkosten_2022 ~ shuffle(preisbereinigtes_einkommen),
    data = studenten)
```

Dabei ordnen wir nun jedem Preisindex zufällig ein preisbereinigtes Einkommen zu und generieren damit die hypothetische Verteilung unter der Nullhypothese, d. h. als gäbe es keinen Einfluss des preisbereinigten Einkommens auf den Preisindex für Wohnkosten. Diese vergleichen wir nun mit dem tatsächlichen Effekt aus unserem Datensatz in (e). Den Vergleich zwischen hypothetischer Welt (Histogramm) und Realität (vline) visualisieren wir mit ggplot. Da wir nur β_1 und nicht β_0 betrachten machen wir das durch eine 2 in eckigen Klammern entsprechend deutlich.

```
# Effekt im Datensatz, wobei wir nur den Wert für beta1 - also den 2. Wert
- betrachten
effekt <- abs(coef(model_1))[2]

# Graphische Visualisierung
Nullvtlg_3 |>
  ggplot(aes(x = preisbereinigtes_einkommen)) +
  geom_histogram(color = "black", fill = "grey") +
  geom_vline(xintercept = effekt) +
  labs(x = "Steigungsparameter der Nullverteilung",
    y = "Anzahl") +
  theme_minimal()
```

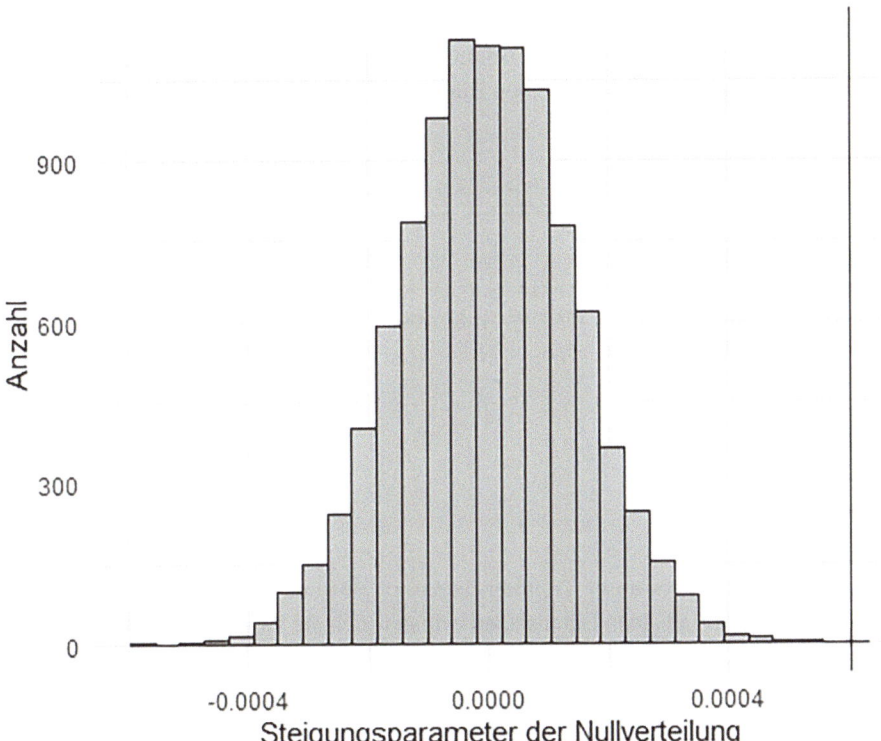

Es wird deutlich, dass der Steigungsparameter aus unserem Datensatz mit deutlichem Abstand von der hypothetischen Verteilung unter der Nullhypothese (Nullverteilung) entfernt liegt, sodass die Nullhypothese auch hier verworfen werden kann. Damit kommen wir zum gleichen Ergebnis wie in Aufgabenteil (e).

Aufgabe 5.2: Machine Learning – Regression
Wir laden zunächst unser Paket „tidyverse" sowie unseren Datensatz „ML_data".

```
library(tidyverse)

ML_data <- read_csv("../Daten/ML_data.csv")
```

(a)
Wir bilden zunächst unsere Stichprobe von Beobachtungen für die Trainingsdaten mithilfe des „sample()"-Befehls. Hier wird deutlich, dass wir mit „seq_len(nrow(ML_data_5.3))" letztlich die zufällig gezogenen Zeilennummern der Stichprobe an „train_5.3" übergeben.

```
set.seed(1240)
train_5.2_a <- sample(seq_len(nrow(ML_data)),
                      size = round(0.75 * nrow(ML_data), 0))
```

Wir stellen fest, dass die Stichprobe 300 Beobachtungen enthält.

(b)
Wir erstellen unseren Trainings- und unseren Testdatensatz auf Basis unserer Stichprobe aus (a) und lassen uns mit „print()" einen Eindruck der Anzahl an Beobachtungen geben.

```
train_5.2_b <- ML_data |>
  filter(row_number() %in% train_5.2_a) |>
  select(preisbereinigtes_einkommen, gesamt)

test_5.2_b <- ML_data |>
  filter(!row_number() %in% train_5.2_a) |>
  select(preisbereinigtes_einkommen, gesamt)

print(nrow(train_5.2_b))
```
[1] 300

```
print(nrow(test_5.2_b))
```
[1] 100

Es wird deutlich, dass unser Trainingsdatensatz 300 und der Testdatensatz 100 Beobachtungen enthält. In beiden Datensätzen befinden sich die Variablen „preisbereinigtes_einkommen" und „gesamt".

(c)

Wir nutzen den „pull()"-Befehl, um auf den Preisindex für Wohnkosten zu schließen und führen die Trainings- und Testergebnisse mithilfe von „cbind()" zusammen.

```
train_outcomes_5.2_c <- ML_data |>
  filter(row_number() %in% train_5.2_a) |>
  pull(preisindex_fur_wohnkosten_2022)

test_outcomes_5.2_c <- ML_data |>
  filter(!row_number() %in% train_5.2_a) |>
  pull(preisindex_fur_wohnkosten_2022)

train_regression_5.2_c <- cbind(train_5.2_b, train_outcomes_5.2_c)
head(train_regression_5.2_c)
  preisbereinigtes_einkommen gesamt train_outcomes_5.2_c
1                      20720   9960             93.17875
2                      21043  36321            102.26081
3                      21796      0             89.15646
4                      25455      0             99.93576
5                      28225      0             92.56869
6                      25475      0            101.02072
```

Wir sehen, dass beispielsweise für die erste Beobachtung ein preisbereinigtes Einkommen von 20.720 €, einer Studierendenzahl von 9960 und einem Preisindex für Wohnkosten von 93,18 vorliegt usw.

(d)

Zur Vorhersage wenden wir nun eine Regression mithilfe des „lm()"-Befehls an und sagen den Indexwert mit „predict()" vorher.

```
model_5.2_d <- lm(train_outcomes_5.2_c ~ preisbereinigtes_einkommen + gesamt,
                  data = train_regression_5.2_c)

predict_5.2_d <- predict(model_5.2_d, test_5.2_b)

outcome_df_5.2_d <- data.frame(cbind(predict_5.2_d, test_outcomes_5.2_c))
head(outcome_df_5.2_d)
  predict_5.2_d test_outcomes_5.2_c
1      91.24536           103.49173
2      94.48980            85.46753
3      95.05025            93.07051
4      92.03974            89.83374
5      92.09440            87.57059
6     137.36684           136.22200
```

(e)
Wir stellen die vorhergesagten und tatsächlichen Werte einander mithilfe eines Streudiagramms gegenüber.

```
ggplot(outcome_df_5.2_d, aes(x = predict_5.2_d, y = test_outcomes_5.2_c)) +
  geom_point() +
  geom_abline(color = "blue") +
  labs(x="vorhergesagter Wert",
       y="tatsächlicher Wert")
```

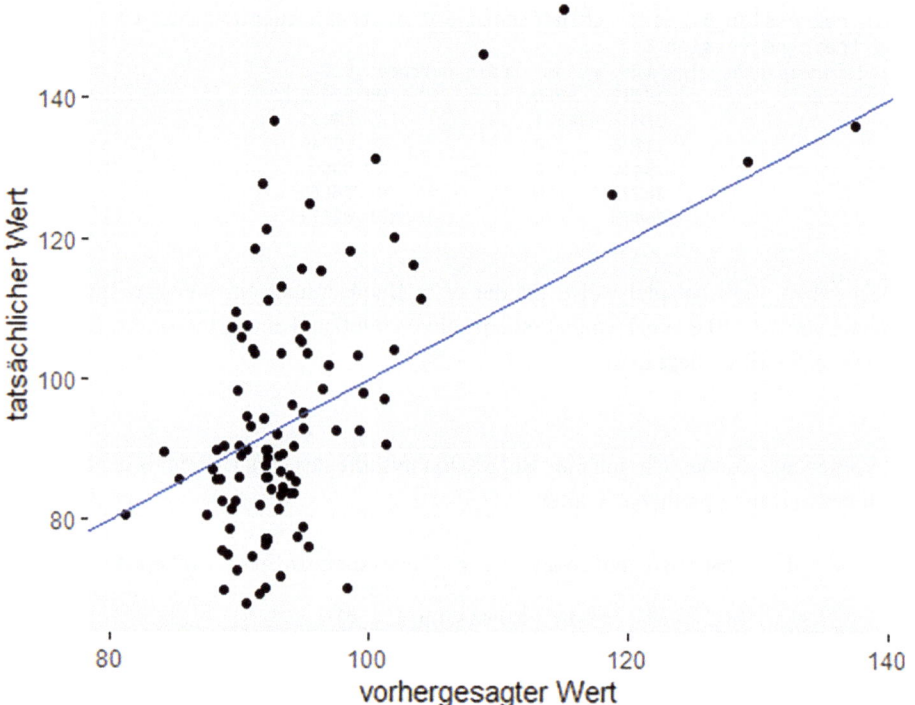

Es lässt sich bereits vermuten, dass die Vorhersagen nicht so gut sind, wie erhofft.

(f)
Wir berechnen den MSE und RMSE zur Beurteilung unserer Vorhersage.

```
mse_regression_5.2_f <- mean((outcome_df_5.2_d$test_outcomes_5.2_c - outcome_df_5.2_d$predict_5.2_d)^2)

rmse_regression_5.2_f <- sqrt(mse_regression_5.2_f)
print(rmse_regression_5.2_f)
```

[1] 14.77262

Der RMSE ist so zu interpretieren, dass das Modell im Durchschnitt 14,8 Punkte über oder unter dem tatsächlichen Wert für den Preisindex für Wohnkosten liegt. Vor diesem Hintergrund wäre es in diesem Zusammenhang sicherlich sinnvoll, ein zweites Modell zu trainieren und beispielsweise auf den XGBoost Algorithmus zurückzugreifen.

Aufgabe 5.3: Machine Learning – Klassifikation

Wir laden zunächst unser Paket „tidyverse" sowie unsere Datensätze „ML_data", „studenten" und „BV_dichte". Da die „ags"-Variable in unserem „studenten"-Datensatz nur 4 Zeichen ohne die 0 aufweist, müssen wir diese noch aus dem „BV_dichte"-Datensatz entfernen. Hierzu nutzen wir den „sub()"-Befehl und weisen durch „^0+" auf eine 0 am Anfang der Zahlenfolge hin.

```
library(tidyverse)

ML_data <-
  studenten |>
  filter(fachgebiet == "Insgesamt") |>
  mutate(preisniveau_klasse = case_when(
    regionaler_preisindex_2022 >= 100 ~ "überdurchschnittlich",
    TRUE ~ "unterdurchschnittlich"
  ))


BV_dichte <- readxl::read_xlsx("../Daten/BV_dichte.xlsx") |>
  mutate(ags = sub("^0+","",ags))

studenten <- read.csv("../Daten/datensatz_final.csv")
```

(a)
Wir bilden eine einfache Matrix, um die potenziellen Ergebnisse eines ML-Ansatzes beurteilen und bewerten zu können.

		Tatsächliche Klassifizierung	
		Wahr	Falsch
ML-Klassifizierung	Wahr	True Positive (TP)	False Positive (FP)
	Falsch	False Negative (FN)	True Negative (TN)

Es wird deutlich, dass es zwei potenzielle Fehler bei der Klassifizierung gibt: (1) Es wird vorhergesagt, dass eine Beobachtung zu einer Klasse gehört, obwohl sie tatsächlich nicht zu dieser Klasse gehört (False Positive), (2) Es wird vorhergesagt, dass eine Beobachtung nicht zu einer Klasse gehört, obwohl sie tatsächlich zu dieser Klasse gehört (False Negative).

(b)

Da die „ags"-Spalte in den Datensätzen „studenten" und „BV_dichte" unterschiedliche Datentypen aufweisen, müssen wir diese vor dem Matching zunächst vereinheitlichen. Anschließend nutzen wir den „left_join()"-Befehl, um den Datensatz „BV_dichte" mit unserem „ML_data"-Datensatz zusammenzufügen. .

```
# Konvertiere die ags-Spalte in beiden DataFrames in den gleichen Datentyp
ML_data <- ML_data |>
  mutate(ags = as.character(ags))

BV_dichte <- BV_dichte |>
  mutate(ags = as.character(ags))

# Führe den left_join durch
ML_data_5.3 <- ML_data |>
  left_join(BV_dichte, by = "ags")
```

Der Datensatz enthält nun 400 Beobachtungen für 22 Variablen. Neben den altbekannten 20 Variablen aus dem Datensatz „studenten" betrachten wir nun zwei zusätzliche Spalten: (1) Kreisname (diese Spalte könnten wir auch löschen, weil diese auch durch die Variable „region" abgebildet wird) und (2) die Bevölkerungsdichte, d. h. Einwohner je km².

(c)

Wir bilden zunächst unsere Stichprobe von Beobachtungen für die Trainingsdaten mithilfe des „sample()"-Befehls.

```
set.seed(1240)
train_5.3 <- sample(seq_len(nrow(ML_data_5.3)),
                    size = round(0.75 * nrow(ML_data_5.3), 0))
```

Wir stellen fest, dass die Stichprobe 300 Beobachtungen enthält.

Wir nutzen die Stichprobe „train_5.3" und erstellen die neuen Trainings- und Testdaten. Hier wird deutlich, dass wir durch „filter(row_number() %in% train_5.3)" auf die in „train_5.3" ausgewählten Zeilennummern der Stichprobe zurückgreifen und zu diesen Zeilennummern die Variablen „nominales_einkommen", „gesamt", „bv_dichte", „ausland_gesamt" und „männlich_gesamt" mit „select()" auswählen.

```
# Erstellen neuer Trainingsdaten
train_5.3_c <- ML_data_5.3 |>
  filter(row_number() %in% train_5.3) |>
  select(nominales_einkommen, gesamt, bv_dichte, ausland_gesamt, männlich_gesamt)
head(train_5.3_c)
```

	nominales_einkommen	gesamt	bv_dichte	ausland_gesamt	männlich_gesamt
1	20281.82	9960	1633	816	4423
2	21319.69	36321	2098	3179	17550
3	21166.60	0	1119	0	0
4	25506.64	0	162	0	0
5	27533.81	0	82	0	0
6	25622.16	0	147	0	0

```
test_5.3_c <- ML_data_5.3 |>
  filter(!row_number() %in% train_5.3) |>
  select(nominales_einkommen, gesamt, bv_dichte, ausland_gesamt, männlich_gesamt)
head(test_5.3_c)
```

	nominales_einkommen	gesamt	bv_dichte	ausland_gesamt	männlich_gesamt
1	22419.40	13850	1023	1367	7743
2	24681.98	1773	95	78	850
3	25749.12	1515	128	0	723
4	24286.66	0	100	0	0
5	24160.98	0	126	0	0
6	26158.40	119110	2530	15833	56302

Im Gegensatz zu Abschn. 5.2 wird nun auch die Bevölkerungsdichte als Variable in Spalte 3 ersichtlich.

(d)

Wir erstellen neue Outcomes mit binären Klassen. Wir nutzen den „pull()"-Befehl, um den Vektor der Preisniveauklasse auszuwählen und führen die Trainings- und Testergebnisse mithilfe von „cbind()" zusammen.

```
train_outcomes_5.3_d <- ML_data_5.3 |>
  filter(row_number() %in% train_5.3) |>
  pull(preisniveau_klasse)

test_outcomes_5.3_d <- ML_data_5.3 |>
  filter(!row_number() %in% train_5.3) |>
  pull(preisniveau_klasse)

train_regression_5.3_d <- cbind(train_5.3_c, train_outcomes_5.3_d)
head(train_regression_5.3_d)
  nominales_einkommen_gesamt bv_dichte ausland_gesamt männlich_gesamt
1                   20281.82      9960           1633             816            4423
2                   21319.69     36321           2098            3179           17550
3                   21166.60         0           1119               0               0
4                   25506.64         0            162               0               0
5                   27533.81         0             82               0               0
6                   25622.16         0            147               0               0
  train_outcomes_5.3_d
1 unterdurchschnittlich
2 überdurchschnittlich
3 unterdurchschnittlich
4 überdurchschnittlich
5 unterdurchschnittlich
6 überdurchschnittlich
```

(e)
Wir nutzen den „ctree()"-Befehl aus dem „partykit"-Paket, um unser Entscheidungsbaum-Modell zu trainieren. Anschließend betrachten wir die Vorhersagen des Modells vor dem Hintergrund der Testdaten.

```
model_tree_5.3_e <- partykit::ctree(as.factor(train_outcomes_5.3_d) ~ .,
                                    data = train_regression_5.3_d)

# Vorhersage mit Modell auf Testdaten
predict_5.3_e <- predict(model_tree_5.3_e , test_5.3_c)
outcome_5.3_e <- data.frame(cbind(as.character(predict_5.3_e) , test_outcomes_5.3_d))
head(outcome_5.3_e)

                     V1    test_outcomes_5.3_d
1  überdurchschnittlich   überdurchschnittlich
2 unterdurchschnittlich  unterdurchschnittlich
3  überdurchschnittlich  unterdurchschnittlich
4 unterdurchschnittlich  unterdurchschnittlich
5 unterdurchschnittlich  unterdurchschnittlich
6  überdurchschnittlich   überdurchschnittlich
```

(f)
Wir nutzen die bekannten Metriken zur Evaluation der Vorhersagen. Wir runden anschließend mit „round()" auf die 2. Nachkommastelle.

```
# Berechnung der Evaluationsmetriken
TP <- sum(outcome_5.3_e$V1 == "überdurchschnittlich" &
          outcome_5.3_e$test_outcomes == "überdurchschnittlich")
FP <- sum(outcome_5.3_e$V1 == "überdurchschnittlich" &
          outcome_5.3_e$test_outcomes == "unterdurchschnittlich")
FN <- sum(outcome_5.3_e$V1 == "unterdurchschnittlich" &
          outcome_5.3_e$test_outcomes == "überdurchschnittlich")
TN <- sum(outcome_5.3_e$V1 == "unterdurchschnittlich" &
          outcome_5.3_e$test_outcomes == "unterdurchschnittlich")

Precision <- TP / (TP + FP)
Recall <- TP / (TP + FN)
F1 <- 2 * (Precision * Recall) / (Precision + Recall)

paste("Modell: Entscheidungsbaum. Precision: ", round(Precision, 2),
      "/ Recall: ", round(Recall, 2), "/ F1: ", round(F1, 2))

[1] "Modell: Entscheidungsbaum. Precision: 0.69 / Recall: 0.91 / F1: 0.7
8"
```

Wir sehen, dass das Ergänzen unseres Modells um die Bevölkerungsdichte in der Tat zu erheblich besseren Ergebnissen führt. So kann der F1-Wert von 0,73 (siehe Abschn. 5.2.2) auf 0,78 gesteigert werden. Vor allem der gute Wert für den Recall von 0,91 ist dabei hervorzuheben.

(g)
Wir nutzen den „plot()"-Befehl, um uns den Entscheidungsbaum aus 5.3 (e) visualisieren zu lassen.

```
plot(model_tree_5.3_e, type = "simple")
```

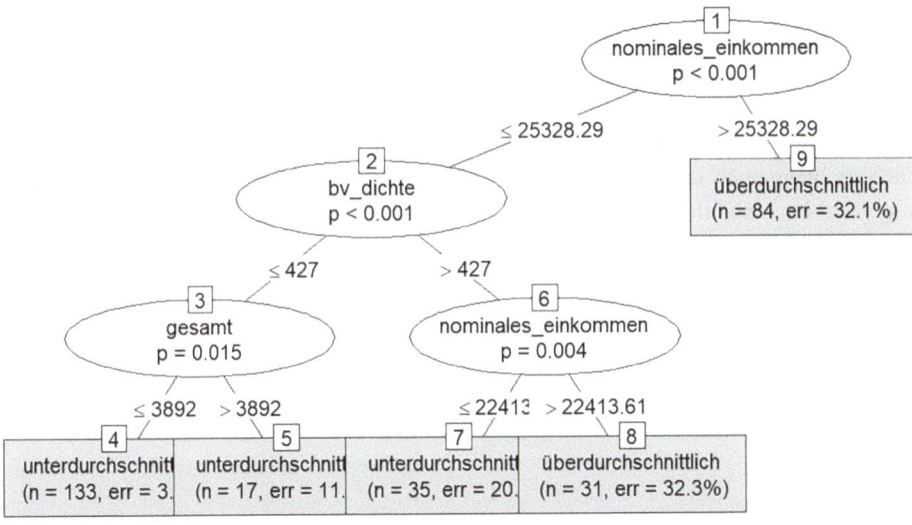

Es wird deutlich, dass die Bevölkerungsdichte (bv_dichte) einen erheblichen Erklärungsgehalt aufweist. Bei einer Bevölkerungsdichte von höchstens 427 pro km² wird der Preisindex als unterdurchschnittlich, ab 427 je nach nominalen Einkommen als unter- oder überdurchschnittlich eingestuft.

7.2 Glossar der R-Befehle

aes() Die Abkürzung „aes" steht für „aesthetics". Mithilfe des „aes()"-Befehls lassen sich die Variablen x und y (sowie weitere) einer ggplot-Visualisierung definieren. → ggplot().

anim_save() Mithilfe des „anim_save()"-Befehls lassen sich Animationen aus dem „gganimate"-Paket abspeichern. → transition_manual(). → transition_states().

as.character() Mithilfe des „as.character()"-Befehls können Variablen in einen Zeichenvektor konvertiert werden. Im Gegensatz zum „as.factor()"-Befehl werden die Daten dann als reiner Text behandelt. → as.numeric(). → as.factor().

as.factor() Mithilfe des „as.factor()"-Befehls können Variablen in einen Faktor, die verschiedene Kategorien (Levels) repräsentieren, konvertiert werden. → as.character(). → as.numeric().

as.numeric() Mithilfe des „as.numeric()"-Befehls lassen sich Variablen als numerische Variablen definieren. → as.character(). → as.factor().

arrange() Mithilfe des „arrange()"-Befehls lässt sich die Sortierung der Daten einstellen. Standardmäßig sortiert der „arrange()"-Befehl in aufsteigender Sortierung. Mit „desc()" in den Klammern wählen wir eine absteigende Sortierung. → summarise().

c() Mithilfe des „c()"-Befehls lassen sich Vektoren in R definieren.

cbind() Die Abkürzung „cbind" steht für „column-bind". Mithilfe des „cbind()"-Befehls lassen sich Vektoren, Matrizen oder Data Frames spaltenweise kombinieren.

clean_names() Mithilfe des „clean_names()"-Befehl aus dem „janitor"-Paket lassen sich die Variablennamen schnell und einfach bereinigen. Beispielsweise schreibt der Befehl alle Variablen einheitlich klein und ersetzt Leerzeichen durch „_".

coord_flip() Mithilfe des „coord_flip()"-Befehls lassen sich die Achsen einer ggplot-Visualisierung tauschen. → ggplot().

cor() Die Abkürzung „cor" steht für „correlation". Mithilfe des „cor()"-Befehls lässt sich der Korrelationskoeffizient (nach Bravais-Pearson) als Zusammenhangsmaß in R berechnen. → cov().

cov() Die Abkürzung „cov" steht für „covariance". Mithilfe des „cov()"-Befehls lässt sich die Kovarianz als Zusammenhangsmaß in R berechnen. → cor().

ctree() Mithilfe des „ctree"-Befehls können bedingte Inferenz-/Entscheidungsbäume erstellt werden. Der „ctree()"-Befehl stammt dabei aus dem „partykit"-Paket.

data.frame() Mithilfe des „data.frame()"-Befehls können die Daten als Tabelle abgespeichert und dargestellt werden.

drop.na() Mithilfe des „drop.na()"-Befehls lassen sich fehlende Werte (NA) einzelner Variablen entfernen. → is.na(). → na.omit().

ease_aes() Mithilfe des „ease_aes()"-Befehls lassen sich Änderungsfunktionen für Animationen aus dem „gganimate"-Paket festlegen, um die Änderungsrate zwischen Übergangszuständen („states") zu steuern. → transition_states().

enter_#() Mithilfe des „enter_#()"-Befehls lässt sich der Eingang neuer Variablen für Animationen aus dem „gganimate"-Paket explizit festlegen. Das „#" ist dabei Platzhalter, um beispielsweise neue Werte einfliegen (enter_fly), wachsen (enter_grow), driften (enter_drift) oder verblassend (enter_fade) in die Visualisierung eingehen zu lassen. → exit_# ().

exit_#() Mithilfe des „exit_#()"-Befehls lässt sich der Ausgang von Variablen für Animationen aus dem „gganimate"-Paket explizit festlegen. Das „#" ist dabei Platzhalter, um beispielsweise Werte rausfliegen (exit_fly), schrumpfen (exit_grow), driften (exit_drift) oder verblassend (exit_fade) aus der Visualisierung zu entfernen. → enter_#().

facet_wrap() Mithilfe des facet_wraps() lassen sich ggplot-Visualisierungen nach Gruppen/Facetten aufteilen und auf diese Weise vergleichend betrachten. → ggplot().

favstats() Die Abkürzung „favstats" steht für „favorite statistics". Mithilfe des „favstats()"-Befehls lassen sich die wichtigsten Lage- und Streuungsmaße für einzelne Variablen anzeigen.

filter() Mithilfe des „filter()"-Befehls lassen sich bestimmte Merkmalsausprägungen einer oder mehrerer Variablen auswählen.

full_join() Mithilfe des „full_join()"-Befehls lassen sich Datensätze (X und Y) zusammenfügen. Im Gegensatz zu anderen „join"-Instrumenten werden dabei alle Beobachtungen aus X und Y behalten. → inner_join(). → left_join(). → right_join().

geom_abline() Mithilfe des „geom_abline()"-Befehls kann in die ggplot-Visualisierung eines Streudiagramms („geom_point()") die entsprechende Schätzgerade eingezeichnet werden. Definiert ist die Schätzgerade dabei durch Schnittpunkt mit der y-Achse und Steigungsparameter. Alternativ lässt sich auch der Befehl „geom_smooth()" verwenden. → ggplot(). → geom_point(). → geom_smooth().

geom_boxplot() Mithilfe des „geom_boxplot()"-Befehls kann eine ggplot-Visualisierung als Boxplot dargestellt werden. → ggplot().

geom_col() Mithilfe des „geom_col ()"-Befehls kann eine ggplot-Visualisierung als Balkendiagramm dargestellt werden. → ggplot().

geom_histogram() Mithilfe des „geom_histogram()"-Befehls kann eine ggplot-Visualisierung als Histogramm dargestellt werden. → ggplot().

geom_point() Mithilfe des „geom_point()"-Befehls kann eine ggplot-Visualisierung als Streudiagramm dargestellt werden. → ggplot().

geom_sf Mithilfe des „geom_sf()"-Befehls kann eine ggplot-Visualisierung für Geodaten in Kartenform dargestellt werden. Hierzu wird auf so genannte „shape files" zurückgegriffen. → ggplot().

geom_smooth() Mithilfe des „geom_smooth()"-Befehls kann in eine ggplot-Visualisierung eines Streudiagramms die entsprechende Schätzgerade eingezeichnet werden. → geom_point(). → ggplot().

geom_text() Mithilfe des „geom_text()"-Befehls kann in eine ggplot-Visualisierung eine weiterführende Beschriftung, z. B. einzelner Datenpunkte, eingezeichnet werden. → geom_boxplot(). → geom_col(). → geom_histogram(). → geom_point(). → ggplot().

geom_text_repel() Mithilfe des „geom_text_repel()"-Befehls kann in einer ggplot-Visualisierung eine weiterführende Beschriftung, z. B. einzelner Datenpunkte, eingezeichnet werden. Im Gegensatz zum „geom_text()"-Befehl verhindert dieser zusätzliche Befehl aus dem ggrepel-Paket das Überlagern mehrerer Beschriftungen, indem der Befehl die Beschriftungen auseinanderzieht. Das bietet sich beispielsweise bei der Beschriftung von Geodaten in Kartenform an, wenn darzustellende Inhalte einen kleinen geometrischen Radius aufweisen. → geom_sf(). → geom_text().

geom_violin() Mithilfe des „geom_violin()"-Befehls kann eine ggplot-Visualisierung als Violinplot dargestellt werden. → ggplot().

geom_vline() Mithilfe des „geom_vline()"-Befehls kann eine ggplot-Visualisierung mit einer vertikalen Linie, z. B. zur Markierung des Mittelwerts („mean()") oder eines bestimmten Quantils („quantile()"), dargestellt werden. → ggplot(). → mean(). → quantile().

ggplot() Mithilfe des „ggplot()"-Befehls beginnt jede ggplot-Visualisierung. → geom_abline(). → geom_boxplot(). → geom_col(). → geom_histogram(). → geom_point().→ geom_sf(). → geom_text(). → geom_text_repel(). → geom_violine. → geom_vline().

group_by() Mithilfe des „group_by()"-Befehls lassen sich Daten nach eines diskreten Merkmal gruppieren. Zur Darstellung der gruppierten Daten sind diese mit dem „summarise()"-Befehl zusammenzufassen. → summarise().

7.2 Glossar der R-Befehle

ifelse() Mithilfe des „ifelse()"-Befehls lassen sich „-Wenn-Dann"-Operationen durchführen, beispielsweise beim Bilden einer neuen binären Variable auf der Basis einer anderen Variable mithilfe des „mutate()"- Befehls. Auch Dummy-Variablen lassen sich auf diese Weise bilden. → mutate().

inner_join() Mithilfe des „inner_join()"-Befehls lassen sich Datensätze (X und Y) zusammenfügen. Im Gegensatz zu anderen „join"-Instrumenten werden dabei nur solche Beobachtungen behalten, die in beiden Datensätzen (X und Y) enthalten sind. → full_join(). → left_join(). → right_join().

inspect() Der aus dem „mosaic"-Paket stammende „inspect()"-Befehl erlaubt die Betrachtung von Lage und Streuung der Variablen des Datensatzes und ordnet diese dabei in kategoriale und quantitative Merkmale ein.

install.packages() Mithilfe des „install.packages()"-Befehls lassen sich Pakete in R installieren. Um diese nutzen zu können müssen diese vor jeder Verwendung mit „library()" geladen werden. → library().

IQR() Die Abkürzung „IQR" steht für „interquartile range". Mithilfe des „IQR()"-Befehl lässt sich der Quartilsabstand als Streuungsmaßzahl in R berechnen.

is.na() Mithilfe des „is.na()"-Befehls lassen sich fehlende Werte (NA) finden. Das Filtern („filter()") auf das Gegenteil von „is.na" durch „!is.na()" erlaubt das Entfernen von fehlenden Werten (NA) aus einzelnen Variablen. → filter(). → na.omit().

labs() Mithilfe des „labs()"-Befehls lassen sich die Achsen, Überschriften, Legenden und Label einer ggplot-Visualisierung definieren. → ggplot().

left_join() Mithilfe des „left_join()"-Befehls lassen sich Datensätze (X und Y) zusammenfügen. Im Gegensatz zu anderen „join"-Instrumenten werden dabei alle Beobachtungen von Y in X behalten und nur entsprechende Beobachtungen in X hinzugenommen. → full_join(). → inner_join(). → right_join().

library() Mithilfe des „library()"-Befehls lassen sich Pakete aus der eigenen Bibliothek laden. Hierzu müssen diese mit „install.packages()" installiert werden. → install.packages().

lm() Die Abkürzung „lm" steht für „linear model". Mithilfe des „lm()"-Befehls lassen sich Regressionen durchführen. In Klammern ist zunächst die abhängige Variable y zu definieren, gefolgt von einem Tilde und einer oder mehrerer (mit + getrennten) unabhängigen Variable/n x. → summary().

ls() Die Abkürzung „ls" steht für „list". Mithilfe des „ls()"-Befehls lässt sich eine Liste aller im Arbeitsspeicher befindlichen Objekte anzeigen.

mean() Mithilfe des „mean()"-Befehls lässt sich der Mittelwert als Lagemaßzahl in R berechnen.

mutate() Mithilfe des „mutate()"-Befehls können wir einen Datensatz weitere Spalten und damit neue Variablen zuordnen bzw. bilden. → case_when(). → ifelse().

na.omit() Mithilfe des „na.omit()"-Befehls lässt sich der gesamte Datensatz von fehlenden Werten (NAs) befreien.

nchar() Mithilfe des „nchar()"-Befehls kann in einer Zeichenfolge nach einer bestimmten Anzahl an Zeichen gesucht werden. In Verbindung mit dem „filter()"-Befehl kann so beispielsweise auf Merkmalsausprägungen gefiltert werden, die eine bestimmte Anzahl an Zeichen aufweisen. → filter().

nrow() Die Abkürzung „nrow" steht für „number of rows". Mithilfe des „nrow()"-Befehls kann die Anzahl der Zeilen und damit die Anzahl der Beobachtungen wiedergegeben werden.

options() Mithilfe des „options()"-Befehl lassen sich verschiedene Möglichkeiten in R einstelllen, wie R rechnet und Ergebnisse darstellt. Zum Beispiel kann mit „options(scipen=999)" die Schreibweise von der Exponentialauf die Dezimalschreibweise geändert werden. Auch Einstellungen für Pfad- und Dateieinstellungen (repos, download.file.method), Fehler- und Warnverhalten (warn, error) sowie Darstellung von Daten (width, max.print, stringAsFactors) sind mit „options()" möglich.

paste() Mithilfe des „paste()"-Befehls können mehrere Elemente als Eingabe genommen und zu einer einzigen Zeichenkette verbunden werden.

pivot_longer() Mithilfe des „pivot_longer()"-Befehls lassen sich Daten vom weiten ins lange Format transformieren. → pivot_wider().

pivot_wider() Mithilfe des „pivot_wider()"-Befehls lassen sich Daten vom langen ins weite Format transformieren. → pivot_longer().

plot() Mithilfe des „plot()"-Befehls lassen sich verschiedene Arten von Grafiken erstellen. Im Gegensatz z. B. zu „plotModel()" handelt es sich um eine generische Funktion, die zur Visualisierung verschiedener Optionen verwendet werden kann. → plotModel().

plotModel() Mithilfe des „plotModel()"-Befehls lässt sich die Schätzgerade eines linearen Schätzmodells visualisieren. → lm(). → geom_smooth().

predict() Mithilfe des „predict()"-Befehls lassen sich Vorhersagen vor dem Hintergrund eines bereits angepassten Modells treffen. Wir haben den „predict()"-Befehls im Kontext von Machine Learning kennengelernt, um Vorhersagen für ein Regressionsmodell vorherzusagen. → pull().

print() Mithilfe des „print()"-Befehls lassen sich Objekte (z. B. ein Data Frame, eine Matrix oder ein Vektor) in der Konsole ausgeben. Der Befehl ist vor allem für die Überprüfung neu gebildeter Objekte hilfreich.

pull() Mithilfe des „pull()"-Befehls lassen sich einzelne Spalten aus einem „data frame" extrahieren. Wir haben den „pull()"-Befehl im Kontext von Machine Learning kennengelernt, um die Spalte regionaler Preisindex auf der Basis eines Regressionsmodells vorhersagen zu können. → predict().

qnorm() Mithilfe des „qnorm()"-Befehls lassen sich Quantile für normalverteilte Größen berechnen. → xqnorm().

quantile() Mithilfe des „quantile()"-Befehls lassen sich beliebige Quantile in R berechnen. Ohne weitere Einstellung gibt R die Quartile wieder.

randomForest() Mithilfe des „randomForest()"-Befehls können „Random-Forest"-Modelle erstellt werden, die sich sowohl für Regressions- als auch Klassifikationsprobleme im Bereich Machine Learning verwenden lassen. Im Gegensatz zu klassischen Entscheidungsbäumen (z. B. mithilfe des „ctree()"-Befehls) kombinieren „Random-Forest"-Modelle mehrere Entscheidungsbäume miteinander, um die Vorhersagegenauigkeit zu verbessern und ein Overfitting zu reduzieren. → ctree().

read.csv() Mithilfe des „read.csv()"-Befehls lassen sich csv-Dateien in R importieren. Im Unterschied zum „read.csv2()"-Befehl handelt es sich um Daten, die kommagetrennt vorliegen. → read.csv2().

read.csv2() Mithilfe des „read.csv2()"-Befehls lassen sich csv-Dateien in R importieren. Im Unterschied zum „read.csv()"-Befehl handelt es sich um Daten, die semikolongetrennt vorliegen. → read.csv().

read_excel() Mithilfe des „read_excel()"-Befehls aus dem „readxl"-Paket lassen sich Exceldateien importieren. → read.csv(). → read.csv2().

relocate() Mithilfe des „relocate()"-Befehls lässt sich die Spaltenreihenfolge eines Datensatzes ändern.

reorder() Mithilfe des „reorder()"-Befehls lässt sich die Sortierung einer Variable zum Beispiel bei ggplot-Visualisierungen innerhalb der „Aesthetics" ändern. → aes(). → ggplot().

rename() Mithilfe des „rename()"-Befehls lassen sich die Namen von Variablen ändern.

right_join() Mithilfe des „right_join()"-Befehls lassen sich Datensätze (X und Y) zusammenfügen. Im Gegensatz zu anderen „join"-Instrumenten werden dabei alle Beobachtungen in Y behalten und nur entsprechende Beobachtungen aus X hinzugenommen. → full_join(). → inner_join(). → left_join().

round() Mithilfe des „round()"-Befehls können Werte auf beliebig viele Nachkommastellen gerundet werden.

rm() Die Abkürzung steht für „remove". Mithilfe des „rm()"-Befehls lassen sich einzelne Variablen oder Datensätze entfernen. Der Befehl „rm(list=ls())" leert das gesamte „Environment" in R.

row_number() Mithilfe des „row_number()"-Befehls lässt sich eine Spalte mit fortlaufender Nummerierung erstellen.

sample() Mithilfe des „sample()"-Befehls lässt sich eine zufällige Stichprobe aus einem gegebenem Datensatz ziehen.

scale_fill_gradient() Mithilfe des „scale_fill_gradient()"-Befehls lassen sich Farbdarstellungen für Gradienten, d. h. für Farbübergänge bzw. -verläufe, benutzerdefiniert einstellen. Das bietet sich beispielsweise bei der Farbgebung von Geodaten in Form von Karten an. → geom_sf().

sd() Die Abkürzung „sd" steht für „standard deviation". Mithilfe des „sd()"-Befehls lässt sich die Standardabweichung als Streuungsmaßzahl in R berechnen.

select() Mithilfe des „select()"-Befehls lassen sich einzelne Variablen eines Datensatzes auswählen.

setwd() Die Abkürzung „setwd" steht für „set working directory". Mithilfe des „setwd()"-Befehls lässt sich das Arbeitsverzeichnis („working directory") manuell festlegen.

sqrt() Die Abkürzung „sqrt" steht für „square root". Mithilfe des „sqrt()"-Befehls lässt sich die Wurzel aus einem Wert berechnen.

stargazer() Mithilfe des „stargazer()"-Befehls aus dem „stargazer"-Paket lassen sich Tabellen schnell und einfach in R generieren.

sub() Mithilfe des „sub()"-Befehls lassen sich bestimmte Muster in Zeichenketten suchen und durch andere Zeichenketten ersetzen.

7.2 Glossar der R-Befehle

subset() Mithilfe des „subset()"-Befehls lassen sich (z. B. bei der Verwendung von „geom_text()") Bedingungen für eine Teilmenge einer Variablen festlegen, die dann in der entsprechenden Visualisierungsform beschriftet werden sollen. → geom_text().

summarise() Mithilfe des „summarise()"-Befehls lassen sich Daten zusammenfassen. Der „summarise()"-Befehl ist z. B. im Zusammenhang mit dem „group_by()"-Befehl nützlich. → group_by().

summary() Mithilfe des „summary()"-Befehls lassen sich Werte in einen Vektor, einer Tabelle, einem Regressionsmodell oder einem ANOVA-Modell zusammenfassen. → lm().

theme_classic() Mithilfe des „theme_classic"-Befehls lässt sich der Hintergrund bei ggplot-Visualisierungen von der Grundeinstellung „theme_grey" mit Orientierungslinien in weiß ohne Orientierungslinien verändern. → ggplot(). → theme_grey(). → theme_minimal(). → theme_void().

theme_grey() Mithilfe des „theme_classic"-Befehls lässt sich der Hintergrund bei ggplot-Visualisierungen einstellen. Dabei ist „theme_grey()" die Grundeinstellung mit grauem Hintergrund und Orientierungslinien. → ggplot(). → theme_minimal(). → theme_classic(). → theme_void().

theme_minimal() Mithilfe des „theme_minimal()"-Befehls lässt sich der Hintergrund bei ggplot-Visualisierungen von der Grundeinstellung „theme_grey" mit Orientierungslinien in weiß mit Orientierungslinien verändern. → ggplot(). → theme_classic().→ theme_grey(). → theme_void().

theme_void() Mithilfe des „theme_void()"-Befehls lässt sich der Hintergrund bei ggplot-Visualisierungen von der Grundeinstellung „theme_grey" ohne Achsenbeschriftung verändern. Das bietet sich insbesondere bei der Visualisierung von Geodaten an. → geom_sf(). → ggplot(). → theme_classic().→ theme_grey(). → theme_minimal().

top_n() Mithilfe des „top_n()"-Befehls lassen sich die Top-n-Daten filtern. Das bietet sich insbesondere bei der Beschriftung von Visualisierungen an, bei denen viele Datenpunkte eine Beschriftung aller Beobachtungen limitiert. → geom_text(). → geom_text_repel().

transition_manual() Mithilfe des „transition_manual()"-Befehls lassen sich ggplot-Visualisierungen im Rahmen des „gganimate"-Pakets animieren. Im Gegensatz zum „transition_states()"-Befehl bietet sich „transition_manual()" für solche Animationen an, die sukzessive aufgebaut werden. Hierzu ist den Klammern zusätzlich „cumulative=TRUE" zu spezifizieren. → transition_states().

transition_states() Mithilfe des „transition_states()"-Befehls lassen sich ggplot-Visualisierungen im Rahmen des „gganimate"-Pakets animieren. Im Gegensatz zum „transition_manual()"-Befehl bietet sich „transition_states()" für solche Animationen an, bei denen die gesamte Graphik zwischen den „states" wechselt. → transition_manual().

t.test() Mithilfe des „t.test()"-Befehls lässt sich ein Mittelwert- bzw. Einstichproben-t-Test sowie ein Mittelwertdifferenz- bzw. Zweistichproben-t-Test durchführen.

write.csv() Mithilfe des „write.csv()"-Befehls lässt sich ein Datensatz als „csv"-Datei speichern.

xqnorm() Mithilfe des „xqnorm()"-Befehls lassen sich Quantile einer normalverteilten Größe nicht nur berechnen, sondern auch visualisieren → qnorm().

| Oder-Bedingung. Mithilfe einer Oder-Bedingung kann man beispielsweise beim Bilden einer neuen Variable zur Fallunterscheidung (case_when) potenziell mehrere zutreffende Merkmalsausprägungen für denselben Fall definieren. Bei vielen Fallunterscheidungen kann der Operator %in% eine sinnvolle Alternative sein, um den Code kompakter und lesbarer zu machen. → case_when(). → mutate(). → %in%.

|> Native Pipe. Mithilfe einer Pipe lassen sich mehrere aufeinanderfolgende Operationen oder Schritte in R durchführen. Im Gegensatz zur Pipe aus dem „magitrr"-Paket kann auf die „native Pipe" in „base R" zurückgegriffen werden. → %>%.

<- Zuführungspfeil. Mithilfe des Zuführungspfeils lassen sich Elemente (z. B. ein Datensatz) einem Objekt zuordnen, zum Beispiel beim Importieren eines Datensatzes. → read_csv(). → read_csv2(). → read_excel().

%>% Pipe. Mithilfe einer Pipe lassen sich mehrere aufeinanderfolgende Operationen oder Schritte in R durchführen. Im Gegensatz zur „native Pipe" (|>) stammt diese Pipe aus dem „magrittr"-Paket. → |>.

%in% Mithilfe des %in% Operators lässt sich beispielsweise überprüfen, ob Elemente eines Vektors in einem anderen Vektor oder einer Datenstruktur enthalten sind. Besonders nützlich kann dieser Operator auch in Kombination mit „case_when()" sein, um den Code kompakter und lesbarer zu machen und mehrere Bedingungen durch eine Verkettung mit dem |-Operator zu vermeiden. → case_when(). → |.

!= Ungleich. Mithilfe des Ausrufezeichens wird das Gegenteil des Folgenden gesucht. Bei „!=" also das Gegenteil von gleich und damit ungleich. Analog wird das Ausrufezeichen auch bei Befehlen, wie zum Beispiel dem „is.na()"-Befehl eingesetzt, um auf das Gegenteil von „NA" zu filtern. → is.na().

7.3 Glossar der Begrifflichkeiten

Abhängigkeit Die Abhängigkeit unterstellt im Gegensatz zum Zusammenhang einen Wirkungszusammenhang, indem ein lineares Modell als Schätzgleichung zugrunde gelegt wird. Vor diesem Hintergrund beeinflusst eine oder mehrere unabhängige bzw. erklärende Variable/n x eine abhängige bzw. zu erklärende Variable y. Zur Auswahl der besten Schätzgeraden dient die KQ-Methode. Ein Maß für die Güte der Schätzung ist das Bestimmtheitsmaß, oder kurz R^2. → Bestimmtheitsmaß. → KQ-Methode. → Zusammenhang.

Bestimmtheitsmaß (R^2) Das Bestimmtheitsmaß ist ein Maß für die Abhängigkeit zwischen einer abhängige bzw. zu erklärenden Variable Y und einer oder mehrerer unabhängige Variable/n x. Mathematisch ergibt sich das Bestimmtheitsmaß auf der Summe der quadratischen Abweichungen zwischen geschätzter und mittlerer Beobachtung für y im Verhältnis zur Summe der quadratischen Abweichungen zwischen tatsächlicher und mittlerer Beobachtung für y. Damit beschreibt das Bestimmtheitsmaß den Anteil der Streuung von y, die mithilfe von x erklärt werden kann. → Abhängigkeit.

Dezil Das Dezil ist eine besondere Form eines Quantils. Dabei teilen wir die Verteilung in 10 gleiche Teile auf. Dabei entspricht z. B. das 5. Dezil dem Median oder 2. Quartil. → Median. → Quantil. → Quartil.

Einstichproben-t-Test → Mittelwerttest.

Empirische Varianz Die empirische Varianz ist eine Streuungsmaßzahl. Das Maß berechnet sich durch die Summe aller quadratischen Abweichungen zum Mittelwert dividiert durch die Anzahl der Beobachtungen. Zur Interpretation wird üblicherweise die Standardabweichungen betrachtet, die sich aus der Wurzel der empirischen Varianz ergibt. → Standardabweichung. → Streuungsmaßzahlen.

Explorative Statistik Die explorative oder auch deskriptive Statistik beschreibt die Daten unserer Stichprobe. Hierzu werden verschiedene Lage- und Streuungsmaßzahlen herangezogen, um in einer univariaten Betrachtung die Verteilung jedes Merkmals für sich zu beschreiben. In einer bi- und multivariaten Betrachtung können auch Zusammenhänge und Abhängigkeiten berechnet und interpretiert werden. → Abhängigkeit. → Lagemaßzahlen. → Streuungsmaßzahlen. → Zusammenhang.

Inferenzstatistik Die Inferenzstatistik oder auch induktive Statistik beschäftigt sich mit dem Prüfen von Hypothesen. Das englische Wort „infer" heißt schließen und deutet damit unmittelbar die Vorgehensweise von Hypothesentests an. Wir schließen von der Stichprobe auf die Grundgesamtheit. Man spricht in diesem Zusammenhang auch von Generalisierung. → Mittelwerttest. → Mittelwertdifferenztest. → Regressionsanalyse.

Intervallskala Bei einem intervallskalierten Merkmal lassen sich Differenzen, aber keine Quotienten interpretieren. Es handelt sich um Variablen ohne absoluten Nullwert, weshalb Quotienten nicht interpretierbar sind. Typische Beispiele für intervallskalierte Merkmale sind die Temperatur oder der Intelligenzquotient (IQ). → Merkmal. → Merkmalsausprägung. → Skalenniveau.

Irrtumswahrscheinlichkeit Unter der Irrtumswahrscheinlichkeit bzw. Signifikanzniveau verstehen wir in der Inferenzstatistik die Wahrscheinlichkeit die Nullhypothese zu verwerfen, obwohl diese richtig ist. Man spricht in diesem Zusammenhang auch vom Fehler 1. Art oder Alphafehler. Da es sich um die Wahrscheinlichkeit eines Fehlers handelt, sollte die Irrtumswahrscheinlichkeit möglichst klein sein, um die Testentscheidung bei der Prüfung einer Hypothese möglichst statistisch abzusichern. Gängige Signifikanzniveaus sind Alphas von 10 %, 5 % und 1 %. → Inferenzstatistik.

Kardinalskala Die Kardinalskala beschreibt einen Überbegriff für Merkmale, die intervall- oder verhältnisskaliert sind. → Intervallskala. → Skalenniveau. → Verhältnisskala.

Klassifikation Unter Klassifikation versteht man ein Machine-Learning-Verfahren, in dem ein Algorithmus Datenpunkte in vordefinierte Kategorien oder Klassen einordnet. Der Algorithmus wird mithilfe eines Datensatz trainiert, der Merkmale (Features) und dazugehörige Klassenlabels enthält. Nach dem Training ist der Algorithmus dazu in der Lage neue unbekannte Datenpunkte auf der Basis der gelernten Muster zu klassifizieren. → Machine Learning. → Random Forest.

Korrelationskoeffizient Der Korrelationskoeffizient ist ein Maß des Zusammenhangs und ergibt sich als Verhältnis der Kovarianz zum Produkt der Standardabweichung. Durch das ins Verhältnissetzen zur Standardabweichung erfolgt eine Normalisierung des Maßes, das zwischen −1 (perfekter negativer Zusammenhang und +1 (perfekter positiver Zusammenhang) schwankt. Dadurch erlaubt der Korrelationskoeffizient nicht nur eine Interpretation der Richtung des Zusammenhangs (positiv oder negativ), sondern auch eine Interpretation der Intensität (schwach, mittel, stark). → Kovarianz. → Zusammenhang.

Kovarianz Die Kovarianz ist ein Maß des Zusammenhangs und bringt die gemeinsame Streuung der Merkmale X und Y zum Ausdruck. Die Kovarianz ergibt sich aus der Summe der Abweichungen von x zum Mittelwert von x multipliziert mit den Abweichungen von y zum Mittelwert von y. Im Gegensatz zum Korrelationskoeffizienten erlaubt die Kovarianz aber nur eine Interpretation der Richtung, nicht der Intensität des Zusammenhangs. → Korrelationskoeffizient. → Zusammenhang.

KQ-Methode Die KQ-Methode bzw. Methode der kleinsten Quadrate dient der Auswahl der besten Schätzgerade zur Bestimmung einer Abhängigkeit zwischen einer abhängigen bzw. zu erklärenden Variable und einer oder mehreren unabhängigen Variable/n. Die Methode der kleinsten Quadrate betrachtet hierzu die Summe der quadratischen Abweichungen zwischen Schätzung und tatsächlicher Beobachtung. Die beste Schätzgerade ist demzufolge durch die niedrigste Summe der quadratischen Abweichungen charakterisiert. → Abhängigkeit.

Lagemaßzahlen Lagemaßzahlen sind Maßzahlen zur Beschreibung der Lage einer Verteilung. Die Auswahl der Lagemaßzahl wird dabei durch das Skalenniveau des betrachteten Merkmals beeinflusst. So lässt sich für ein nominalskaliertes Merkmal nur der Modus bestimmen. Für ordinalskalierte Merkmale zudem Quantile und für kardinalskalierte Merkmale der Mittelwert. → Kardinalskala. → Nominalskala. → Merkmal. → Modus. → Mittelwert. → Ordinalskala. → Quantile. → Skalenniveau.

Lickert-Skala Die Lickert-Skala ist ein Verfahren zur Messung von latenten Variablen, wie z. B. Meinungen und Einstellungen. Sie besteht aus Aussagen (Items), zu denen die Befragten ihre Zustimmung oder Ablehnung entlang einer mehrstufigen Skala, z. B .von „stimme voll zu" bis „stimme überhaupt nicht zu", zum Ausdruck bringen können. → Merkmal.

Nominalskala Die Nominalskala ist das niedrigste Skalenniveau. Hier stehen die Merkmalsausprägungen gleichberechtigt nebeneinander. Es lässt sich aber keine Reihenfolge bilden und Differenzen sowie Quotienten sind nicht interpretierbar. Ein typisches Beispiel für ein nominalskaliertes Merkmal ist das Geschlecht. Hier stehen die Merkmalsausprägungen divers, männlich und weiblich gleichberechtigt nebeneinander. → Merkmal. → Merkmalsausprägung. → Skalenniveau.

Normalverteilung Die Normalverteilung zählt zu den wichtigsten Wahrscheinlichkeitsverteilungen, weil sie vielen asymptotischen Testverfahren in der Inferenzstatistik als Annahme zugrunde liegt. Die besondere Eigenschaft der Normalverteilung besteht darin, dass diese perfekt symmetrisch ist, sodass sich mit einem Schnitt durch den Erwartungswert in der Mitte der Verteilung rechte und linke Seite spiegeln. → Inferenzstatistik.

Machine Learning Beim Machine Learning geht es um die Vorhersage von Daten, indem aus vorhandenen Daten gelernt wird. Dabei können sowohl Werte auf einer beliebigen Skala als auch Kategorien oder Klassen (Klassifikation) vorhergesagt werden. Damit gehört Machine Learning zu einem Teilgebiet der Künstlichen Intelligenz (KI). Grob unterteilen kann man die Methoden des Machine Learning in Modelle des überwachten und unüberwachten Lernens. Beim überwachten Lernen wird ein gekennzeichneter Datensatz als Trainingsdatensatz zugrunde gelegt, beim unüberwachten Lernen nicht. → Klassifikation.

Median Der Median ist eine Lagemaßzahl und unterteilt die Verteilung in zwei gleich große Hälften von 50 % und 50 %. Der Median beschreibt damit den Zentralwert einer

Verteilung. Im Gegensatz zum Mittelwert reagiert der Median nicht auf Ausreißer, weil er nicht jede einzelne Ausprägung in voller Höhe berücksichtigt, sondern die Anzahl der Beobachtungen nur in zwei gleich große Hälften teilt. → Lagemaßzahlen. → Mittelwert.

Merkmal Unter einem Merkmal versteht man die Eigenschaft, die eine Variable beschreibt. Merkmale können direkt messbar (manifeste Variable), z. B. Körpergröße oder indirekt messbar (latente Variable), z. B. Kundenzufriedenheit, sein. Zur Messung indirekt messbarer Merkmale wird in der Regel auf eine Lickert-Skala zurückgegriffen. → Lickert-Skala. → Merkmalsausprägung.

Merkmalsausprägung Unter einer Merkmalsausprägung versteht man den konkreten Wert, den das Merkmal annehmen kann. Beim Merkmal Geschlecht z-B. divers, männlich oder weiblich. → Merkmal.

Mittelwert Der Mittelwert ist eine Metrik der Lagemaßzahlen. Der gängigste Mittelwert ist das arithmetische Mittel, das sich aus der Summe aller Beobachtungen dividiert durch die Anzahl der Beobachtungen ergibt. Andere Mittelwerte sind das geometrische (für Wachstumsraten, z.B. Wirtschaftswachstum bzw. BIP-Wachstumsrate) und harmonische (für Verhältnisse, z.B. Geschwindigkeit in Kilometer pro Stunde) Mittel. → Lagemaßzahlen.

Mittelwertdifferenz Die Mittelwertdifferenz betrachtet den Unterschied zwischen zwei Mittelwerten. Typisches Beispiel ist die Betrachtung des Unterschieds bei einem quantitativen Merkmal zwischen Mann und Frau. → Mittelwert.

Mittelwertdifferenztest Der Mittelwertdifferenztest bzw. Zweistichproben-t-Test ist ein Hypothesentest für Mittelwertunterschiede und gehört zu den asymptotischen Parametertests. Unter der Annahme, dass die Mittelwertdifferenz der Stichprobe und die Mittelwertdifferenz der Grundgesamtheit derselben Wahrscheinlichkeitsverteilung (Normalverteilung für bekannte Varianzen und großen Stichproben) folgen, kann so vom Stichprobenmittelwert auf den Wert in der Grundgesamtheit geschlossen werden. → Mittelwertdifferenz.

Mittelwerttest Der Mittelwerttest bzw. Einstichproben-t-Test ist ein Hypothesentest für den Mittelwert und gehört zu den asymptotischen Parametertests. Unter der Annahme, dass der Mittelwert der Stichprobe und der Mittelwert der Grundgesamtheit derselben Wahrscheinlichkeitsverteilung (Normalverteilung für bekannte Varianzen und großen Stichproben) folgen, kann so vom Stichprobenmittelwert auf den Wert in der Grundgesamtheit geschlossen werden. → Mittelwert.

Modus Der Modus ist eine Lagemaßzahl und beschreibt die Ausprägung(en), die am häufigsten auftritt. Bei Verteilungen mit einem Modus, spricht man von einer unimodalen Verteilung. Bei Verteilungen mit zwei (mehreren) Modi entsprechend von einer bimodalen (multimodalen) Verteilung. → Lagemaßzahlen.

Ordinalskala Die Ordinalskala ist das zweitniedrigste Skalenniveau und kann im Gegensatz zum nominalskalierten Skalenniveau die Merkmalsausprägung zusätzlich in eine sinnvolle Reihenfolge bringen. Bei ordinalskalierten Merkmalen lassen sich Quantile – u. a. der Medianwert – als Lagemaßzahlen berechnen und interpretieren. Als Streuungsmaß kann der Quartilsabstand herangezogen werden. Ein typisches Beispiel für ein ordinalskaliertes Merkmal ist das Merkmal Schulnote. Hier lassen sich die einzelnen Schulnoten von gut bis schlecht in eine sinnvolle Reihenfolge bringen. → Nominalskala. → Merkmal. → Merkmalsausprägungen. → Lagemaßzahlen. → Streuungsmaßzahlen. → Skalenniveau.

Perzentil Das Perzentil ist eine besondere Form eines Quantils. Dabei teilen wir die Verteilung in 100 gleiche Teile auf. Dabei entspricht z. B. das 10. Perzentil dem erste Dezil oder das 25. Perzentil dem ersten Quartil. → Dezil. → Quantil. → Quartil.

Random Forest Das Random Forest Modell ist ein Ensemble-Lernverfahren aus dem Bereich Machine Learning. Das Verfahren kombiniert im Gegensatz zu einfachen Entscheidungsbaum-Modellen mehrere Entscheidungsbäume zur Verbesserung der Genauigkeit und Robustheit der Vorhersagen. → Machine Learning.

Regressionsanalyse Die Regressionsanalyse stellt einen Hypothesentest zur Überprüfung der Abhängigkeit zwischen der abhängige Variable y und einer oder mehrerer unabhängiger Variablen x dar. Hierzu unterstellt die Regressionsanalyse einen linearen funktionalen Zusammenhang ($f(x) = y$) und bestimmt eine entsprechende Schätzgerade. Beim Schließen von den Stichprobenparametern (β_0, β_1) auf die Parameter der Grundgesamtheit ($\hat{a}, \hat{b}$) wird hierzu eine Normalverteilung der Residuen zu Grunde gelegt. Dabei testet die Regressionsanalyse die Nullhypothese $\beta_0 = 0, \beta_1 = 0$ (kein Einfluss) gegen die Alternativhypothese $\beta_0 \neq 0, \beta_1 \neq 0$ (Einfluss). Kann die Nullhypothese verworfen werden, so wird ein Einfluss der unabhängigen auf die abhängige Variable festgestellt. Wird der Einfluss einer unabhängigen Variablen auf eine abhängige Variable betrachtet, spricht man von einer einfachen Regression. Werden hingegen weitere unabhängige Variablen berücksichtigt, spricht man von einer multiplen Regression. Entsprechend können die Parameter β_2 bis β_n analog ergänzt werden. → Abhängigkeit. → Zusammenhang.

Signifikanzniveau → Irrtumswahrscheinlichkeit.

Skalenniveau Das Skalenniveau beschreibt die Art und Weise, wie Daten gemessen und klassifiziert werden. Vier Skalenniveaus sind dabei zu unterscheiden: (1) Nominalskala,

z. B. das Merkmal Geschlecht oder Haarfarbe, (2) Ordinalskala, z. B. Klausurnote oder Schulnote, (3) Intervallskala, z. B. Temperatur in Grad Celsius oder Intelligenzquotient (IQ) und (4) Verhältnisskala, z. B. Einkommen oder Körpergröße. Die Intervallskala und Verhältnisskala bezeichnet man übergreifend auch als Kardinalskala. → Intervallskala. → Nominalskala. → Ordinalskala. → Verhältnisskala.

Standardabweichung Die Standardabweichung ist das Ergebnis aus der Wurzel der empirischen Varianz. Während das Ergebnis der empirischen Varianz aufgrund der Betrachtung der quadrierten Abweichungen zum Mittelwert als Einheit zum Quadrat interpretiert werden müsste, macht das Ziehen der Wurzel das Quadrieren wieder rückgängig, sodass die Standardabweichung in der normalen Einheit des Merkmals interpretiert werden kann. → Empirische Varianz. → Streuungsmaße.

Streuungsmaßzahlen Unter den Streuungsmaßzahlen versteht man Metriken zur Breite der Verteilung, d. h. die jeweilige Maßzahl ist dann Ausdruck über die Entfernung der jeweiligen Merkmalsausprägungen zueinander. Typische Beispiele für Streuungsmaßzahlen sind die empirische Varianz/Standardabweichung sowie der Quartilsabstand. → Empirische Varianz. → Merkmal. → Merkmalsausprägung. → Standardabweichung. → Quartilsabstand.

Quantil Quantile sind Lagemaßzahlen und erlauben das Aufteilen einer Verteilung in gleichgroße P%-Teile, sodass P% der Beobachtungen höchstens diesem Wert entsprechen und 1 − P% mindestens diesem Wert. Besondere Quantile sind die Quartile, Dezile oder Perzentile. → Lagemaßzahlen. → Median. → Quartile.

Quartil Die Quartile sind Lagemaßzahlen und beschreiben besondere Quantile. Die Quartile teilen die Verteilung dabei in vier gleich große Teile. Von besonderer Bedeutung sind das erste und dritte Quartil, die die Verteilung in 25 %/75 %- bzw. 75 %/25 %-Abschnitte unterteilt. Das zweite Quartil entspricht dem Median. → Lagemaßzahlen. → Median. → Quantile.

Quartilsabstand Der Quartilsabstand gehört zu den Streuungsmaßzahlen und beschreibt den Abstand bzw. die Differenz zwischen dem ersten und dritten Quartil. Damit beschreibt der Quartilsabstand per Definition die mittleren 50 % einer Verteilung. → Streuungsmaßzahlen. → Quartil.

Verhältnisskala Die Verhältnisskala ist das höchste Skalenniveau und kann nicht nur die Merkmalsausprägungen eines Merkmals in eine sinnvolle Reihenfolge bringen, sondern auch Differenzen und Quotienten interpretieren. Bei verhältnisskalierten Merkmalen lassen sich sämtliche Lage- und Streuungsmaße bestimmen. → Lagemaßzahlen. → Streuungsmaßzahlen.

7.3 Glossar der Begrifflichkeiten

Zusammenhang Der Zusammenhang betrachtet die Relation von zwei und mehr Variablen zueinander. Im Gegensatz zur Abhängigkeit wird dabei kein funktionaler Zusammenhang zugrunde gelegt. Besondere Maße zur Interpretation des Zusammenhangs sind der Korrelationskoeffizient und die Kovarianz. → Abhängigkeit. → Korrelationskoeffizient. → Kovarianz.

Zweistichproben-t-Test → Mittelwertdifferenztest.

If you have any concerns about our products,
you can contact us on
ProductSafety@springernature.com

In case Publisher is established outside the EU,
the EU authorized representative is:
**Springer Nature Customer Service Center GmbH
Europaplatz 3, 69115 Heidelberg, Germany**

Printed by Libri Plureos GmbH
in Hamburg, Germany